# 労働者管理企業の経済分析

松本直樹

松山大学研究叢書　第32巻

## はしがき

　本書はスタンダードな経済理論に依拠しながら，労働者管理企業に対して，不確実性，動学，ゲーム理論等，いくつかの理論上の応用を試みたものである．それらの分析を通して労働者管理企業の特徴を明らかにし，さらにその特徴を利潤最大化企業をはじめとする，いわゆる資本主義企業のものと比較することによって，その差異をも浮かび上がらせることを目的としている．類似のテーマを扱った英語の文献は少なくないが，日本語でのこの分野の体系的な研究書は皆無であり，今回の刊行の意義は大きいと思う．

　まず第1章では既存の労働者管理企業研究に対するサーベイが行われる．そこでは題材を広く取り扱い，かつ内容を整理してコンパクトに理解できるようにした．それ以降の各章では，本書サーベイですでに明らかとなった労働者管理企業の特徴・問題点を踏まえ，本書のオリジナルな貢献が展開されている．もし本書の全体像について手短に確認したい向きには，第1章の最後の第11節において本書の構成がまとめられているので，まずそれを参照していただきたい．そこでは第1章のサーベイ部分とそれ以降のオリジナルな貢献部分とがどのように結び付き，対応しているかが確かめられよう．

　なお，本書で対象とする労働者管理企業の定義について付言しておく．この用語は labor-managed firms の訳であり，類似の表現としては，worker-managed (controlled, owned, run) firms (enterprises), employee-managed firms, self-managed firms, producer cooperatives などが挙げられる．それぞれ微妙にニュアンスが異なっており，厳密に区別することも可能であるが（例えば Jossa and Cuomo, 1997, を参照のこと），それぞれ共通して，1人当たりの残余所得に対する最大化を特徴としてもつ．本書ではそれらを代表させ，一貫して労働者管理企業（LMF）と呼ぶ．したがって，各章においてなされるさまざまなセッティングの下において，その想定の相違にもかかわらず，名称としてLMF以外は用いない．

ここでは慣習としてよく見られるように，結論や punch line をまえがきなどで先取りし，中途半端に書き連ねたりはしないでおこう．ましてや言い訳したり執筆の動機，経緯を紹介するなどといったことも差し控えることにしよう．それによって読者にあらぬ先入観を与え，バイアスがかかってしまうことを恐れるからである．そのため，今このはしがきを読んでいただいている読者が，この後さらに第1章へと読み進んでいただけるようにと願いつつ，とりあえずはこのあたりではしがきを終えたいと思う．

　1999 年 8 月

　　　　　　　　　　　　　　　　　　　　　　　　　　　松　本　直　樹

# 目　　次

はしがき

**第1章　労働者管理企業の理論：展望** ……………………………… 3
　1　はじめに ……………………………………………………………… 3
　2　労働者管理企業の諸特徴 …………………………………………… 4
　3　労働者管理企業の"perverse"な行動に対する解決策 ………… 8
　　3.1　多生産物・多生産要素 ……………………………………… 8
　　3.2　不確実性 ……………………………………………………… 10
　　3.3　労働時間供給 ………………………………………………… 11
　　3.4　調整費用 ……………………………………………………… 12
　4　平等主義による解決 ……………………………………………… 13
　5　不平等主義による解決 …………………………………………… 19
　　5.1　メンバーシップ証書市場 …………………………………… 20
　　5.2　賃金労働者 …………………………………………………… 20
　6　過小投資の問題 …………………………………………………… 22
　7　過小生産と非効率性の問題 ……………………………………… 25
　8　寡占経済における問題 …………………………………………… 27
　9　現状分析について ………………………………………………… 29
　10　チーム生産と日本企業 ………………………………………… 31
　11　本書の主題とその内容 ………………………………………… 33

**第2章　不確実性下の産業均衡における資本主義企業と
　　　　　労働者管理企業の比較分析** ……………………………… 41
　1　はじめに …………………………………………………………… 41
　2　共通の想定 ………………………………………………………… 43

3　資本主義企業の産業均衡 …………………………………… 44
　　　4　資本主義企業に関する比較静学分析 ………………………… 45
　　　　4.1　価格の効果 …………………………………………………… 45
　　　　4.2　不確実性の効果 ……………………………………………… 46
　　　　4.3　固定費用の効果 ……………………………………………… 48
　　　　4.4　reservation utility の効果 ………………………………… 49
　　　5　労働者管理企業の産業均衡 …………………………………… 49
　　　6　労働者管理企業に関する比較静学分析 ……………………… 51
　　　　6.1　価格の効果 …………………………………………………… 51
　　　　6.2　不確実性の効果 ……………………………………………… 52
　　　　6.3　固定費用の効果 ……………………………………………… 54
　　　　6.4　reservation utility の効果 ………………………………… 55
　　　7　むすび ……………………………………………………………… 55

　補論　最高・最低価格を通した不確実性の限界的変化に関する
　　　　もう1つの定義 ………………………………………………… 60
　　　1　はじめに …………………………………………………………… 60
　　　2　資本主義企業のケース …………………………………………… 61
　　　3　労働者管理企業のケース ………………………………………… 63

第3章　投資行動における利潤最大化企業と労働者管理企業の
　　　　比較分析 ………………………………………………………… 65
　　　1　はじめに …………………………………………………………… 65
　　　2　利潤最大化企業における投資決定 …………………………… 66
　　　3　労働者管理企業における投資決定 …………………………… 73
　　　4　むすび ……………………………………………………………… 78

第4章　労働者管理企業の成長における技能形成と
　　　　年功賃金制の役割 ……………………………………………… 83
　　　1　はじめに …………………………………………………………… 83

2　企業と長期雇用 …………………………………………… 83
　　3　年功賃金制と企業成長 …………………………………… 85
　　4　モ　デ　ル ………………………………………………… 88
　　5　最適経路の導出 …………………………………………… 90
　　6　比較静学分析 ……………………………………………… 92
　　　　6.1　生産物価格の効果 …………………………………… 93
　　　　6.2　利子率の効果 ………………………………………… 93
　　　　6.3　賃金傾斜の効果 ……………………………………… 94
　　　　6.4　技能形成率の効果 …………………………………… 94
　　7　む　す　び ………………………………………………… 95

第5章　年功制下における株主・従業員集団間の協力ゲーム ……… 97
　　1　は　じ　め　に …………………………………………… 97
　　2　基本モデル ………………………………………………… 100
　　3　成長率の導出 ……………………………………………… 102
　　4　む　す　び ………………………………………………… 105

第6章　労働者管理企業・利潤最大化企業間における参入ゲーム …… 107
　　1　は　じ　め　に …………………………………………… 107
　　2　基本モデル ………………………………………………… 110
　　3　比較分析 …………………………………………………… 113
　　　　3.1　既存企業が利潤最大化企業のとき ………………… 114
　　　　3.2　既存企業が労働者管理企業のとき ………………… 116
　　　　3.3　企業数に関する比較 ………………………………… 123
　　4　戦略効果に基づく分析 …………………………………… 125
　　5　む　す　び ………………………………………………… 128

第7章　国際混合複占下における輸出と研究開発補助金の役割：
　　　　労働者管理企業 vs. 利潤最大化企業 ……………………… 131
　　1　は　じ　め　に …………………………………………… 131

  2 輸出補助金モデル ……………………………………………… 133
  3 R&D 補助金モデル ……………………………………………… 139
  4 むすび …………………………………………………………… 145

第8章 労働者管理企業・利潤最大化企業間における数量競争と
    価格差別化 ………………………………………………………… 147
  1 はじめに ………………………………………………………… 147
  2 Horowitz モデル ………………………………………………… 148
  3 基本モデル ……………………………………………………… 151
  4 価格差別化の役割 ……………………………………………… 152
  5 経済的意味 ……………………………………………………… 155
  6 各国労働者及び消費者に対する諸効果 ……………………… 157
  7 むすび …………………………………………………………… 158

第9章 混合寡占における経済移行に伴う諸効果の比較分析：
    公企業 vs. 労働者管理企業 vs. 利潤最大化企業 ……………… 161
  1 はじめに ………………………………………………………… 161
  2 利潤最大化企業・公企業間における混合寡占モデル ……… 164
  3 労働者管理企業を含む混合複占モデル ……………………… 168
    3.1 労働者管理企業 vs. 公企業 ……………………………… 168
    3.2 労働者管理企業 vs. 利潤最大化企業 …………………… 170
    3.3 労働者管理企業による純粋複占モデルとの比較 ……… 173
  4 利潤最大化企業・労働者管理企業間における混合複占モデル …… 176
  5 労働者管理企業を含む混合寡占モデル ……………………… 178
    5.1 労働者管理企業 vs. 公企業 ……………………………… 178
    5.2 労働者管理企業 vs. 利潤最大化企業 …………………… 180
    5.3 労働者管理企業による純粋寡占モデルとの比較 ……… 182
  6 利潤最大化企業・労働者管理企業間における混合寡占モデル …… 187
  7 むすび …………………………………………………………… 191

## 第10章 労働者管理企業に対する市場構造と品質規制の効果 …… 195
- 1 はじめに …… 195
- 2 基本モデル …… 197
  - 2.1 完全競争 …… 198
  - 2.2 独　占 …… 199
- 3 最適品質水準 …… 203
- 4 直接品質規制 …… 204
- 5 売上税を通した品質規制 …… 207
  - 5.1 基本モデルの修正 …… 207
  - 5.2 厚生分析 …… 210
- 6 寡占のケース …… 213
- 7 むすび …… 214

## 第11章 企業規模に関する利潤最大化企業と労働者管理企業の比較分析 …… 217
- 1 はじめに …… 217
- 2 諸前提 …… 218
- 3 基本モデル …… 219
  - 3.1 利潤最大化企業 …… 219
  - 3.2 労働者管理企業 …… 221
  - 3.3 比較静学分析 …… 222
- 4 モデルの拡張 …… 224
  - 4.1 作業労働者に対する統制範囲の拡大 …… 224
  - 4.2 作業労働者の賃金に関する変更 …… 225
- 5 階層数の比較 …… 226
- 6 むすび …… 227

参考文献 …… 229
あとがき …… 241
初出一覧 …… 244
人名索引 …… 245
事項索引 …… 249

# 労働者管理企業の経済分析

# 第1章　労働者管理企業の理論：展望

## 1　はじめに

　労働者管理企業（LMF）と言うとき，比較的よく引き合いに出されるのは旧ユーゴスラビアのそれである．このユーゴスラビアは東欧の他の社会主義国とは大きく異なる生い立ちをもっていた．他の東欧諸国は第2次大戦中，旧ソ連軍によりドイツの支配から解放されたのに対し，ユーゴスラビアはチトー率いるパルチザン軍によってほぼ全土を独力で解放した．このことが戦後のソ連との関係において，より独自性を打ち出しやすく作用し，やがては東側陣営から離れていくことにつながった（1948年）．そこでユーゴスラビアは自らのアイデンティティ確立のため，是が非でもソ連型の中央集権的社会主義とは別の新しい社会主義を生み出さざるをえなくなった（1953年）．それが市場社会主義である．ユーゴスラビアは経済的要因からではなく，政治的，外交的要請から，この路線，つまり中央集権的計画経済ではなく，自主管理企業の活動を基本としマーケット・メカニズムを利用する分権的経済への移行を選んだのである．しかし他の東欧諸国もその後，強弱の差はあってもユーゴスラビアと同方向への改革の道を辿ることになる．ユーゴスラビアが当時おかれていた政治的状況下において，イデオロギー主導で労働者自主管理の道を選んだのに対して，他はソ連型社会主義の行き詰まりという経済的理由から，やむをえずその道を選んだのである．このような違いはあったが，結局この後，経済的危機が深刻化し，その場しのぎの経済改革では対処しきれなくなり，ソ連を含め東欧諸国は全面的に資本主義経済に移行した（1989年〜1991年）．
　このように現実には，当該諸国は社会主義体制下で労働者自主管理原則を安

定的なシステムとして確立することには失敗したが，しかしその間ユーゴスラビア等によって行われた自主管理の実験に刺激を受け，多くの分野で学問的発展をみた．その影響は思想的，社会的なものから，経済的側面を扱ったものまで多岐にわたっているが，ここではより狭義の純経済理論的なものに議論を限定する．したがって，以後，第9, 10 節の一部を除いて，ユーゴスラビアや社会主義といった個別的事象やイデオロギーにはかかわらないことになる．

さて Ward (1958) に始まり Domar (1966), Vanek (1970), Meade (1972) へと続く，LMF に関する一連の議論で用いられているモデルは，いわゆるイリリア企業と呼ばれているタイプである．そこでは労働者1人当たり所得最大化が企業レベルでの行動原理とされているが，注目点は，労働を他の生産要素，原材料と同列に扱わず，むしろそこに，企業における意思決定権，残余所得請求権を与え，区別することである．本章では基本的にこのような形での定式化をスタンダードなものとして踏襲することにしよう．

## 2  労働者管理企業の諸特徴

このモデルの特徴を単純なケースについて見てみよう．まず短期を想定し，そこでの唯一の可変的要素を労働とする．次に労働自体は同質的であり，労働者のもつ技能等は同じものとする．また，1単位の労働を1人の労働者とみなせるものとする．さらに，財の種類を単一とする．最後に，完全競争を仮定する[1]．さてそのようであるとき，目的関数は残余所得 $Y$ を労働者数で除したもの，すなわち

$$y = \frac{Y}{L} = \frac{pX - R}{L}$$

の最大化となる．ただし，$p$ は生産物価格，$X$ は生産量，$R$ は固定費用，$L$ は雇用量である．生産関数 $X = f(L)$, $f'(\cdot) > 0$, $f''(\cdot) < 0$ を考慮して上記の問題を解く．そこでの1階の条件は

$$pf'(L) = y \tag{1}$$

である．利潤最大化企業（PMF）においては労働の限界価値生産物が外部労働

市場で決定するパラメータの賃金率と一致するように雇用量が決定されるが，LMF では限界価値生産物が最大化の対象である目的関数自体と等しくなるように雇用量が定まる．このため右辺はもはやパラメータとして扱えなくなり，しかも生産物価格が両辺に存在してしまう．さらに1階の条件式であるにもかかわらず，固定費用が右辺に残っている．これらのことが以下述べるように，いくつかの問題点を生じさせることになる．

**性質1** 固定費用の変化は，PMF においてその雇用量に限界的影響を与えないが，LMF ではそうではない．そこでは固定費用の上昇は労働者1人当たりの資本拠出負担を高めるので，労働者数を増加させて，その負担を低めることが望ましい．固定費用の低下についてはこれを逆に考えればよい．

**性質2** PMF において，通常の仮定の下では生産物価格の変化は雇用量，生産量に対してプラスの効果を及ぼす．したがって生産物の供給曲線は右上がりの形状を示す．しかし，LMF においては供給曲線は右下がりであると主張される．LMF が "perverse" であるというとき，多くはこの性質を指している．例えば生産物価格の上昇は1階の条件式 (1) の両辺をともに増加させるが，$pf'(L) < pX/L$ であることにより，結局，価格の上昇が雇用量，ひいては生産量を引き下げるよう作用する（逆は逆）．このような LMF の価格変化に関する "perverse" な行動をもたらす理由は，性質1の固定費用の変化に関するものと密接に結び付いている．以下，これを図1.1で見てみよう．

価格 $p_0$ のとき，1人当たり所得最大化の雇用量は点 A で求まる．そこにおいて $p_0 f(L)$ の傾き $p_0 f'(L)$ が $y_0$ と一致しているのが見てとれる．さて，今，価格が $p_0$ から $p_1$ に上昇したとしよう．その結果，主体均衡点は点 C に移動し，その際，雇用量は減少し，1人当たり所得は $y_1$ に増大しているのがわかる．次に点 C と同一曲線上にあり，かつ以前の $y_0$ と同一の傾きをもつ直線を引いてみよう．その直線と $p_1 f(L)$ との接点は点 B である．つまり点 A では

$$p_0 f'(L_0) = \frac{p_0 X_0 - R}{L_0} \equiv y_0$$

であり，点 B ではこの値と $p_1 f'(L)$ が等しくなるように雇用量が $L_0$ から $L_2$ に調整されている．この調整は

$$p_1 f'(L_2) = \frac{p_1 X_2 - R'}{L_2}$$

において求まる固定費用 $R'$ への上昇によりもたらされる.しかし実際には $R$ は変化していないので,当初の $R$ の下で

$$p_1 f'(L_2) < \frac{p_1 X_2 - R}{L_2}$$

が成立するが,そのとき雇用量が $L_1$ に減少すれば両辺が一致し,点 C に落ち着く.こうして,点 A から点 C への移動を点 B を介した 2 つの部分に分けて考えることができる.

図 1.1

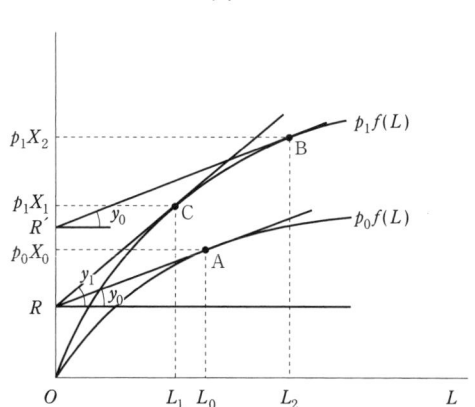

上での導出から明らかなように,点 A から点 B への変化は 1 人当たり所得一定の下での価格の変化のみに基づくものであり,点 B から点 C への変化は価格一定の下での固定費用の変化によるものである.前者は PMF と同様,価格の上昇に対して雇用量を増やしているので,通常のメカニズム(純価格効果)が働いていると言えるが,後者では前者のプラスの効果を相殺して余りあるほどの固定費用によるマイナス効果が働いている.このことからこの固定費用効果が性質 2 の原因となっていることがわかるであろう[2].

**性質 3** LMF の投資水準は他の条件にして等しい限り,PMF のそれを下回る.通常,LMF のこの過小投資の原因は次のように説明される.今,企業が

その残余所得 $Y$ を直ちに労働者に分配するか,将来の収益増加のために投資に振り向けるかの選択に迫られているとしよう.PMF では残余所得請求権は労働者ではなく株主にあり,それに対応して株式市場が存在する.それに対して LMF では残余所得請求権が付随するメンバーシップに対する市場は存在せず,しかも資金を投資に向けるとき,将来の収益増加の成果を受ける時期すべてにわたってメンバーがその企業に所属し続けているという保証はない.そのため LMF の労働者には投資を手控え,その分,現在の所得を増やそうとする強い誘因がある.このような理由から,労働者が銀行預金する際,適用される利子率 $r$ より投資による配当率 $a$ は高くならなくてはならないとされる[3].このことは,次のようにしても確かめられる.まず,ある投資プロジェクトに対する1人当たり拠出負担を $V$,労働者の今後に予想される在職年数を $n$ とする.労働者の観点からは,そのプロジェクトから毎期にわたって得られる収益の分配分の割引現在価値

$$\sum_{t=1}^{n} \frac{aV}{(1+r)^t}$$

及びその資金を銀行預金したときの割引現在価値 $V$ とは資本市場における裁定取引により一致していなければならない.したがって,$a$ と $r$ の間には

$$a = \frac{r}{1-\left(\frac{1}{1+r}\right)^n}$$

の関係が成立する.しかしそのとき労働者の "time horizon" の長さ $n$ が有限である限り,上式より明らかなように,配当率は利子率を上回らなければならないことになる ($a>r$).

以上の議論に加えて,企業の成長によって新規に労働者がメンバーとして当該企業に参加する場合には,ここでの仮定により,当初のメンバーによる投資の成果が直接貢献していない新規の者にまで配分されてしまうことになる.このことからも,企業の成長に結び付く投資に対して LMF は消極的にならざるをえないことがわかる.

以上から,LMF によってもたらされる非効率な過小投資の問題を,horizon problem と称する理由が理解できよう.

**性質4** 利潤 $\pi = pf(L) - wL - R$ がプラスであるとき，LMFの生産量は生産技術が同一ならばPMFのそれを下回る（過小生産）．つまり，$\pi > 0$ ならば，1人当たり所得の定義より $y > w$ であるから，$f''(\cdot) < 0$ の下ではLMFの企業規模はより小さくなければならなくなる（逆は逆）．

**性質5** LMFはパレート非効率であるとされる．その理由はこうである．PMFであれば異なった産業における企業の限界価値生産物は共通の賃金率に等しくなる．他方，LMFについては「賃金率」(1人当たり所得)自体がそもそも目的関数になっており，産業間はもちろんのこと，同一産業内であっても異なっているのが普通であり，均等化される保証はない．そのため，一般的にLMFにおいて生じるパレート非効率な結果を避けることはできない．

以上，確認したLMFに特有の5つの問題点を解決するため，これまでに多くの労力が払われてきた．以下，節を改め，これらを順次見ていくことにしよう．

## 3 労働者管理企業の "perverse" な行動に対する解決策

まず，特に重要な性質1と2の "perversity" を緩和するための方策を検討する．これには以下示すように複数のものが考えられる．

### 3.1 多生産物・多生産要素

あるLMFが複数の生産要素を投入し，複数生産物の生産を行っている．今このケースで，ある生産物の価格が上昇したとしよう．このとき価格が相対的に低下した他の生産物から価格が上昇した生産物に，生産のウェイトがシフトする．このような代替効果が作用することによって，LMFにおいても供給曲線は右上がりになりうることをDomar (1966)が初めて指摘した．しかし，それでも1生産物価格の変化はトータルの供給量，雇用量に対してはマイナスの効果を与えることが強調されねばならない．彼はまた，1生産物多要素において，放射平行的等量曲線のケースを検討し，生産物価格の変化に対して，やはり雇用量がマイナスに反応することを主張した．これに対し，Pfouts and Rosefielde (1986)が反論を加えた．つまり彼らは，先にLMFの性質2で触れ

た固定費用効果が十分に小さければ，そのとき LMF の "perverse" な反応は見られなくなると考え，そのような可能性を満たす生産関数を見つけようとした．そして実際，彼らは所望の性質を有する生産関数を具体的に挙げている．しかし Bonin and Fukuda (1986) によって，そこで挙げられた生産関数を用いたときに成立すると主張されている Pfouts and Rosefielde による Domar の命題に対する反例は誤りであることが明らかにされた．

それに代えて Bonin and Fukuda は，一番シンプルな1生産物2可変要素（労働 $L$ と原材料 $M$）のフレームワークの下において同次生産関数を用いるならば，$dL/dp<0$ となり，また，やはり同次関数の下で $F_{LM}>0$ ならば $dX/dp<0$ が言えることを示した．つまり同次生産技術の下では "perverse" responses が避け難いということである．さらに彼らは，同次生産技術の下で（LMF に関して）$dX/dp>0$ であることと PMF による労働需要が価格の減少関数（つまり彼らによる労働が劣等要素であることの定義）であることが同値となるとした[4]．これに対しては後に Kahana (1987) が同次生産関数の仮定からは労働が劣等要素である可能性は排除されるとし，彼らの主張を否定しようとしたが，実際のところ Bonin and Fukuda は $dX/dp>0$ の導出については同次関数を仮定しているものの，PMF に関する先の定義については同次性を仮定しているわけではないため，必ずしも適切な批判とはなっていないものと思われる．また，非同次の生産技術の下で，Bonin and Fukuda は，$dX/dp>0$ が成立するために Guesnerie and Laffont (1984) が導出した条件と PMF に関して労働が劣等要素となることが同値であること，そしてこのとき，$F_{LM}<0$ でなければならないことを明らかにした．他方では $F_{LM}<0$ ならば $dL/dp<0$ であることを示し，$dX/dp>0$，$dL/dp<0$ の可能性，つまり LMF による労働需要については "perverse" であっても財の供給については必ずしも "perverse" な反応とはならず，したがって右上がりの供給曲線が描けることを証明した．

いずれにしても，このように生産物，ないし生産要素を複数に拡張したモデルにおいて，基本的に LMF の "perverse" な行動を弱めることはできても消し去ることは容易ではない．

## 3.2 不確実性

Hawawini and Michel (1979), Muzondo (1979), Ramachandran, Russell and Seo (1979), Bonin (1980), Paroush and Kahana (1980), Hey (1981) を通じて明らかになったことは，絶対的リスク回避度減少の仮定の下，期待価格の変化はリスク回避的 LMF の生産量に対してマイナスの効果を与えるということである．これは以下のように確かめうる．まず PMF に関して $p_0$ を $pf' = w$ を満たす価格として定義すると

$$pf' > (=, <) w \Leftrightarrow p > (=, <) p_0 \qquad (2)$$

が言える．ここで絶対的リスク回避度 $R_A(\pi) \equiv -U''(\pi)/U'(\pi)$ 減少の仮定 $R_A'(\cdot) < 0$ の下では，$p > (=, <) p_0 \Leftrightarrow \pi > (=, <) \pi(p_0)$ に応じて $R_A(\pi) < (=, >) R_A(\pi(p_0))$ となる．よって $p \neq p_0$ に対して

$$E[U''(\pi)(pf' - w)] > 0 \qquad (3)$$

が得られる．ただし，$E$ は期待オペレータを意味する．他方，LMF に関しては $p_0$ を $pf' = y(p)$ が成立するときの価格として定義すると，

$$pf' > (=, <) y(p) \Leftrightarrow p < (=, >) p_0 \qquad (4)$$

である．ここでも同様にして，$R_A'(y) < 0$ の下では $p > (=, <) p_0 \Leftrightarrow y(p) > (=, <) y(p_0)$ に応じて $R_A(y(p)) < (=, >) R_A(y(p_0))$ となる．よって $p \neq p_0$ に対して

$$E[U''(y(p))(pf' - y)] < 0 \qquad (5)$$

が得られることになる．このように，(2) 式と (4) 式，ひいては (3) 式と (5) 式における不等号の向きがそれぞれ逆になっていることが，生産物価格不確実性下においても，LMF に "perverse" な行動をとらせる原因となっているのである．そのため，不確実性の導入は問題の解決策とはなりえない．

これに対して，Hawawini and Michel (1983) は生産要素や原材料の品質による生産不確実性を扱った．そこでは労働 $L$，非労働 $Z$ が生産に投入されるが，$\tilde{L} = aL$, $\tilde{Z} = bZ$ のように，確率変数 $a$, $b$ の導入により実際に投入される

量 $\tilde{L}$, $\tilde{Z}$ も不確実, したがって生産量 $X$ も不確実となり, 確率変数として取り扱われる. 彼らはこの想定下でも, 非労働投入物が一定ならばやはり LMF は右下がりの供給曲線をもつことを示した.

### 3.3 労働時間供給

Berman (1977) は労働者数一定の下, 労働・余暇選好問題を取り扱い, LMF における短期の労働使用は効率的であることを主張した. Ireland and Law (1981) は, 短期において可変的な労働時間のみを考慮すれば確かに Berman の主張は支持しうるとするものの, 労働者数も可変的であるような長期に関して言えば否定的な見解をとっている. これを以下見てみよう. 個々のメンバーの効用関数を $U = y - \beta(l)$, $\beta'(\cdot) > 0$, $\beta''(\cdot) > 0$, と特定化する. $l$ は労働者1人当たり労働時間である. $N$ を雇用者数とすると, 総労働時間は $L = l \cdot N$ と定義される. Ireland and Law によれば, 短期において $l$ は次式 (6) を満たすように決定される.

$$\Theta p f' + (1-\Theta)\frac{Y}{L} = \beta'(l) \tag{6}$$

ただし $\Theta$ は "collusion" または "sympathy" の強さを表し, ここでは1が上限である. 逆にもしその値が小さければ労働者間の結束力が弱く, 関係がより競争的であることを意味する. これに対して, $N$ は中長期的に

$$p f' l = \frac{Y}{N} \tag{7}$$

を満たすよう決定される. このとき (6) 式は

$$p f' = \beta'(l) \tag{8}$$

と書き換えられる. 以下, 価格の変化に対する (6), (7), 及び (8) 式の関係を図 1.2 において確認してみよう[5].

当初, 価格が $p_0$ のとき (6), (7) 両式が点 A でともに満たされ, $Y_0/L$ の頂点で (8) 式が成立しているとしよう. 今, 価格が $p_1$ に上昇したとすると, 短期的には (6) 式を満たしつつ, $\Theta$ の値に応じて点 A と点 C 間のどこかに位置することになる. このように短期的に供給曲線は右上がりになりうる. しかし中

図1.2

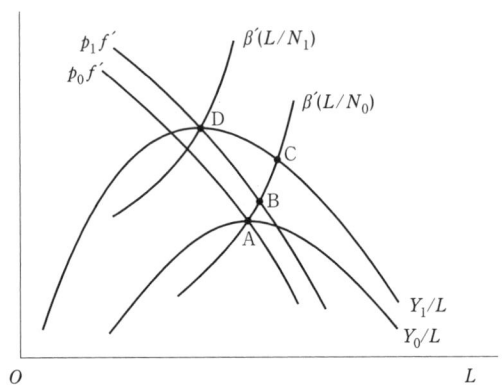

期的に $N$ が $N_0$ から $N_1$ へ調節される過程で $\beta'$ が左へシフトしていき，最終的に点 D に落ち着く．このことは価格上昇に対する総労働時間の減少を示している．そして彼らは次のように結論付けた．労働者数が固定され，労働時間のみが調整されるケースにおいては生産物価格変化の総労働時間に対する効果は不確定となるが（ここでは特定化によりプラス），労働者数も可変となるケースにおいては生産物価格が変化したとき労働者数に対する効果は必ずマイナスになる．つまり，個々の労働者の労働時間が増加するとしても，総労働時間に対する効果は結局マイナスになるのである．

### 3.4 調整費用

最後に，Smith and Ye (1988) による調整費用モデルを取り上げよう．資本，労働を状態変数 $\dot{K}, \dot{L}$ として扱い，雇用調整費用関数

$$c(\dot{L}) \text{ with } \dot{L} > (=, <) 0 \Leftrightarrow c'(\cdot) > (=, <) 0, \ c''(\cdot) > 0, \ c(0) = 0$$

をモデルに導入し，予算制約式

$$pF(K, L) = yL + \dot{K} + c(\dot{L}) + R \tag{9}$$

の下で最大化問題を解く．つまり彼らはただ単に長期としての静学問題をその

まま解けばよしとするのではなく,まず短期的動学モデルを設定し,そのうえで,その行き着く先としてのステディ・ステートにおいて長期の問題を考えるべきとの立場をとる.そこではステディ・ステートにおいて3本の方程式が得られる.すなわち

$$F_L = (pX - R)/L \tag{10}$$
$$F_K = r \tag{11}$$

及び,(9)式より得られる

$$pF(K, L) = yL + R \tag{12}$$

である.ただし $r$ は割引率＝利子率である.2本の1階の条件式(10),(11)に予算制約式(12)を加え,これら3本の式について比較静学を行うと,以下のことがわかる.つまり生産物価格が変化したとき労働者数に対して与える効果は不確定となり,必ずしもマイナスとは言えなくなる.特に資本と労働が補完的であり($F_{KL}>0$),その関係が十分に強いとき,効果はプラスになりうる.

## 4 平等主義による解決

以上の生産物価格の変化に関するLMFの"perverse"な結果は極めてロバストである.しかし他方で1人当たり所得という目的関数の前提を維持したまま,モデルを拡張,複雑化するというアプローチの仕方自体に対する根本的な疑問が投げ掛けられている.つまり本来ならばメンバーすべてが最終的意思決定権と残余所得請求権をもっているはずであるにもかかわらず,「メンバーの内いったい誰が,価格が上昇したとき自らの所得をわずかばかり引き上げるために同僚を解雇する権限を有しているのか」,という問題である.

このような問題意識から,LMFのメンバーシップとそれに付随すべき義務を考慮することによって,目的関数自体をより現実的なものに修正しようとする試みがなされた.まずこの権利と義務について簡単に触れておこう.Meade (1972) は次のようなルールを提案した[6].①メンバーは非自発的に解雇されることはない.②メンバーは他のメンバーの同意なしに辞めることはでき

ない．これを踏まえ，以下の状況を考えてみよう．生産物価格 $p_0$ の下での最適雇用量を $L_0$，そのときの1人当たり所得を $y(p_0)$ とする．そしてこの値が当初において外部労働市場で成立する賃金率 $w$ と一致していたとする．今，価格が $p_1$ に上昇すると，その下で再度，最適雇用量に調整され，1人当たり所得は $y(p_1)$ になる．そこでは以下の関係が成り立つが，その下で Meade のルールを適用してみる．

$$y(p_1) > \frac{p_1 f(L_0) - R}{L_0} > y(p_0) = w$$

$p_1$ に価格が上昇したとき，雇用量を減らして1人当たり所得を $y(p_1)$ にまで高めようとするインセンティブがそこに強く働くが，$y(p_1) > w$ であるため自ら望んで辞めようというメンバーを探せない以上，$L_0$ 水準のまま団結するほかなく，しかも，その際すべてのメンバーの所得は何ほどかは増大しているのであるから，メンバー間にさほど大きな不満は存在していないはずである．このようにして，所得増加の効果をすべてのメンバー間に広く薄く分配する方式を考えれば，供給曲線は少なくとも右下がりにはならず，垂直になる．以下，この方向での議論の展開を確認してみよう．

まず最初に Steinherr and Thisse (1979) は通常の1人当たり所得という目的関数を，平等を旨とする LMF により相応しいものに変更する必要性を説く．生産物価格が上昇し，最適雇用量が減少するとき，当該企業に残る可能性，あるいは去る可能性は少なくとも事前には今雇用されている労働者すべてにとって等しくなければならないはずである．したがってそのとき目的関数は $0 \leq L \leq L_0$ の下で次のようである．

$$v = \frac{pf(L) - R}{L} \frac{L}{L_0} + w \frac{L_0 - L}{L_0} \tag{13}$$

(13) 式右辺第1項は当該企業に留まるケース，第2項は当該企業を離れるケース，それぞれに対応する期待所得を表している．彼らはこのような形の事前的平等主義に基づいて，価格の上昇に対して最適雇用量を変化させないことを証明しようとした．上記の目的関数 (13) の $v$ を $L$ で微分してみると

$$\frac{dv}{dL} = \frac{1}{L_0}(pf'(L) - w)$$

図1.3

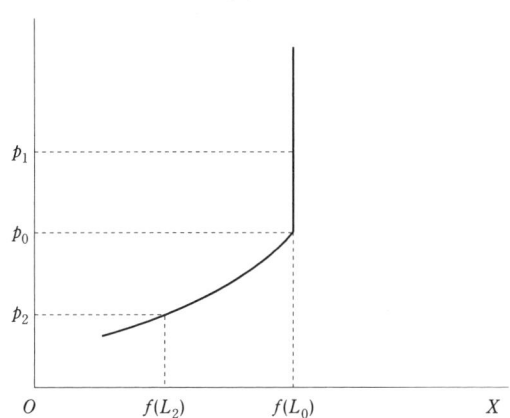

が求まる.当初において $p_0 f'(L_0)=y_0=w$ が成立していたとしよう. $p_0$ が $p_1$ に上昇するとき,本来であれば $p_1 f'(L)=y_1$ の点まで雇用量を減らしたいところであるが, $p_1 f'(L)=y_1>w$ によって $dv/dL>0$ となるため,修正された1人当たり所得を減少させてしまう.したがって雇用量は現状維持がその観点からは望ましい.逆に $p_0$ が $p_2$ に低下すると $p_2 f'(L)=y_2<w$ より $dv/dL<0$ であるから,雇用量の減少により1人当たり所得を増大できる.したがって,この場合は雇用量は削減される.よって生産物供給曲線は図1.3のようになる[7].

このように彼らは事前的平等の観点から価格上昇に対して雇用量を変化させないことを示したが[8],これに対して Ireland and Law (1982) は価格上昇に対して雇用量を削減する場合に不利な立場におかれる労働者に補償を施し,事後的に平等な同一所得を保証することを考えた.そのような所得は

$$C = \frac{pf(L)-R}{L} - \frac{L_0-L}{L}(C-w) \tag{14}$$

であるが,(14)式を $C$ について解くと,結局 Steinherr and Thisse で見た事前的平等主義のときと同一の目的関数 (13) となることが確かめられる.

これに対し,Bonin (1981) は労働者に支払われるべきパイとしての総所得

$$Y(p, L, L_0) = Ly(p, L) + (L_0-L)w$$

を最大にすることを考えた．彼はそこで (15) 式のように，価格が $p_0$ から上昇したとき当初の労働者がすべて企業に留まる方がよりその総所得が大きくなることをまず明らかにした．

$$Y(p_1, L_0, L_0) > Y(p_1, L_1, L_0)$$
$$\Leftrightarrow L_0 y(p_1, L_0) > L_1 y(p_1, L_1) + (L_0 - L_1) w \tag{15}$$

ただし $p_1 > p_0$ であり，かつ $L_1$ は $\arg\max_L y(p_1, L)$ から求まるものとする．このことを確認したうえで，Meade のルール①を満たすため補償を用いるものとしよう．しかし，(15) 式を変形すると

$$(L_0 - L_1)(y(p_1, L_0) - w) > L_1(y(p_1, L_1) - y(p_1, L_0))$$

が得られることから，この補償は企業に留まる労働者側の同意を得ることはできないであろう．つまり企業を去る労働者 $L_0 - L_1$ を十分に補償し，かつ企業に残る労働者 $L_1$ の所得を当初の労働者の団結を守った場合以上にすることはできないのである．よって Steinherr and Thisse と同様，価格の上昇に対して雇用量を変えないことが望ましいことがわかる．逆に価格が下落したとき，1人当たり所得の低下を避けるため一部の労働者が企業を離れようとする．そこで彼らは Meade のルール②を満たすために企業に留まるメンバーの許可を求めようと補償を支払うが，この場合の補償は実現可能であることを Bonin は示している．よって供給曲線は右上がりの部分をもつ．ここでも初期のメンバーシップに対応する点までは PMF の供給曲線と同様に右上がりの部分をもつという結論が得られた．

Miyazaki and Neary (1983) は暗黙契約理論を以上の問題に適用した．彼らのモデルについて述べる前に，まずその準備として次のことを確認しておこう．すなわち，LMF の解くべき問題を，$L$ と $y$ を操作変数とした

$$\max U(y)$$
$$\text{s.t. } pf(L) - yL \geq R$$

とする．このとき得られる総価格効果 $\partial L / \partial p$ を次のように，効用水準一定の下での純価格効果及び価格水準一定の下での固定費用効果の2つに分解すること

ができる[9].

$$\frac{\partial L}{\partial p} = \frac{\partial L}{\partial p}\bigg|_{U=\text{con.}} - X\frac{\partial L}{\partial R}\bigg|_{p=\text{con.}}$$

右辺第1項の純価格効果がプラスであり,それゆえ,そこではPMFと同様に供給曲線を右上がりにする効果が働いているが,他方で固定費用効果もプラスとなることから右辺第2項がマイナスとなり,そのうえ,生産関数の形状により(凹のとき)後者が前者を絶対値で上回ってしまうため,これまで何度か見てきたように,LMFに特徴的な"perverse"な結果が生じることになる.

以上を考慮に入れたうえで彼らの議論を見てみよう.そこではレイオフに関する事前のリスクが明示的に扱われている.まず最初に$y$と$w$の格差を埋める補償$C$の存在しないケースを考えてみる.そこでの問題は,

$$\begin{aligned}&\max E[V(p)]\\&\text{s.t.}\ L_0 \geqq L(p)\\&\qquad pf(L(p))-y(p)L(p) \geqq R\\&\text{where}\ V(p) \equiv \frac{L(p)}{L_0}U(y(p))+\left(1-\frac{L(p)}{L_0}\right)U(w)\end{aligned} \tag{16}$$

である.そのとき労働者がレイオフされるよりも働くことを望む($y \geqq w$)のであれば,例えばもし$R$が低下したとすると,そこでは(16)の制約式より$L$及び$y$をともに上昇させることが可能となり,またそうすることがここでの最大化問題よりメンバーの効用増大の目的にも適っている.したがって$\partial L/\partial R|_{p=\text{con.}}<0$となり,ここでは固定費用効果がプラス,ひいては総価格効果もプラスとなり,"perverse"な結果は見られなくなる.他方において,働くよりもレイオフされることを望む($y<w$)のであれば,$R$が低下したとすると,やはり先と同様に,$y$の上昇はメンバーのメリットにつながるが,しかし$L$に関してはむしろ引き下げることが彼らにとって望ましい.したがって,ここでは$\partial L/\partial R|_{p=\text{con.}}>0$,よって固定費用効果はマイナスになり,総価格効果は不確定となることが確かめられる.ただし$p$が低いケースを除けば,純価格効果が固定費用効果を絶対値で上回ることになり総価格効果はプラスになる.そこでは"perverse"な結果は見られず,やはり供給曲線は右上がりとなる.

次に全部保険のケースを検討しよう.そこでは次の問題が$y(p),C(p)$につ

いて解かれる．

$$\max E[V(p)]$$
$$\text{s.t. } L_0 \geq L(p)$$
$$\pi(p) \equiv pf(L(p)) - y(p)L(p) - C(p)[L_0 - L(p)] \geq R$$
$$\text{where } V(p) \equiv \frac{L(p)}{L_0} U(y(p)) + \left(1 - \frac{L(p)}{L_0}\right) U(C(p) + w)$$

これにより全部保険 $y(p) = C(p) + w$ が成立し，当該企業で働いても，他企業で働いて補償を受け取っても，所得額自体は同一となり，事後的平等が実現する．この結果を用いて，以下の期待効用を最大にするよう $C(p)$, $L(p)$ を決定する．

$$\max E[U(C(p) + w)]$$
$$\text{s.t. } L_0 \geq L(p)$$
$$\pi(p) \equiv pf(L(p)) - wL(p) - C(p)L_0 \geq R \tag{17}$$

このケースについては固定費用効果がゼロであることが確かめられる．つまり，純価格効果はプラスであったことから，ここでは供給曲線は必ず右上がりとなる．その理由はこうである．(17) 式より

$$(C + w)L_0 = pX - R + w(L_0 - L) \equiv pX - wL + wL_0 - R \tag{18}$$

が得られるが，(18) 式の右辺は，Bonin (1981) について触れたところでも見たように，全労働者に支払われるべきパイとしての総所得である．したがって $L_0 \geq L$ の下で，$C + w$ の最大化によって求まる $L$ は $pX - wL$ のそれと同値となり，当然，そこでは固定費用効果は存在しなくなる．

このように，Miyazaki and Neary では雇用量を決定し，右上がりの供給曲線を導き出したが，そこではメンバーを内生的に求めてはいなかった[10]．それに対して，Bonin (1984) ではリスク中立的なケースに限定されてはいるが，短期の雇用量の決定だけでなく中長期の最適メンバー数の決定もあわせて明示的に扱われている．McCain (1985) はこれを期待効用最大化モデルに拡張し，リスク回避的ケースにおいてもやはり供給曲線が右上がりとなる部分をもつことを示した[11]．

## 5 不平等主義による解決

以上が LMF のもつ生産物価格の変化に対する "perverse" な行動を，事前的あるいは事後的平等主義に基づき解決しようとする一連の試みの紹介であった．しかし実際のところ労働者は勤続年数，技能，知識など異なっているのが普通であるから，必ずしもすべての労働者をいつも平等に扱うことが適切であるとは限らない．このような観点から Meade (1972) は企業の残余所得についての持分権 $l_i$ が，次の (19) 式の分母に見られるように，$n$ 人のメンバー間で異なってもよいと考えた．

$$y_0 = \frac{p_0 f(L) - R}{l_1 + \cdots + l_n} \tag{19}$$

ただし，$y_0$ は価格 $p_0$ のときの持分権 1 単位当たり所得を意味する．今，価格が $p_1$ に上昇し，その結果，(19) 式の $y_0$ が $y_1$ に変更し，以下の不等式が成立するとしよう．

$$p_1 f'(L) > y_1 l_{n+1} > w$$

このような $l_{n+1}$ が可能であれば，$y_1 l_{n+1} > w$ より本人が雇用を希望し，かつ $p_1 f'(L) > y_1 l_{n+1}$ よりメンバーすべてがそれを承認するであろう．このようにして上記の対象者は LMF で働くことができるようになるわけである．他方，価格が $p_0$ から $p_2$ に低下したとき，次のような不等式

$$p_2 f'(L) < y_2 l_j < w$$

が成立したとするならば，持分権 $l_j$ を保持している労働者は他のメンバーの許可を得て，この企業を辞めることができる．そこには当該労働者の移動に何の障害もないからである．このような形で先に触れた Meade のルール①，②に従いながら，しかも不平等主義的に解決されているのがわかるであろう．以下この方向での議論の展開を辿ってみよう．

## 5.1 メンバーシップ証書市場

Sertel (1982) における狙いはメンバーシップ証書市場の創設による "perversity" の解決であった。外部労働市場で成立する賃金率 $w$ で実際働いている労働者が LMF に加入できるのであれば進んで支払おうとする最大金額は，譲渡可能なメンバーシップ証書に対する需要価格 $D(L)=y-w$ で表される。他方で，LMF がそのような労働者を受け入れる際，メンバー１人当たりにもたらされる損失は $-dy/dL$ であるから，メンバー全員で少なくとも供給価格 $S(L)=-Ldy/dL$ の損失を甘受する限りにおいて加入が認められる。$D(L)=S(L)$ が成立するとき当該市場が均衡する。この需給均衡式は $pf'(L)=w$ と書き換えられるが，これはまさしく PMF に対して適用される利潤最大化条件にほかならない[12]。また，Dow (1986) によれば，企業が LMF の形態をとるか PMF の形態をとるかは結局のところ労働，資本の内のどちら側が経営権を掌握するかによる，とされる。そこでは Sertel (1982) の考え方をより徹底させ，"share goods" と呼ばれる経営権が付随した財をモデルの中心に据え，LMF と PMF をそれぞれスペシャル・ケースとして含む，統一したフレームワークの下で両者を比較した。そしてもし当該市場が競争的で完全であれば，企業形態の差異にかかわらず同一の生産決定がなされることを証明した[13]。ただ Sertel, Dow のモデルにおいては，メンバーシップや経営権を売買する市場の存在を前提とすることがそもそも現実的なのかどうかという問題が残る[14]。

## 5.2 賃金労働者

Steinherr and Thisse (1979) から McCain (1985) に至るまで，それぞれの平等主義的観点から LMF の "perversity" を取り除こうとしてきたが，それらのモデルでは短期的雇用量の決定はメンバー数によって制約を受けていた。LMF 設立の精神と合致しているかどうかという問題はあるが，もし随時 LMF に賃金労働者（短期雇用労働者）の雇用が認められれば，そのような制約に縛られることなく雇用量の調整が可能となる。以下，賃金労働者の雇用が LMF にどのような影響を及ぼすのか見てみよう。

過去，資本主義諸国において，LMF はしばしば，景気後退期に設立されており，しかもやがて PMF に転換してしまうことが多いとされている。Ben-Ner

(1984) はこのような LMF のライフ・スパンの短さに着目し,deterministic な モデルで,LMF における賃金労働者の雇用は PMF への転換を促し,そのた め LMF が長期的に存在しえないことを示した.つまりメンバーと賃金労働者 が同一生産性をもっているのであれば,$y > E(w)$ という意味で "successful" な LMF にとって,定年などの理由でメンバーの1人が辞める際にその地位を 賃金労働者に置き換えることは,むしろ当然と言えるであろう[15].そしてやが て,経営者となるメンバー1人を除いて全員が賃金労働者に代替されてしまう のである.しかしながら,そこではなぜ LMF がそもそも設立されねばならな いのかが十分に説明できていない.

Miyazaki (1984) は期待効用最大化モデルを構築し,Ben-Ner モデルのその 欠点を克服しようとした.そこではリスク回避的ケースにおいて,経常利益の 期待値が債務支払いを上回っていればよいという意味で bankruptcy constraint の成立を考慮に入れ,完全資本市場が仮定される.そのとき事後的平 等が実現した $y$ と市場賃金率の期待値 $E(w)$ の関係は,コスト的に LMF の 設立が有利であるために $y < E(w)$,他方で,労働者にとってメンバーとして LMF で働くことが有利なために $U(y) \geq E[U(w)]$ でなければならず,した がって LMF 設立の条件として

$$U(E(w)) > U(y) \geq E[U(w)]$$

が成立しなければならなくなる.つまり労働者は $U(y) \geq E[U(w)]$ が保証さ れるならその代償として $E(w) > y$ を受け入れるのである.以上より,このケ ースにおいてはリスク回避的行動から労働者が LMF 内でメンバーとしてある 一定の1人当たり所得 $y$ の下で働くことの方をむしろ選ぶことがわかる.つ まりそこには,経営危機に陥った PMF を労働者自身の手で再建しようとする 誘因が確かに存在するのである.しかし,Ben-Ner (1984) のところで触れたよ うに,LMF として経営が軌道にのり,メンバーに高所得を保証できるように なればなるほど ($y \geq E(w)$),やがては PMF に再転換されてしまう.ただ Miyazaki はその後で,不完全資本市場に直面しているので各期ごとに経常利 益が債務支払いを上回っていなければならないという制約式を仮定したときに は,LMF が長期的に存続しうることをも示している.

しかしながら，Ben-Ner, Miyazaki 両モデルに欠けているのは，同一企業に留まり，経験を積むことによって技能を形成し，高めていくという動学的視点である．この点は後の章で検討することになる．

## 6 過小投資の問題

次に性質3の過小投資の緩和について見てみよう．これについても，Sertel (1982) について触れたところで見たようにメンバーシップ証書市場の導入による解決が考えられるが，やはりここでもそのような市場が現実的かどうかという問題に直面する．しかし，そもそも Furubotn (1976), Jensen and Meckling (1979) が行った LMF における過小投資の議論は本来の動学分析ではなかった．これに対し，Atkinson (1973) は動学のフレームワークで投資決定問題を扱い，そのとき LMF の成長率は PMF のそれを下回ることを示したが，そこでは投資決定に関して本来であれば停滞的であるはずの LMF に対して，規模に関して収穫逓増を仮定することによって成長率をプラスにしていた．

また，Sapir (1980) も動学のモデル分析を行っている．そこで想定されている状況は以下の通りである．まず LMF が潜在的メンバーとして賃金労働者を雇用する．その後 OJT (on-the-job training) の形で彼らに訓練を施し，やがてメンバーの資格を与える．ただし当然，そこには訓練費用がかかってくるので，それを踏まえて LMF は昇進率を内生的に決定することになる．さてこのモデルは後に de Meza (1983) がいみじくも指摘したように，内部解をもたないという致命的な欠陥をもっていた．Ben-Ner のところでも述べたが，そもそも LMF はメンバーを減らし賃金労働者を雇おうとする強いインセンティブをもっているのに加え，さらに訓練費用までかかるのであれば，プラスの昇進率を実現しえないというのも当然の成り行きと言える．つまりこのモデルには成長の要因が欠けているのである．LMF には Atkinson (1973) における収穫逓増のような，何らかの成長の要因が導入されなければならない．

この点に世代重複モデルをもって取り組んだのは岩井 (1988) である．そこでは労働者を2世代に分け，管理的任務に従事する高年労働者を実際に生産的活動を営む若年労働者が支える構造になっている．本来であれば LMF は利潤

分配の対象者を減らそうとするはずであるが，そうすると将来的により少ない若年労働者で高年労働者への支出を分担しなければならなくなる．そこで，これを避けるため若年労働者を増やし，その増えた若年労働者が次期に高年労働者となり，さらに彼らを支えるためにより多くの若年労働者が必要となる．このようにしてLMFにおいても成長への誘因が生まれる．Ye, Smith and Conte (1992) は労働者の生涯を3期に分割し，より一般的なモデルでLMFの成長率がPMFのそれを上回る条件を導出し，LMFの投資決定が必ずしも停滞的ではないということを明らかにした．

以上，議論されていたのは，物的資本のことであって決して人的資本ではなかった．そこでこの後者に焦点を当ててAskildsen and Ireland (1993), Ireland (1994) が議論を進めた．彼らの前提としてまず共通して挙げられるのは，①2期間モデルであること，②契約の不完備性を要件としていること，③労働者が習得する技能の性格・質，つまり他企業にとってその技能がどの程度役立つかどうかという有用性を問題としていること，④技能習得のための訓練費用の内その直接的支出部分については技能の有用性に応じて労働者自身の負担となるが，他方で企業の負担となる部分も存在すること，⑤この後者の費用については技能の有用性に関して上に開いたU字型の費用関数で表せること，⑥競争的労働市場を仮定していること，などである．以上を基にして，LMFとPMFが一般と企業特殊のいずれのタイプの訓練をより実施するインセンティブを有するかを比較した．

IrelandモデルにおけるPMFでは，労働者が2期の耐久性をもつ機械と結び付いて生産を行う．その機械が廃棄された後も労働者は同様に定期的に新しい機械と結び付き，生産活動を従事することになる．当該企業はこの下で自らの負担すべき訓練費用を最小化するように技能の有用性（逆をいえば特殊性）の程度をコントロールしようとする．これに対し社会的に最適な有用性の程度は，労働者と企業がトータルで負担する訓練費用を最小化するようにして求まる．そのため，もし企業のみの観点から初期に有用性の低い企業特殊訓練が実施されれば，そのとき労働者にとっては生産性の低下により，それ以降の労働生涯にわたって失われる機会費用は決して少なくないため，より有用性の高い一般訓練がむしろ導入されるべきことがわかる．このようにして彼は，社会的

最適水準と比べると，PMFによって決定される有用性はその契約が不完備な場合にはより低く，さらに訓練実施直後の賃金についても契約が書けないときには有用性が一層引き下げられることを導出した．

この現象は，いわゆるホールド・アップ問題とかかわっている．一般訓練が一度完了すると，そこで得られた技能は他企業でも同程度に価値をもつため，事後的に熟練労働者の交渉力を高めてしまう．これに対してもし当該企業が企業特殊訓練を実施すれば，習得される技能は他企業にとっては必ずしも100パーセント有用でないため，他からの引く抜きを恐れることなく，少なくともある程度は訓練後の賃金水準を引き下げることができる．したがって最適な有用性の程度を下回る水準の特殊訓練がむしろ実施されてしまうことになる．ただしホールド・アップ問題とは通常，不完備契約下において特殊資産への投資に二の足を踏み，結果的に当事者によって非効率な投資決定がなされることを指すが，ここでは逆に一般訓練ではなく過度の企業特殊訓練実施という非効率な決定がPMFによりなされることになっている．

Askildsen and Irelandでは契約は訓練実施時の1期にのみについて作成可能状況が終始想定される．またIrelandモデルにおける有用性の程度以外に，技能水準と技能で測られた雇用量をも企業にとってのコントロール変数として含んでいる．さらにそこでは労使間で異なった割引因子が用いられている．さてこのときPMFは一般訓練の実施にコミットできない．なぜなら契約の不備性のため，PMFは一般訓練への投資費用を1期目における低賃金の形で回収し，そして2期目に高まった生産性に見合った高賃金を熟練労働者に保証できないからであり，その結果，労働者に対しては有用性の低い，企業特殊的技能を提供せざるをえないことになる．しかも仮にその有用性について契約が書けるとしても，依然として彼らのモデルからは一般訓練の実施を導くことは不可能であることが示される．

これに対してIreland, Askildsen and Irelandの両モデルにおける平等主義的LMFでは，そもそも労働者が投資成果を十分に享受できるように労働者は訓練実施後もそのまま当該企業に留まろうとするインセイティブをもっている．したがってLMFはPMFと違って訓練後の労働者の交渉力を高めることを恐れることなく，その高まった生産性に対応した報酬を提供できるため，このシ

ステムの下では一般訓練に伴う費用を本人に適切に負担させ，社会的に最適な有用性をもつ熟練労働者が養成されうることになる[16]．

このようにして彼らは，PMF における人的資本への投資にかかわる非効率性から LMF が免れていることを論じ，Furubotn (1976), Jensen and Meckling (1979) 等による horizon problem 導出とは逆の論理で，Dreze (1976) における両タイプ企業の "equivalent" な結果には必ずしも至らないことを明らかにした[17]．

## 7 過小生産と非効率性の問題

不確実性の導入が LMF の生産量を増大させうることが知られている[18]．例えば，まず生産物価格不確実性下において LMF がリスク回避的であるならば，確実性下での生産量よりも生産量を増加する．また生産不確実性下においても，リスク回避的 LMF はリスク中立的[19] LMF よりも労働者を多く雇用し，ひいては期待生産量もより大きくなる[20]．これらの理由として言えることは，需要，費用条件の有利化が生産量の減少をもたらすという LMF 特有の "perverse" な行動様式が，ここではむしろ幸いしているということである．つまり，不確実性の導入というリスク回避的 LMF にとっての生産活動に関する条件の不利化が，逆に生産量の増大をもたらすよう作用しているのである．

次に非効率性についてであるが，仮に生産要素の数を増やしてもこの傾向はそのまま残ってしまう．例えば，労働 $L$ と資本 $K$ に関して各企業ごとに

$$\frac{F_L}{F_K} = \frac{y}{r} \tag{20}$$

が成立するが，$y$ の値が各企業ごとに異なるため，産業間における (20) 式左辺の技術的限界代替率 $F_L/F_K$ がそれぞれ一致する保証はない．しかし今，産業内での企業の参入・退出による企業数の変化を考慮に入れた長期を考えよう．そこでは利潤がゼロの産業均衡が実現し，異なった産業間での労働の限界価値生産物は賃金率に一致し，生産のパレート効率が達成される．また，この点で過小生産というもう一つ別の LMF 固有の問題点も同時に解決され，本章第 2 節で触れた性質 4 からも直接導かれる通り，$\pi=0$ のとき LMF と PMF の生産

量は完全に一致する．Dreze (1976) は一般均衡の枠組みでこれを示そうとし，両タイプの企業の equivalence を結果として導出している[21]．この意味で LMF における市場参入の役割は非常に大きいことがわかる．後の章で不確実性下における長期産業均衡を取り扱い，産業内での企業数決定問題を検討する．

完全競争及び独占のとき，PMF の利潤がプラスであれば LMF の生産量が PMF のそれを下回ること（過小生産）はすでに述べたが，市場参入に関連して不完全競争における競争形態としての独占的競争についてもここで触れてみたい．Meade (1972) は LMF が PMF よりも企業規模が小さいという傾向は独占的競争下でも見られるはずであると考えた．したがって LMF で働く労働者の合計が PMF のそれよりも少なくなる．もし同一規模の経済を前提とすれば，失業者数は LMF で構成される経済の方がより大きくなるので，彼らは LMF を新たに設立しようとするに違いない．このようにして労働者管理 (LM) 経済の方が利潤最大化 (PM) 経済より企業数が多くなり，その意味で競争的と言える．Meade はこのように結論付けたが，実際のところフォーマルなモデル分析を行っているわけではない．そこで，Hill and Waterson (1983) は企業数を内生化したモデルを用い，LMF，PMF それぞれの産業均衡を比較した．

まず彼らは PMF，LMF の両タイプについての均衡の存在，一意性，安定性を吟味し，さらにそれらの結果を踏まえ，両タイプの均衡における雇用量と企業数の値を次のように問題とした．企業の参入・退出を通じ，結果的にゼロ・プロフィット条件に基づいて PMF の企業数 ($n^{P*}$) が決定するが，この $n^{P*}$ で評価したとき，PMF と LMF の雇用量は一致する．ここで，PMF，LMF それぞれの均衡の一意性を考慮すれば，LMF に対応する産業内の企業数 ($n^{L*}$) は PMF のそれ ($n^{P*}$) と同一でなければならなくなる ($n^{P*}=n^{L*}=n^*$)．つまり，産業均衡のフレームワークでは雇用量だけでなく企業数についても同一の値をとることになる．しかしより正確に言うと，企業数は必ずしも連続した変数とはみなせず，実際には整数でなければならないので，PMF の企業数は $n^{P*}$ 以下の最大の整数 ($\tilde{n}^{P*}$) とされるべきである．

さて，ここで彼らの命題を得るための準備を行っておく．本章でこれまで用いてきた労働者 1 人当たり所得の定義は

第1章　労働者管理企業の理論

$$y = \frac{pX - R}{L}$$

であるが，この両辺から $w$ を差し引くと

$$y - w = \frac{pX - wL - R}{L} \tag{21}$$

が得られる．そこで右辺分子が利潤 $\pi$ であることに注意し $s \equiv y - w$ としよう．したがって，(21) 式は1人当たり利潤

$$s = \pi/L$$

を意味することになる．この $s$ を $L$ で微分すると

$$\frac{\partial s}{\partial L} = \frac{1}{L}\left(\frac{\partial \pi}{\partial L}\right) - \frac{1}{L}\left(\frac{\pi}{L}\right) \tag{22}$$

となるが，この (22) 式を $\hat{n}^{P*}$ と PMF に対する最適雇用量で評価すると

$$\frac{\partial s}{\partial L} = -\frac{\pi}{L^2}$$

を得る．たまたま $n^* = \hat{n}^{P*}$ なるような例外的ケースを除けば，その他多くのケースで $\pi > 0$ となり，そのため $\partial s/\partial L < 0$ が実現する．この下では LMF は雇用量を削減するインセンティブをもち，また，実際にそうするであろう．したがって，LMF の産業均衡下では総雇用量，ひいては総生産量も減少し，その結果，市場ではより高い価格が支配的となる．このようにして，Hill and Waterson (1983) は Meade の主張を否定し，LMF の企業規模は PMF より小さくとも企業数に関しては同じであり，そのため LMF の産業均衡下では高価格になりうることを証明した．後に Neary (1984) が個々の企業の固定費用が異なるケースにおいては LMF の企業数がより大きくなりうることを示した．

## 8　寡占経済における問題

次に企業数が固定されている寡占経済を吟味する．今，2つの PMF によるクールノー競争を考えてみよう．そこでは通常，反応曲線は右下がりとされる．所与である相手企業の生産量が増加すれば自企業にとってのマーケットは狭ま

り，そのときもし生産量を変えなければ市場価格は大きく下がってしまうであろう．したがって相手企業の生産量増大に対して生産量を減らすのが通常考えられる反応パターンである．このことをPMFの戦略は他企業のそれと戦略的代替関係にあるという．しかし，他方で同じクールノー複占のセッティングにおいて，LMFの反応曲線は右上がりとなることが知られている[22]．相手企業の生産量が増え，そのとき自企業の生産量を変えなければ価格は低下するが，価格の変化に対して"perverse"な行動をとることはすでに何度か強調した．よって，このとき寡占企業としてのLMFは生産量を進んで増やそうとするのである．これを戦略的補完関係が存在するという[23]．このようなPMFとは異なる反応曲線をもつLMFからなるクールノー複占の特徴はVanek (1970) によりすでに明らかにされていた．また，PMFにおいてベルトラン均衡価格の方がクールノー均衡価格よりも低いことが一般的に知られているが[24]，Okuguchi (1986) によりLMFにおいても同様の結論が得られることが証明された．

これに対して，Law and Stewart (1983) において初めてPMFとLMFが1市場に共存する混合複占の状況が扱われた[25]．通常，2企業のPMFからなるクールノー競争ではシュタッケルベルク不均衡が生じやすいが，彼らは，混合複占ではPMFは好んでリーダーになろうとし，LMFはフォロアーになろうとする可能性があるため，そのときシュタッケルベルク均衡が実現しがちであることを示した．PMFにとってフォロアー，ナッシュ均衡，リーダーの順に利潤が増加する．これに対し，LMFにとっては，ナッシュ均衡がもっとも1人当たり所得が低いが，リーダーとフォロアーのときとではどちらが所得が高いかは両企業の反応曲線と1人当たり所得に関する等量曲線の形状に依存する．彼らは需要関数と生産関数を特定化し，シュタッケルベルク均衡成立のための条件を導出した．これを受けてCremer and Cremer (1992) は混合複占においてPMFの利潤がプラスであれば必ずLMFにおける労働者の1人当たり所得は賃金率を上回ることを示した．さらにそれを2つのPMFからなるクールノー複占と比較し，1企業がPMFからLMFに転換することにより相手のPMFの利潤と生産量がともに増大するのに対して，転換したLMFの方は利潤，生産量ともに減少することを示した．彼らは他方で，ベルトラン競争下においては2つのPMFからなる純粋複占から混合複占へ転換させられたとき，相手の

PMFのみならずLMFにとっての利潤も増大し，価格も上昇することを証明した．

先に触れたシュタッケルベルク均衡では，1企業が何かの理由で優位性をもち，そのためにリーダーになる．あるいは，先手・後手プレイヤーによる逐次手番ゲームの枠組みでは，先手プレイヤーであるがゆえにリーダーになる．しかしその優位性や "first mover" であるということがただ単に仮定されたものであって，それらが何に基づいているのかが必ずしも明らかでない．これを正当化するための方法として，この後の章での議論に関係してくるが，1つはその企業が生産物の供給増加に確実に動機付けられるために生産能力増大を目的とした設備投資費用を事前にサンクしておくという考え方がある．あるいは国際市場において企業が生産活動を始める前に政府が自国の企業に各種補助金を支出するというものなども挙げられる．このように事前の戦略的生産能力の創出や政府による補助金支出の決定がコミットメントとして働き，自国企業は他のライバル企業に対してリーダーの地位を占めることが可能となる[26]．しかし，これらの議論の多くはPMFについてのみなされたものであり，LMFを含めたものとしては，前者についてはStewart (1991), Zhang (1993), Haruna (1996) などがあるが，これらの間にはいくつかの混乱が見られる[27]．また後者についてはMai and Hwang (1989) が最初であった．このMai and Hwang (1989) では国際市場における混合複占が取り扱われ，政府は自国のLMFに対しては輸出補助金ではなく，むしろそれに対して課税することの方が輸出振興のために有効であるとされた．さらにOkuguchi (1991) はこれを製品差別化の状況の分析に一般化し，ほぼ同等の結論を得た[28]．しかし彼らの議論においては，政府による補助金支出に対するインセンティブに関する分析が必ずしも十分になされているとは言えない．

## 9 現状分析について

近年は旧社会主義国の市場経済への移行という現状を反映し[29]，国営企業の民営化の影響を分析対象とする研究が活発となっている．例えば，Delbono and Rossini (1992) は従来よりあったPMFと公企業（社会的余剰最大化企業）

間における混合複占あるいは混合寡占の議論（例えば Merrill and Schneider, 1966 や Rees, 1984，あるいは Bos, 1986 等）を応用して，LMF が独占企業である状況と LMF と PMF との混合複占，あるいは LMF と公企業との混合複占の状況をそれぞれ比較検討し，厚生分析を行っている．また先に挙げたように Cremer and Cremer (1992) は市場で PMF と争うべきは公企業ではなく LMF であるとし，この種の混合複占と対称的 PMF による純粋複占とを比較した．さらに Aoki (1995) では移行経済下で顕在化したさまざまな問題，特にインサイダー・コントロールが中心的に取り扱われた．あるいは Kornai (1980) を嚆矢とするソフトな予算制約問題を，Dewatripont and Maskin (1995)，Berglof and Roland (1998) が移行経済下において適用し，これを論じた．ここでは事前に決定された予算制約が事後的にはソフトなものになってしまい，結果的に当該企業からの最適な努力水準を引き出せなくなるという，この一種のモラル・ハザードこそが問題なのであるから，民営化によって予算制約をいかにハード化できるかが課題となる．

このように，LMF に関する研究は，絶えず社会主義国での変化に少なからず影響され，発展してきた．しかし他方で，必ずしも多くの人々のコンセンサスを得てはいないが，小宮 (1989) をはじめとし，LMF モデルを日本企業の分析に適用しようとする動きがある．もちろんこのアプローチは極端なケースであり，より一般的な解釈は，すべての企業は PMF と LMF の双方の側面を合わせもっているが，日本企業の場合，後者の側面が比較的強い，というものであろう[30]．

それとの関連で，Aoki (1990) において，LMF モデルでは日本企業の少なくともこれまでの成長率の高さを説明できないという批判がなされているが，これは必ずしも正しくないと思われる．なぜなら先に見たように，岩井 (1988)，及び Ye, Smith and Conte (1992) が世代重複モデルにより，終身雇用制下の LMF の成長率がプラスに転じうることを示し，また後の章で見るように，年功賃金制と技能形成過程を考慮した LMF の成長率が賃金上昇率と技能向上率をともに上回ることが知られているからである．つまり LMF モデルに日本企業の制度的特徴を導入することにより高成長率が達成されうるのである．このように考えれば，この種のアプローチは意味のある単純化であり，第 1 次近似

として納得しうるものである．さて次に節を改め，この日本企業をLMFについての重要な関心事の1つであるチーム生産の問題と関連付けて検討してみることにしよう．

## 10　チーム生産と日本企業

　Holmstrom (1982) では，1回限りの生産関係におけるチーム生産の際に，通常，メンバーによるモラル・ハザード発生を防ぐことはできないとされている．なぜなら，そこでは結果として得られる生産量は観察できてもその過程での個々のメンバーの努力水準は観察できないため，他のメンバーの努力にフリーライダーとしてただ乗りしようと各メンバーが努力を怠り，結果として非効率なナッシュ均衡点に至るからである．これをよりフォーマルに言うと，ナッシュ均衡点をパレート最適水準に一致させるような合理的分配ルールが存在しないからということになる．そこで彼は，パレート最適水準を下回る程度の生産量しか実現できなかったときには，メンバーに成果を分配しない，という合意を取り付ければよいとした．つまり，そのとき予算均衡制約は満たされないことになる．もちろん，この種の合意の現実性，実行可能性をHolmstromの問題点として挙げることもできるが，ここでは強制者がいて上記の合意の履行に確実にコミットできるものとしておこう．

　これに対してMacLeod (1988) がHolmstromの問題を，予算均衡制約を外すのではなく繰り返しゲームのフレームワークで考えることによって解決しようとした．つまり，パレート最適解からの逸脱行為があったときは，上で見た非協力1回限りのナッシュ均衡の繰り返しへと均衡経路を変更するという脅しに基づくトリガー戦略により協調維持へのインセンティブが生じ，パレート最適解がサブゲーム完全均衡として達成されることを示した．ここで彼が強調したことは，この結論が導かれるためには個々のメンバーの自発的な同意に基づくメンバー全員に対する退出費用が重要とされることである．もしこのコストが低ければ上記の脅しはシャーキング後の速やかな離職を促すだけで，結果としてcredibleなものではなくなってしまう．

　このように考えれば必ずしもメンバーのモビリティー上の障害や選択の余地

の狭さは彼らにとって厚生上，不利な要因とはならず，むしろ積極的に評価すべき不可欠な要因ですらある．この点は日本企業との絡みで重要である．MacLeod もその論文の最後のところで触れているように，日本企業はチーム生産の性格を強くもっているため LMF とみなしうるが，もしそうであればこの観点からは日本の長期雇用慣行は経済合理性をもっているものとして正当化されることになる．しかし，このような工夫により，仮に LMF が効率的な生産を理論的には行いえたとしても，自由な財・要素移動を前提とした自由市場経済の環境の下では LMF の存続は難しいと言わざるをえない．したがって，LMF の存続を可能にするシステム形成には，市場という海に漂いながらも，ときには市場からの規律をうまく遮断するといった，微妙な匙加減を要することがわかるであろう．

さて，MacLeod とは逆に Lin (1990) は，中国における農業生産性の急激な低下（1959年～1961年）を招いたのは集団化を目的とした人民公社の普及によるものとし，特にそこでのメンバーの退出権の制限，すなわち退出費用の高さを問題とした．つまり，もしそこに十分な退出権が認められていたのならば，均衡から逸脱した行動が見られたときにはチーム・メンバーが一斉に退出する自己拘束的な合意により，この逸脱を阻止し効率的努力を引き出しうるので，時の政府による強制的な集団化と退出権の禁止こそが農業生産性の停滞を招いた真の原因であると主張した．

彼のこの仮説には多くの批判が寄せられたが，Putterman and Skillman (1992) は，より建設的に退出費用を重視する MacLeod とむしろ退出権を重視する Lin の対立する両見解を，1つの統一したフレームワークで説明しようとした．また Dong and Dow (1993) も MacLeod モデルを一般化し，メンバーの余暇に対する選好が多様で分散が大きいとき，and/or 規模の経済が大きいときには Lin の主張も正当化されうることを指摘した[31]．

以上のような流れに対し，Miyazaki (1993) は，Holmstrom のケースにおける強制者をちょうど日本におけるメインバンクであると解釈し，現実的な意味付けを行った．もし企業におけるメンバーの誰かの努力水準が低く，生産量が目標値を下回れば，メインバンクが強制者として当該企業からペナルティーを徴収するわけである．他面，このような1回限りの生産関係においてはメイン

バンクには本来，経営状態が悪化した企業の再建をすべきであった場合であっても直ちに企業を清算することによって不当な破産へと導こうとするインセンティブが存在する．このように，メインバンクによるモラル・ハザード発生の恐れに対しては，ちょうど MacLeod が1回限りのゲーム下での最適解からの乖離を繰り返しゲーム下において解決したのと同様に，ここでのメインバンクによるモラル・ハザードはやはり繰り返しゲーム下における相互に委託されたモニタリングによって防げると Miyazaki は考えた．つまり，メインバンクはモニターとしての役割を担っているが，通常，日本企業は非メインバンクからも借入を行っているため，各銀行はある特定の企業に対してはメインバンクであっても他企業に対しては単なるローン・シンジケートの一員に過ぎず，そこではむしろモニターを委託する立場にある．このように相互に委託し合っており，プリンシパルとエージェントの役割が混在し重複している状態では，一方的に委託されるときと比べて，その銀行のモラル・ハザードへのインセンティブをより弱めることができる．この議論を基に，彼はただ単に日本企業をLMF とみなすのではなく，メインバンク・システムをモデルの中心に据え，その状態依存的コーポレート・ガバナンスの1つの側面として，経営状態が良好であり経営面でメインバンクとのつながりが希薄になったときに LMF 的特徴が顕著になる，という形でその特徴を捉えようとした[32]．

## 11 本書の主題とその内容

　LMF 理論についての展望を見てきたが，そこでの議論と本章以降の各章との関連について説明する．また，これまで十分に触れることのできなかった点についても述べることにしよう．
　これまで見てきたように，LMF が本来もつ "perverse" な結果を緩和するためにいろいろな要因を導入し，モデルを拡張する試みがなされた．Haruna (1988) はそのような意図をもっていたかどうかは明らかではないが，市場価格不確実性と企業の参入・退出を同時に考慮し，LMF の産業均衡を取り扱った．そこでは特に LMF のリスク態度が生産量及び企業数に与える効果の分析に焦点が当てられている．次章ではこれとほぼ同一の枠組みで，Haruna において

なされた不確実性のパラメータに関する比較静学に加え，reservation utility，期待価格，及び固定費用についても比較静学を行う．特に，期待価格，固定費用については絶対的リスク回避度減少の仮定が満たされているかどうかにかかわらず，個別企業の生産量，及び企業数について符号を確定しうることが明らかにされる．また，主体均衡における不確実性の変化の効果を検討するとき，絶対的リスク回避度減少の仮定が通常，用いられるが，第2章の補論として，不確実性に関する比較静学をこの仮定なしで PMF，LMF，それぞれについて吟味する．

また，性質3のところで言及したように，LMF は内部資金投資をファイナンスする誘因を基本的にもたず，そのため "horizon problem" と呼ばれる過小投資問題に直面せざるをえない．しかしこのことは動学的な投資決定モデルから引き出された結論とはいえない．そこで後の第4章での議論とかかわらせるため，まず第3章において，ペンローズ効果を考慮した動学モデルを設定し，過小投資を Furubotn (1976) 等とは異なった観点から検討する．

さらに Ben-Ner (1984)，Miyazaki (1984) による LMF のライフ・スパンの短さを正当化する議論において欠けていたのは，本文中でも触れたが，OJT を通して技能を形成していくという動学的視点である．そこで第4章では年功賃金制と企業内における技能形成の問題を同時に考慮し，第3章に引き続き再度，投資決定問題を取り扱う．それにより，年功賃金と技能形成が LMF の投資決定に果たす役割を吟味する．

Aoki (1984) はその第5章で PMF と LMF をそれぞれスペシャル・ケースとして含む企業の一般理論を構築し，さらにその第7章でそのモデルに年功制を導入した．その結果として言えることは，スペシャル・ケースより成長率を高めるということであった．そこでは昇進できなかった労働者は仮に勤続年数が長くとも，他の新入社員と同一の賃金を得ると想定されていた．本書の第5章では全労働者を定期昇給させるような形で年功制を導入し，そこでの企業の成長率に与える効果を検討する．

先に述べたように，コミットメントの具体的な手段としては事前の生産能力の建設と政府による補助金支出等が挙げられる．本書では，まず第6章において前者に関する LMF・PMF 間の参入阻止問題を取り上げ，従来の Stewart

(1991), Zhang (1993), Haruna (1996) などによる議論を整理, 分析する. 次に後者に関しては, Mai and Hwang (1989) が初めて混合複占の問題を, 国際市場で相争う LMF と PMF に対する補助金政策に応用したが, しかし岡村・二神 (1993), 春名 (1995) が指摘しているように, Mai and Hwang の議論は LMF に対する輸出補助金が, LMF とライバルの PMF の各生産量に与える効果, 及び PMF を擁する他国経済厚生に与える効果しか分析されておらず, LMF 本国政府の採るべき戦略等の分析については不十分に終わっている. そこで以上を本書第7章の前半で取り上げる. しかしながら, このような補助金政策は近隣窮乏化政策として関係各国間に貿易摩擦を引き起こしかねない. そこで, より現実的に, 政府が自国企業の R&D 投資に対して補助金を支出するものと想定し, その後半において, 前半の議論と同様の分析を行い, R&D 補助金に関する結果をそれと比較してみる.

続く第8章では, 各国企業が第3国の国際市場のみに財を輸出していた前章でのモデルを自国市場に対しても財を供給する形で拡張する. すなわち LMF, PMF それぞれが自国では独占者として, しかし第3国では複占者として行動する状況を考察の対象とし, そこでの補助金等パラメータの変数に与える効果を検討する.

さらに第9章では LMF と PMF と公企業の間における混合複占・寡占モデルをいくつか提示し, 従来の議論を整理したうえで, メカニズム・デザインの問題として経済の移行に伴う政策的インプリケーションを検討することにする.

最後に本文では必ずしも十分に触れなかったが, しかし重要な2つの論点に言及しておく. 1つは LMF と PMF の生産する財の品質についてである. つまり, 企業形態のみの差異を除いて他の技術的条件等が同一であったとき, 何らかの品質の差異をそこから引き出すことができるのか[33], 以上の問題及び厚生分析を第10章で取り扱う.

2つ目は, 他の条件が等しければ両タイプの企業どちらの生産性が高いのか, という問題である. LMF では労働者は企業の業績に, より深くコミットしているので, 企業との結び付きが希薄な PMF よりも生産性が高いという意見がある. しかし, 他方で前節でも見たように, LMF においてはそれ自体に根差す事後的平等主義の悪弊のため労働者間にフリー・ライダー問題を生じさせ,

その結果生産性を低めてしまうのに対し，PMFでは労働者に限界価値生産物が賃金として支払われるため，彼らに効率的行動を取らせることができるとする意見もある．労働は普通の財と違って，インセンティブという厄介な問題が介在してくるため，それ次第によっては効率性が大きく損なわれてしまう．したがって，生産性の高低を論じるときいろいろな条件がそこに絡んでくるのである．例えば，分配方式がどのようなものであるか，労働者によって供給される努力水準が観察可能であるかどうか，モニタリングを誰がどのようにして行うか，生産活動が繰り返しプレイされるかどうか，労働者の退出費用が高いかどうか，等々である[34]．以上については，近年議論が活発化してきており，その成果が期待される分野であるが，本書では第11章において，モニタリングとの関連で階層化された企業規模をLMF・PMF間で比較するに留める．他は今後の課題としたい．

**注**

1) ただし，独占においても定性的結果は基本的に同一である．この点に関しては Meade (1974) を参照のこと．
2) この分析は消費者行動の理論におけるスルツキー方程式を連想させる．この点に関する詳細は Miyazaki (1988) を参照のこと．ただし，本章の第4節でも若干，この点には触れる．
3) この点に関しては，Furubotn (1976), Jensen and Meckling (1979) を参照のこと．
4) 労働が劣等要素であるという想定は本来，明らかに unusual なものであるため，ここでの Bonin and Fukuda の見解の意図するところは，結局 LMF による "perverse" な結果 $dX/dp<0$ は実質上，避けられないということになる．
5) ここでの問題の設定を，より一般的に

$$\max U(y, l)$$

where $y = \dfrac{pf(L)-R}{N}, \ l = \dfrac{L}{N}$

とすると，1階の条件として

$$pf'(L) = \frac{pX-R}{L} \equiv \frac{Y}{L}$$

$$pf'(L) = -\frac{U_l(y, l)}{U_y(y, l)}$$

を得るが，上の式は本文の (7) 式そのものであり，下の式は (8) 式に対応している．本文の仮定はここでの所得の限界効用を一定とすることを意味しており，そのため限界代替率が $y$ から独立となっている．また $\beta''(\cdot)>0$ より図1.2 が右上がりとなっているが，このことは通常の仮定である限界代替率の逓減により，上記の一般的な想定からも同様に得られる結果である．

6) ここではメンバー数を減らそうとする側面を問題にしているので，以下議論を価格上昇のケースに限定する．ただ，メンバー数を増やそうとするケースでも同様にして，1人雇用するために，まず本人がそれを望み，他のメンバーによる承認も必要であるというルールを検討すればよい．

7) ここでは説明を容易にするためリスク中立的ケースを扱ったが，彼らの目的は，労働者がリスク愛好的でなければ価格上昇に対して雇用量を変化させないということを示すことにあった．

8) 同様の議論に Brewer and Browning (1982) がある．

9) 両効果を有する LMF と純価格効果しかもたない PMF との対比を双対性の問題として取り上げたものに Miyazaki (1988) がある．

10) ただし，Miyazaki and Neary (1983) は脚注でこの点に触れている．

11) これまで見てきたように，この分野の研究の多くが暗黙契約理論を LMF に適用することによって，LMF モデルにおいて "perverse" ではない結果をなんとか引き出そうと努力しているのに対して，Danziger (1990) は興味深い分析を行っている．そこでは，PMF に対する暗黙契約モデルに先任権制を導入し，LMF について通常見られる "perverse" な行動を逆に引き出している．

12) ここでは説明のため，福田 (1989) に基づき簡略化したモデルを用いている．

13) ただし，この点に初めて言及したのは Samuelson (1957) である．

14) ただし，Dow の真に意図するところは，本来同じであるはずの両タイプの企業がなぜかくも異なってくるのか，なぜ現実には圧倒的に資本が労働を雇用するケースが一般的で，その逆はまれなのか，を明らかにすることである．それには市場の失敗，所有権の相違等が関係してくる．これについては Dow (1993) あるいは Hansmann (1996) も参照されたい．

15) Ben-Ner (1984) はメンバーが賃金労働者よりも生産性が高いケースにおいても，LMF はメンバーを賃金労働者と置き換える誘因をもつことを証明している．

16) 本章第5節においてメンバーシップ証書市場の導入により LMF の "perverse" な性質をうまく取り除けることを示したが，Ireland (1994) ではその導

入がかえって人的資本に関して本来 LMF がもつ advantage を失わせる可能性についても言及している．

17) Dreze (1976) については次節を参照のこと．
18) これについては価格不確実性のところで挙げた文献を参照されたい．
19) 価格不確実性に関する分析では，不確実性下と確実性下の変数の大小関係を比較することができたが，生産不確実性下においてはそのような比較対照ができない．そのため，ここでは不確実性下におけるリスク回避的ケースとリスク中立的ケースにおける変数間の比較をしている．この点については Ratti and Ullah (1976) を参照のこと．
20) 前述のように Hawawini and Michel (1983) は生産要素，原材料の品質の差異による生産不確実性を前提としていた．他方，Martin (1985) は機械設備の故障に基づく不確実性に焦点を当てている．さらに Hiebert (1992) はより一般的な形で生産不確実性を扱っている．
21) 言うまでもなく性質3より投資を考慮したときには equivalent にならない．
22) ベルトラン競争における PMF の反応曲線もクールノー競争における LMF の反応曲線と同様，右上がりの形状を示すが，ただし等利潤曲線の形状及び位置関係については同一ではない．
23) 以上の概念については Bulow, Geneakoplos and Klemperer (1985b) を参照のこと．
24) これについては Singh and Vives (1984), Cheng (1985) 等を参照のこと．
25) これについては Ireland and Law (1982) においても，図を用いて簡単に説明されている．
26) 前者の議論の嚆矢としては Spence (1977), Dixit (1980) が，後者については Brander and Spencer (1985) がある．
27) より正確に言えば，Zhang (1993), Haruna (1996) ではモデルは混合複占ではなく，それらにおいては LMF のみから構成される産業を分析の対象として参入阻止問題が扱われている．
28) そこではクールノー競争の際，LMF の反応曲線の傾きが PMF のそれと同様に右下がりとされているが，これは誤りである．また，そこではベルトラン競争のケースで，LMF の右上がり反応曲線が LM 経済政府の輸出補助金によって右側にシフトすることが示されている．このことは，PM 経済政府がベルトラン競争下，輸出税を PMF に課すインセンティブをもつことを明らかにした Eaton and Grossman (1986) の分析とは対照的に，本来ならば LM 経済政府による LMF に対する輸出補助金支出インセンティブ導出の可能性を示唆す

ることになるはずであった．しかし彼のこの点に関する分析の掘り下げ方は不十分であったため，この種の命題は提出されていない．

29) これについては参考文献は多いが，例えば Vickers and Yarrow (1991), Jeffries (1993) 等を参照のこと．

30) このアプローチに関しては，Aoki (1984, 1988) を参照のこと．

31) 以上の議論は LMF を念頭においたチーム生産における退出費用の役割をめぐるサーベイであるが，これに関連して「再交渉」の問題に触れておこう．今まで，繰り返しゲームにおいて成立を見てきたトリガー戦略均衡はパレート・ドミナントな均衡ではなく，むしろ支配される (dominated)，より劣った均衡であり，その意味でメンバーによる事後的再交渉へのインセンティブが消し難く存在する．しかし，いったん再交渉の余地が存在することを認めてしまえば，ペナルティーの潜在的実行に対する信憑性を弱め，そのためにサブゲーム完全均衡として実現するはずのパレート最適解の成立を危うくしてしまう．このディレンマを解決するため，均衡の精緻化のための新しい概念が必要とされるが，この点に関しては Bergin and MacLeod (1993) を参照されたい．

32) 以上の Miyazaki の見解をより詳細に検討したものに，Aoki (1994), Aoki, Patrick and Sheard (1994) がある．

33) この点に関してはこれまでほとんど分析がなされていない．唯一の例外は Martin (1986) である．

34) これらに関する論争の概略は Bonin and Putterman (1987), MacLeod (1993) 等を参照されたい．

# 第2章　不確実性下の産業均衡における
　　　　資本主義企業と労働者管理企業の比較分析

## 1　はじめに

　物事が100％確実でなければ行動できないというのであれば，われわれは何もすることができないのと同じであろう．事実，程度の差こそあれ，すべての企業が100％を下回る不確実性の下でさまざまな決定を行い，かつ実行に移しているのである．したがって企業理論においても不確実性を考慮することは，その理論に対して多分に現実的な意味合いをもたせることになる．ここで問題となるのはどのような要因が不確実とされるべきかということであるが，本章ではその生産物価格について不確実性を有するケース（価格不確実性）に限定して議論を行う．
　しかしながら，すでに多くの論文において，この点が扱われている．例えば，Baron (1970), Sandmo (1971), Coes (1977), Ishii (1977) 等を通じて明らかになったことは，主体均衡において
(1)　リスク回避的完全競争企業の生産量は，確実性下での生産量＝リスク中立的完全競争企業の生産量より小さい．
(2)　価格の期待値の上昇（下落）はリスク回避的完全競争企業の生産量を増加（減少）させる．
(3)　不確実性の増大（減少）はリスク回避的完全競争企業の生産量を減少（増加）させる．
(4)　固定費用の上昇（低下）はリスク回避的完全競争企業の生産量を減少（増加）させる．
というものであった．また，以上のモデルを独占に適用したものに Baron

(1971), Leland (1972) がある. さらに Appelbaum and Katz (1986) では, 不確実性下の主体均衡に留まらず, 併せて長期の産業均衡に触れ, 完全競争状態における企業数の変化を通じた市場価格への効果について論じた. しかし, そこでは Ishii (1989) が述べているように, 一部不適切な箇所がある.

他方で利潤の期待効用を最大にする定式化とは異なり, Ward (1958) 以来, 連綿として続いている労働者管理企業 (LMF) の分析を引き継いで, Muzondo (1979), Ramachandran, Russell and Seo (1979), Hey and Suckling (1980), Bonin (1980), Paroush and Kahana (1980), Hey (1981) 等々において価格不確実性を考慮した分析がなされている. そこでは,

(1) リスク回避的完全競争企業の生産量は, 確実性下での生産量＝リスク中立的完全競争企業の生産量より大きい.

(2) 価格の期待値の上昇 (下落) はリスク回避的完全競争企業の生産量を減少 (増加) させる.

(3) 不確実性の増大 (減少) はリスク回避的完全競争企業の生産量を増加 (減少) させる.

(4) 固定費用の上昇 (低下) はリスク回避的完全競争企業の生産量を増加 (減少) させる.

というような, 先の利潤の期待効用最大化企業として定義された資本主義企業[1] (PMF) とは正反対の結果が主体均衡において得られている. さらに以上を独占モデルに拡張したものとして福田 (1980) が挙げられる.

しかし, LMF の産業均衡についてはこれまで必ずしも十分に検討されていない[2]. しかも, LMF はパレート非効率的な傾向を本質的にもっており, その解消には企業の参入・退出が欠かせないことが知られている[3].

そこで, 以上の議論を踏まえたうえで本章の目的は次のようになろう. すなわち, 不確実な価格に直面するリスク回避的な2つのタイプの完全競争企業が, 産業均衡という枠組みの中で, 価格の期待値, 不確実性, 固定費用等のパラメータの変化に対してどのような反応を示すか, またそこで得られる結果が主体均衡のそれと比べてどのような相違が見られるのか, これらの比較を通して2つのタイプの企業間の特徴の差異を浮かび上がらせることである.

## 2 共通の想定

本節では，2つの異なるタイプの企業を分析する際の共通の仮定及び以下で用いる記号の意味を示しておく．

(1) 簡単化のため，対称的企業を仮定する．したがって産業の総生産量は

$$X = nx = nf(L)$$

となる．ただし，$f(\cdot)$ は生産関数で $f'(\cdot)>0$，$f''(\cdot)<0$ であるとする．

(2) 産業内のすべての企業が同質の生産物を生産し，かつ価格に関する不確実性が additive であるとすると，そのとき逆需要関数は

$$p(X) = \mu(X, \lambda) + \gamma\varepsilon$$

と書ける．ただし，$\mu_X<0$，$\mu_\lambda>0$，$E[\varepsilon]=0$，$E[\varepsilon^2]=1$ である．

(3) 各企業の生産量の決定が確率密度関数に及ぼす影響は無視できるものとする．したがって

$$\frac{\partial E[p]}{\partial x} = 0, \quad \frac{\partial E[p]}{\partial n} = \mu_X \cdot x < 0 \text{[4]}$$

である（不確実性下における完全競争の仮定）．

(4) 各企業は利潤ないし労働者1人当たり所得の期待効用を最大にするよう行動する．その際，フォン・ノイマン＝モルゲンシュテルン型効用関数を採用するが，特にリスク回避者を取り上げることにより，その形状は次のようであるとする．

$$U'(\cdot)>0, \quad U''(\cdot)<0$$

(5) ここでの定式化から，ゼロ・プロフィット条件を用いることができないので，代わりに参入・退出の指標として reservation utility を用いる．もし企業の期待効用がこの値を上回っているのであればその企業は産業内に参入し，下回っているのであれば退出する．

notation

$\mu$:価格の期待値, $\lambda$:シフト・パラメータ, $\gamma$:$p$の危険度, $\varepsilon$:確率変数, $n$:産業内の企業数, $w$:貨幣賃金率, $R$:固定費用, $b$:reservation utility

## 3 資本主義企業の産業均衡

まず主体均衡を扱うのと同様の手法を用いて, 利潤の定義を

$$\pi = p(X)f(L) - wL - R \tag{1}$$

とすると, そのとき当該企業の問題は次のように与えられる.

$$\max_{L} E[U(\pi)]$$

2階の条件は本章の仮定から満たされているので, 1階の条件

$$D_1 = E[U'(\pi)(pf'(L) - w)] = 0 \tag{2}$$

より, 最適雇用量が決定する. また, この条件に加えて, 前節でも触れたように, 産業への企業の自由な参入・退出を通して

$$D_2 = E[U(\pi)] - b = 0 \tag{3}$$

が成立する.

以上の産業均衡の安定条件を吟味してみることにしよう. 企業の雇用量と企業数の調整過程は以下のように記述される.

$$\dot{L}(t) = \frac{dL}{dt} = a_1 E[U'(\pi)(pf'(L) - w)] \tag{4}$$

$$\dot{n}(t) = \frac{dn}{dt} = a_2 \{E[U(\pi)] - b\}^{5)} \tag{5}$$

すなわち, 不均衡が生じたときには, $L$ の決定を (2) 式に, $n$ の決定を (3) 式に, それぞれ対応させて調整されると考えるのである.

次に均衡の近傍で線型近似することにより, ヤコビアンは

$$D = \begin{bmatrix} D_{11} & D_{12} \\ D_{21} & D_{22} \end{bmatrix}$$

となり，それぞれ要素は

$$D_{11} = E[U''(\pi)(pf'-w)^2] + f''E[U'(\pi)p] < 0$$
$$D_{12} = \mu_X x\{xE[U''(\pi)(pf'-w)] + f'E[U'(\pi)]\} \gtreqless 0^{6)}$$
$$D_{21} = D_1 = 0$$
$$D_{22} = \mu_X x^2 E[U'(\pi)] < 0$$

である．これより

$$\mathrm{tr}D = D_{11} + D_{22} < 0$$
$$\det D = |D| = D_{11} \cdot D_{22} > 0$$

となり，局所的安定条件が満たされていることが確かめられる．

## 4 資本主義企業に関する比較静学分析

### 4.1 価格の効果

最初に価格の変化について考えてみよう．当該企業は完全競争企業ではあるが，価格に関して不確実性を伴っているので，確定値 $\lambda$ について比較静学を行う[7]．(2) 式，(3) 式を $\lambda$ で微分することにより，

$$D_{1\lambda} = \mu_\lambda \{xE[U''(\pi)(pf'-w)] + f'E[U'(\pi)]\}$$
$$D_{2\lambda} = \mu_\lambda x E[U'(\pi)] > 0$$

が得られるから，$\lambda$ が雇用量及び企業数に与える効果は以下の通りである．

$$\frac{\partial L}{\partial \lambda} = \frac{D_{12}D_{2\lambda} - D_{22}D_{1\lambda}}{|D|} = 0$$
$$\frac{\partial n}{\partial \lambda} = -\frac{D_{11}D_{2\lambda}}{|D|} > 0$$

産業の総生産量及び市場価格の期待値に対する効果については

$$\frac{\partial X}{\partial \lambda} = x\frac{\partial n}{\partial \lambda} > 0$$

$$\frac{\partial E[p]}{\partial \lambda} = \mu_X \frac{\partial X}{\partial \lambda} + \mu_\lambda = 0$$

である.

Sandmo (1971) において得られた比較静学の結果は,絶対的リスク回避度減少の仮定の下で期待価格の変化が生産量に対してプラスの効果を与えるというものであったが,ここではそのような仮定とは独立に雇用量,ひいては生産量に与える影響はゼロ,企業数に与える効果はプラス,したがって産業の総生産量に対してはプラスの効果をもつ.しかしそれにもかかわらず,価格の期待値に対して何らの影響も及ぼさないというものである.

以上の解釈は次のようになろう.もし企業数が固定されていれば,期待価格の上昇により絶対的リスク回避度減少の仮定の下で雇用量は増加する.しかし,このとき不確実性下における完全競争の仮定から,(3) 式においては期待効用が $b$ を上回ったままであり,両者が一致するためには $n$ の増加が必要である.それゆえ,参入の自由を認めれば,つまり産業均衡を考えるのであれば,$n$ は増加し,そして価格が変化前の水準に戻ったとき参入は止む.しかし,そのとき,産業内の各企業にとって雇用量を増加する誘因はすでになくなってしまっているのである(逆は逆).

### 4.2 不確実性の効果

次に不確実性の変化について検討する.(2) 式,(3) 式を $\gamma$ に関して微分することにより,

$$D_{1\gamma} = xE[U''(\pi)\varepsilon(pf'-w)] + f'E[U'(\pi)\varepsilon]$$
$$D_{2\gamma} = xE[U'(\pi)\varepsilon]$$

を得る.したがって,$\gamma$ の変化が雇用量及び企業数に与える効果は下記のごとくである.

$$\frac{\partial L}{\partial \gamma} = \frac{D_{12}D_{2\gamma} - D_{22}D_{1\gamma}}{|D|} \tag{6}$$

$$\frac{\partial n}{\partial \gamma} = -\frac{D_{11}D_{2\gamma}}{|D|} \tag{7}$$

ところで

$$E[U'(\pi)\varepsilon] = -\frac{\mu f' - w}{\gamma f'}E[U'(\pi)] \tag{8}$$

$$E[U''(\pi)\varepsilon(pf'-w)]$$
$$= \frac{E[U''(\pi)(pf'-w)^2] - (\mu f'-w)E[U''(\pi)(pf'-w)]}{\gamma f'} \tag{9}$$

であるから[8]，(6) 式，(7) 式はそれぞれ

$$\frac{\partial L}{\partial \gamma} = -\frac{\mu_X x^3 E[U'(\pi)]E[U''(\pi)(pf'-w)^2]}{\gamma f'|D|} < 0 \tag{10}$$

$$\frac{\partial n}{\partial \gamma} = \frac{(\mu f'-w)xE[U'(\pi)]\{E[U''(\pi)(pf'-w)^2] + f''E[U'(\pi)p]\}}{\gamma f'|D|} < 0 \tag{11}$$

となり[9]，符号が確定する．ゆえに，産業の総生産量と価格の期待値に対する効果は次のように表される．

$$\frac{\partial X}{\partial \gamma} = nf'\frac{\partial L}{\partial \gamma} + \frac{\partial n}{\partial \gamma} < 0$$

$$\frac{\partial E[p]}{\partial \gamma} = \mu_X \frac{\partial X}{\partial \gamma} > 0$$

Sandmo (1971) では確定していなかった符号を Coes (1977)，Ishii (1977) は修正し，不確実性の変化は生産量に対してマイナスの効果を与えることを証明した．しかし，その符号はやはり絶対的リスク回避度減少の仮定の下で成立していた．ここで得られた結果も，先に見たシフト・パラメータλの変化の効果と同様に，やはりそのような仮定とはかかわりなしに決定している．すなわち，不確実性の変化は絶対的及び相対的リスク回避度の如何によらず，雇用量に対してマイナス，企業数に対してマイナス，したがって産業の総生産量に対してもマイナス，価格の期待値に対してプラスの効果をそれぞれ与えるのである．

この結果は次のように考えればよいであろう．不確実性の増大は保険プレミアムの上昇を通して，事実上，企業にとっての価格の低下を意味することにな

る. したがって, (2) 式において雇用量を減少させる. 他方で, 不確実性の増大は (3) 式において期待効用を低下させるので, $b$ と均衡させるためには企業数の減少による価格の上昇がもたらされなければならない. そしてこの価格上昇が主体均衡時より産業均衡時において, より雇用量の減少幅を抑えるように作用している (逆は逆)[10].

### 4.3 固定費用の効果

固定費用の変化に対してはどうであろうか. これまでと同様, (2) 式と (3) 式を今度は $R$ で微分することにより次の2式を得る.

$$D_{1R} = -E[U''(\pi)(pf'-w)]$$
$$D_{2R} = -E[U'(\pi)] < 0$$

よって, $R$ の変化が雇用量及び企業数に与える効果は以下の通りである.

$$\frac{\partial L}{\partial R} = \frac{D_{12}D_{2R} - D_{22}D_{1R}}{|D|} = -\frac{\mu_X x f' E[U'(\pi)]^2}{|D|} > 0$$

$$\frac{\partial n}{\partial R} = -\frac{D_{11}D_{2R}}{|D|} < 0$$

産業の総生産量と市場価格の期待値については以下のように確定しない.

$$\frac{\partial X}{\partial R} = nf'\frac{\partial L}{\partial R} + x\frac{\partial n}{\partial R} \gtreqless 0$$

$$\frac{\partial E[p]}{\partial R} = \mu_X \frac{\partial X}{\partial R} \gtreqless 0$$

Sandmo (1971) では, 絶対的リスク回避度減少の仮定の下に固定費用の変化は生産量に対してマイナスの効果を与えることが示された. しかし, ここでの比較静学の結果は, 個々の企業レベルにおいて, リスク回避関数の形状とは無関係に, 雇用量に対してプラス, 企業数に関してマイナスの効果を与えるが, 産業の総生産量, 市場価格の期待値に対してその効果が定まらないというものである. これは, $R$ の上昇が企業の退出を促し, 産業の総生産量を引き下げるように作用する一方で, 企業レベルでは産業内に留まる個々の企業の生産量増大により産業の総生産量を増やすように作用するからである (逆は逆).

## 4.4 reservation utility の効果

最後に，reservation utility の変化について考察する．パラメータ $b$ は (3) 式にしか含まれていないのでその (3) 式を $b$ で偏微分すると

$$D_{2b} = -1$$

であるから，以下の関係が容易に導き出される．

$$\frac{\partial L}{\partial b} = -\frac{D_{12}}{|D|}$$

$$\frac{\partial n}{\partial b} = \frac{D_{11}}{|D|} < 0$$

$$\frac{\partial X}{\partial b} = nf'\frac{\partial L}{\partial b} + x\frac{\partial n}{\partial b} \gtreqless 0$$

$$\frac{\partial E[p]}{\partial b} = \mu_x \frac{\partial X}{\partial b} \gtreqless 0$$

reservation utility の定義から明らかなように，$b$ の増加は企業の退出を促す（逆は逆）．実際，ここでも $b$ の変化は企業数に対してマイナスの効果を与えている．なぜなら $b$ の変化に直接的に反応するのは (3) 式であるが，この (3) 式の $L$ に関する偏導関数は1階の条件式なのでゼロである．したがって，$b$ の増加（減少）に対しては $n$ の減少（増加）をもって均衡が回復する．さらに (2) 式において，$n$ の変化に対して $L$ が調整されることになる．その際，絶対的リスク回避度減少の仮定を追加すると

$$D_{12} < 0$$

であるから，プラスの符号が確定する．また，産業の総生産量，価格の期待値に関する符号は不確定のままである．

## 5 労働者管理企業の産業均衡

Ward (1958), Domar (1966), Vanek (1970), Meade (1972) 等では LMF の目的関数として1人当たり所得を用いているが，本節でもそれを踏襲し，1人当たり所得を次のように定義する．

$$y = \frac{p(X)f(L)-R}{L}$$

したがって，市場に不確実性が存在するとき，当該企業の解くべき問題は次のようになろう．

$$\max_{L} E[U(y)]$$

PMFと同様に，このケースでも2階の条件は満たされており，1階の条件

$$D_1 = E[U'(y)(pf'(L)-y)] = 0 \tag{12}$$

より，当該企業にとっての最適雇用量を求めうる．また第3節で述べたように，企業数を決定させるための条件式は，ここでも

$$D_2 = E[U(y)] - b = 0 \tag{13}$$

である．

以上の (12) 式，(13) 式の体系により均衡解が決定するが，この産業均衡の安定条件を吟味することにしよう．PMFのそれと同様に考えて，$L$ の決定を (12) 式，$n$ の決定を (13) 式にそれぞれ対応させて調整がなされるとすると，そのときの運動方程式体系は

$$\dot{L}(t) = \frac{dL}{dt} = a_1 E[U'(y)(pf'(L)-y)]$$

$$\dot{n}(t) = \frac{dn}{dt} = a_2\{E[U(y)]-b\}$$

となる．

この体系のヤコビアンは

$$D = \begin{bmatrix} D_{11} & D_{12} \\ D_{21} & D_{22} \end{bmatrix}$$

where $D_{11} = \dfrac{1}{L}E[U''(y)(pf'-y)^2] + f''E[U'(y)p] < 0$

$D_{12} = \mu_X x \left\{ \dfrac{x}{L} E[U''(y)(pf'-y)] + \left(f' - \dfrac{x}{L}\right) E[U'(y)] \right\} \gtreqless 0^{11)}$

$D_{21} = D_1 = 0$

$$D_{22} = \frac{\mu_X x^2}{L} E[U'(y)] < 0$$

であり，直ちに以下の局所的安定条件が満たされていることがわかる．

$\operatorname{tr} D = D_{11} + D_{22} < 0$

$\det D = |D| = D_{11} \cdot D_{22} > 0$

節を変えて，LMF の産業均衡に関する比較静学の結果を逐次吟味する．

## 6 労働者管理企業に関する比較静学分析

### 6.1 価格の効果

まず最初に期待価格の変化について調べてみよう．(12) 式，(13) 式をシフト・パラメータ $\lambda$ に関して偏微分すると，それぞれ以下のようになる．

$$D_{1\lambda} = \mu_\lambda \left\{ \frac{x}{L} E[U''(y)(pf'-y)] + \left(f' - \frac{x}{L}\right) E[U'(y)] \right\}$$

$$D_{2\lambda} = \frac{\mu_\lambda x}{L} E[U'(y)] > 0$$

以上から，$\lambda$ の変化が $L$ 及び $n$ に与える効果が確定する．すなわち，

$$\frac{\partial L}{\partial \lambda} = \frac{D_{12} D_{2\lambda} - D_{22} D_{1\lambda}}{|D|} = 0$$

$$\frac{\partial n}{\partial \lambda} = -\frac{D_{11} D_{2\lambda}}{|D|} > 0$$

であり，また，産業の総生産量及び価格の期待値に対する効果は

$$\frac{\partial X}{\partial \lambda} = x \frac{\partial n}{\partial \lambda} > 0$$

$$\frac{\partial E[p]}{\partial \lambda} = \mu_X \frac{\partial X}{\partial \lambda} + \mu_\lambda = 0$$

である．

Muzondo (1979) での証明の誤りを指摘して，Bonin (1980) は絶対的リスク回避関数が労働者 1 人当たり所得の減少関数であるという仮定の下に，期待価格の変化が生産量にマイナスの効果を与えることを明らかにした．しかし，ここではリスク回避度の性質とは独立に，雇用量ひいては生産量に及ぼす影響はゼロであり，企業数にはプラスの効果を与え，それゆえ，産業の総生産量には

プラスの効果を与えている．しかし，そのときシフト・パラメータの変化と産業の総生産量変化の相反する両効果がちょうど相殺され，価格の期待値への効果はゼロとなる．

主体均衡では，PMF と LMF の比較において対照的な結論が得られていたが，本章の産業均衡上の比較では，基本的に同じ結論が得られている．すなわち，価格の変化が予想されると，両タイプの企業とも，企業規模自体に変更を加えようとしないにもかかわらず，産業の規模についてはまったく同一の方向（プラス）に変化する．ここでは，本来，LMF がもつ "perverse" な性格が鳴りをひそめ，資本主義的な傾向を発揮しているように見える．これはひとえに LMF による参入・退出の自由によってもたらされたものである．

## 6.2 不確実性の効果

次に，不確実性の変化について考えてみよう．(12) 式，(13) 式を $\gamma$ に関して微分すると，

$$D_{1\gamma} = \frac{x}{L} E[U''(y)\varepsilon(pf'-y)] + \left(f' - \frac{x}{L}\right) E[U'(y)\varepsilon]$$

$$D_{2\gamma} = \frac{x}{L} E[U'(y)\varepsilon]$$

が得られるが，ここでの安定条件を考慮すると，不確実性の変化が雇用量及び企業数に与える効果は以下の通りである．

$$\frac{\partial L}{\partial \gamma} = \frac{D_{12}D_{2\gamma} - D_{22}D_{1\gamma}}{|D|} \tag{14}$$

$$\frac{\partial n}{\partial \gamma} = -\frac{D_{11}D_{2\gamma}}{|D|} \tag{15}$$

ところで

$$E[U'(y)\varepsilon] = -\frac{\mu f' - Ey}{\gamma\left(f' - \frac{x}{L}\right)} E[U'(y)] \tag{16}$$

$$E[U''(y)\varepsilon(pf'-y)]$$

$$= \frac{E[U''(y)(pf'-y)^2] - (\mu f' - Ey)E[U''(y)(pf'-y)]}{\gamma\left(f' - \frac{x}{L}\right)} \tag{17}$$

である[12]ことに注意して (14) 式, (15) 式を書き換えると, 次式が得られる.

$$\frac{\partial L}{\partial \gamma} = -\frac{\mu_x x^3 E[U'(y)]E[U''(y)(pf'-y)^2]}{\gamma\left(f' - \frac{x}{L}\right)L^2|D|} > 0 \tag{18}$$

$$\frac{\partial n}{\partial \gamma} = \frac{(\mu f' - Ey)xE[U'(y)]E[U''(y)(pf'-y)^2]}{\gamma\left(f' - \frac{x}{L}\right)L^2|D|}$$

$$+ \frac{(\mu f' - Ey)xE[U'(y)]f''E[U'(y)p]}{\gamma\left(f' - \frac{x}{L}\right)L|D|} < 0 \tag{19}$$

したがって, ここでの産業の総生産量及び市場価格の期待値に与える効果は

$$\frac{\partial X}{\partial \gamma} = nf'\frac{\partial L}{\partial \gamma} + x\frac{\partial n}{\partial \gamma} \gtreqless 0$$

$$\frac{\partial E[p]}{\partial \gamma} = \mu_x \frac{\partial X}{\partial \gamma} \gtreqless 0$$

である.

「絶対的リスク回避関数が減少関数であるという仮定の下で不確実性の変化は生産量または雇用量に対してプラスの効果を与える」, というものがLMFの主体均衡における結論 (Paroush and Kahana, 1980) であったが, 産業均衡ではリスク回避関数の形状に依存することなく, 不確実性の変化は雇用量に対してプラス, 企業数に対してマイナスの効果を与えている. しかし, 産業の総生産量, 価格の期待値に対しては効果が定まっていない.

不確実性の増大が当該企業の期待効用を押し下げるため退出が生じる点はPMFと同じであるが, 他方, この企業数減少による市場価格上昇の予想が雇用量の減少を引き起こし, 不確実性の増大による直接的な雇用量の増加に対する効果 (主体均衡時の効果) を弱めている[13]. しかし産業均衡の枠組みにおいてもまだLMFとしての特徴を残しているのは確かであり, PMFのそれとの対照の妙を依然として見せている. ただ, ここでは産業の総生産量自体の符号は不確定であり, LMFと言えども産業均衡の枠組みの中では, 少なくとも企業数の変化を通して資本主義的傾向が生じてくるということは言えるであろう.

### 6.3 固定費用の効果

固定費用の変化についてはどうであろうか．(12) 式と (13) 式を $R$ で偏微分することにより，次式が得られる．

$$D_{1R} = \frac{1}{L}\{E[U'(y)] - E[U''(y)(pf'-y)]\}$$

$$D_{2R} = -\frac{1}{L}E[U'(y)] < 0$$

$R$ の変化が雇用量及び企業数に与える効果は

$$\frac{\partial L}{\partial R} = \frac{D_{12}D_{2R} - D_{22}D_{1R}}{|D|} = -\frac{\mu_X x f' E[U'(y)]^2}{L|D|} > 0 \tag{20}$$

$$\frac{\partial n}{\partial R} = -\frac{D_{11}D_{2R}}{|D|} < 0 \tag{21}$$

である．産業の総生産量及び価格の期待値に与える効果は

$$\frac{\partial X}{\partial R} = nf'\frac{\partial L}{\partial R} + x\frac{\partial n}{\partial R} \gtreqless 0$$

$$\frac{\partial E[p]}{\partial R} = \mu_X \frac{\partial X}{\partial R} \gtreqless 0$$

である．

Bonin (1980) 及び Paroush and Kahana (1980) において，絶対的リスク回避度減少の仮定の下で固定費用の変化は生産量に対してプラスの効果を与えることが示されている．本章の産業均衡での比較静学で得られた結果は，固定費用の変化が雇用量ひいては生産量に対してプラス，企業数に対してマイナスの効果を与えるということであり，ここでは主体均衡，産業均衡間に差異は見られない．しかし，$R$ の増加による企業の退出によってもたらされた市場価格の上昇が雇用量を主体均衡でのそれと比してより減少させていることは注意を要する[14]．ともかく，結果的に固定費用の変化に関する効果は，PMF のケースと同一となり，かつ，その際，絶対的リスク回避度減少の仮定は必要とされないことが確かめられた．

## 6.4 reservation utility の効果

最後に reservation utility の変化について考察する．(13) 式を $b$ で微分すると

$$D_{2b} = -1$$

であるから，直ちに以下の結果が得られる．

$$\frac{\partial L}{\partial b} = -\frac{D_{12}}{|D|}$$

$$\frac{\partial n}{\partial b} = \frac{D_{11}}{|D|} < 0$$

$$\frac{\partial X}{\partial b} = nf'\frac{\partial L}{\partial b} + x\frac{\partial n}{\partial b} \gtreqless 0$$

$$\frac{\partial E[p]}{\partial b} = \mu_X \frac{\partial X}{\partial b} \gtreqless 0$$

$b$ が変化すると，(13) 式において $n$ はマイナスに反応する．このことは第4節における PMF と同様，自明である．しかし (12) 式において $n$ の変化が $L$ に与える効果は PMF のそれとは異なり，ここでは正反対となっている．今，仮に $b$ の上昇により $n$ が減少したとしよう．このとき市場価格は上昇するであろうから，前述のように，PMF であれば絶対的リスク回避度減少の仮定の下で $L$ を増加させる（逆は逆）．しかし同じ状況を想定すると，そのときの LMF の対応は市場価格の上昇に対して $L$ を減少させることになり，実際，そのような結果が上記のごとく得られている．したがって，絶対的リスク回避度の減少を仮定すると，本来ならば確定しない reservation utility の変化が産業の総生産量に与える効果はマイナス，ゆえに市場価格の期待値に与える効果はプラスになる．

## 7 むすび

本章では，2つの異なるタイプの完全競争企業が，市場不確実性に直面しながら，それぞれ長期の産業均衡という枠組みの中で，どのようなパフォーマンスを示すかを明らかにした．すなわち，そこでは主体均衡において見られた両

表2.1

| | 資本主義企業 | | | | 労働者管理企業 | | | |
|---|---|---|---|---|---|---|---|---|
| | $L$ | $n$ | $X$ | $\mu$ | $L$ | $n$ | $X$ | $\mu$ |
| $\lambda$ | 0 | + | + | 0 | 0 | + | + | 0 |
| $\gamma$ | − | − | − | + | + | − | ? | ? |
| $R$ | + | − | ? | ? | + | − | ? | ? |
| $b$ | $+^a$ | − | ? | ? | $-^a$ | − | $-^a$ | $+^a$ |

*a* 絶対的リスク回避度減少の仮定

タイプの企業の対照的な反応パターンが弱まり,特に期待価格及び固定費用に関する偏導関数の符号は,すべての関数について一致している(表2.1参照).企業数の変化による産業内の調整は,個々のレベルで特異な性格をもつ労働者管理企業を資本主義的なものに変換する役割を果たしているのである.

しかも,その際,パラメータの内, reservation utility を除いて,絶対的リスク回避度減少の仮定なしで符号が確定している.例えば,資本主義企業については主体均衡において,Sandmo (1971), Ishii (1977) より,ここでの記号で言えば $\partial L/\partial \lambda>0$, $\partial L/\partial \gamma<0$, $\partial L/\partial R<0$ であったが,表2.1より明らかなように,産業均衡においては $\lambda$ 及び $R$ に関して異なった結果が,しかも追加的仮定なしに得られている.他方,労働者管理企業については主体均衡において Bonin (1980), Paroush and Kahana (1980) より,$\partial L/\partial \lambda<0$, $\partial L/\partial \gamma>0$, $\partial L/\partial R>0$ であったが,やはり,ここでも産業均衡においてはそれぞれの符号決定の際,絶対的リスク回避度減少の仮定を要していない.

今後の課題としては,Appelbaum and Katz (1987) でなされているように,企業の課税所得の取り扱いに関する非対称性を考慮して両タイプの企業の産業均衡を比較してみることや[15],両タイプの企業が産業内に併存するような状況を考え,それぞれのタイプの企業数,あるいはその比率を内生的に説明できるモデルを構築することなどが挙げられよう.

注

1) 本章ではこのように,資本主義企業を利潤の期待効用最大化企業という意味で用いる.ただし略称については,必ずしも正確ではないが,これまでの PMF をそのまま踏襲する.

2) Haruna（1988）はその例外であるが，ただしそこでは不確実性変化の効果のみが扱われている．
3) この点は第1章を参照のこと．
4) $\partial E[p]/\partial x$, $\partial E[p]/\partial n$ は導関数の定義からそれぞれ極限をとっているので，やや misleading な言い方になるが，この仮定は，前者が1単位の生産量の変化に対応したものであるのに対して，後者はより大きな lot をもった，企業1社の変化に対応したものであるから，企業数の変化は価格の期待値に無視しえない影響を及ぼしうるという状況を反映している．
5) 基本的には同じことであるが，Appelbaum and Katz（1986）ではこの（5）式を価格の期待値を決定する式であると解釈し，不均衡の際には，時間を通じて価格に期待値が変化するような調整を考えている．
6) 絶対的リスク回避度減少の仮定の下では，任意の価格に対して

$$E[U''(\pi)(pf'-w)] > 0$$

であり，したがって

$$D_{12} < 0$$

となる．
7) このとき確率密度関数の形状に変化はなく，ただその期待値だけが変化する．
8) （1）式より，確率変数 $\varepsilon$ は

$$\varepsilon = \frac{p-\mu}{\gamma} = \frac{pf'-w-(\mu f'-w)}{\gamma f'}$$

であるから，これを（8）式の左辺に代入し，（2）式の1階の条件を考慮すると，右辺が得られる．（9）式に関しては，その左辺に上記の $\varepsilon$ を代入すればよい．
9) リスク回避的 PMF において $\mu f' > w$ を示すことは容易だが，疑問を感じる向きは Sandmo（1971）を参照のこと．
10) 主体均衡において，不確実性の変化が雇用量に与える効果は

$$\left.\frac{\partial L}{\partial \gamma}\right|_s = -\frac{D_{1\gamma}}{D_{11}}$$

である．（10）式との関係は

$$\left.\frac{\partial L}{\partial \gamma}\right|_1 = \frac{D_{12}D_{2\gamma}}{|D|} + \left.\frac{\partial L}{\partial \gamma}\right|_s < 0$$

であり,かつそこでは (8) 式を用いて $D_{2\gamma}<0$ となることから,絶対的リスク回避度減少の仮定 ($D_{12}<0$) の下で

$$\left|\frac{\partial L}{\partial \gamma}\right|_S > \left|\frac{\partial L}{\partial \gamma}\right|_I$$

である.ただし,S は主体均衡,I は産業均衡を意味する.

11) 絶対的リスク回避度減少の仮定の下では,すべての価格について

$$E[U''(y)(pf'-y)] < 0$$

が成立する.このとき,収穫逓減の領域で生産が行われているならば

$$D_{12} > 0$$

となる.

12) (1) 式より,確率変数 $\varepsilon$ は

$$\varepsilon = \frac{p-\mu}{\gamma} = \frac{pf'-y-(\mu f'-Ey)}{\gamma\left(f'-\dfrac{f}{L}\right)}$$

のように書けるので,これを (16) 式の左辺に代入し,かつ (12) 式の1階の条件式を考慮すると,右辺が導かれる.(17) 式も同様にして上記の $\varepsilon$ を左辺に代入することによって,成立が確かめられる.なお,PMF のケースとは異なり,ここでは $\mu f' < Ey$ が成立するが,これについては Muzondo (1979) を参照のこと.

13) (18) 式は主体均衡での結果を用いて

$$\left.\frac{\partial L}{\partial \gamma}\right|_I = \frac{D_{12}D_{2\gamma}}{|D|} + \left.\frac{\partial L}{\partial \gamma}\right|_S > 0$$

と書き換えることができる.絶対的リスク回避度減少の仮定の下では

$$D_{12} > 0$$

であり,かつ (16) 式より $D_{2\gamma}<0$ を考慮すると

$$\left.\frac{\partial L}{\partial \gamma}\right|_S > \left.\frac{\partial L}{\partial \gamma}\right|_I > 0$$

という関係が成立することがわかる.

14) 主体均衡では

$$\left.\frac{\partial L}{\partial R}\right|_S = -\frac{D_{1R}}{D_{11}}$$

なので,これを用いて (20) 式を書き換えると

# 第2章 不確実性下の産業均衡における資本主義企業と労働者管理企業の比較分析

$$\left.\frac{\partial L}{\partial R}\right|_I = \frac{D_{12}D_{2R}}{|D|} + \left.\frac{\partial L}{\partial R}\right|_S > 0$$

である．絶対的リスク回避度減少の仮定の下では

$$D_{12} > 0$$

となることから

$$\left.\frac{\partial L}{\partial R}\right|_S > \left.\frac{\partial L}{\partial R}\right|_I > 0$$

である．

15) これについては松本（1997）を参照されたい．

## 補論　最高・最低価格を通した不確実性の限界的変化に関するもう1つの定義

## 1　はじめに

　財価格に関する不確実性の程度が変化したとき，企業行動，特に完全競争のそれにどのような影響を及ぼすのであろうか．この点に関して，Sandmo (1971)，Coes (1977)，Ishii (1977) 等を通して明らかにされたことは，「絶対的リスク回避度減少の仮定の下で不確実性の変化がリスク回避的企業の生産量に対してマイナスの効果を与える」ということである．この結果はわれわれの直感とも整合的と言えるであろうが，ただ，このことが適切であるためには，言うまでもなく「PMF に限る」という但し書きが必要である．そこで，この議論を LMF に対して適用してみようといういくつかの試みがなされた．それらには，例えば Muzondo (1979)，Bonin (1980)，Paroush and Kahana (1980) 等が挙げられるが，これらを通して明らかにされたことは以下のようである．すなわち「絶対的リスク回避度減少の仮定の下で，不確実性の変化はリスク回避的 LMF の生産量に対してプラスの効果を与える」のである．

　このように PMF・LMF 間では不確実性に関する効果について対照的結果が得られている．しかしながら注意しなければならないことは，以上の結論が絶対的リスク回避度減少の仮定の下で得られているという点である．とはいえ，この仮定自体の使用は決して致命的な欠点ではなく，むしろ十分に現実的でかつ説得的な想定と考えられるが，しかしこのことは必ずしもそれが不確実性の変化を扱う唯一の方法であることを意味しない．

　この点は Eeckhoudt and Hansen (1980) によって取り組まれた．そこでは主体均衡分析の際，最高価格と最低価格が政策的に設定され，期待値が一定に保たれるようこれらのパラメータが操作される．例えば，もし最高価格が上昇

し，他方で，期待値が一定に留まるよう最低価格が下落したとすれば，このケースは事後的にとりうる価格帯を押し広げることになるので，その意味で分散をより高め，結果的に不確実性の程度をより高めることになる．彼らはこの定義を PMF に適用し，絶対的リスク回避度減少の仮定を用いることなく，「不確実性の変化はリスク回避的 PMF の生産量に対してマイナスの効果を与える」という，従来と同様の結果を得た．

以下，まず第2節で彼らのモデルを紹介する．そのうえで第3節において，この定義を LMF に適用し，従来の結論，すなわち，「不確実性の変化はリスク回避的 LMF の生産量に対してプラスの効果を与える」かどうかを吟味する．

## 2 資本主義企業のケース

PMF が生産する財の価格の最高価格を $p_M$，最低価格を $p_m$ としたとき，当該企業の目的関数，及び解くべき問題は次のように表される．

$$\max_L Z = U[\pi(p_m)]G(p_m) + \int_{p_m}^{p_M} U[pf(L) - wL - R]dG(p) \\ + U[\pi(p_M)][1 - G(p_M)]$$

ただし，本来，確率密度関数 $g(p)$ は $p$ の分布範囲 $0 \leq p < \infty$ の下で $g(\cdot) \geq 0$ であって，さらに $\int_0^\infty g(p)dp = 1$ が成立しなければならない．しかし，政府により政策的に $p_m$ と $p_M$ が設定されることにより，$0 \leq p < p_m$ 及び $p_M < p < \infty$ において $g(\cdot)$ はゼロの値をとる．そのためここでの累積密度関数 $G(\cdot)$ が付与された第1項，第3項が意味をもってくる．なお，他の記号は基本的に前章で用いられたものと同じである．さて，上記の最大化のための1階の条件は次のように示される．

$$\frac{dZ}{dL} = Z_L = U'[\pi(p_m)](p_m f' - w)G(p_m) + \int_{p_m}^{p_M} U'[\pi](pf' - w)dG(p) \\ + U'[\pi(p_M)](p_M f' - w)[1 - G(p_M)] = 0 \qquad (1)$$

最大化のための2階の条件，すなわち $d^2Z/dL^2 = Z_{LL} < 0$ は満たされているものとする．(1) 式より以下の補題が導出される．

**補題 1**: 1階の条件が成立するとき，以下の関係を満たす．

$$p_M f' > w > p_m f'$$

証明： 1番目の不等式 $p_M f' > w$ が成立していなければ (1) 式の等号は満たされず，$Z_L > 0$ が実現してしまう．よって，(1) 式において等号が成立するためには $p_M f' > w$ でなければならない．また，2番目の不等式 $w > p_m f'$ が成立していなければ，$Z_L < 0$ となり，やはり1階の条件式 (1) が成立しない．よって，(1) 式成立のためには $w > p_m f'$ でなければならない． (証明終)

さらにもう1つの注意点はパラメータ $p_M$，$p_m$ の変化にもかかわらず，価格の期待値が一定に留まらなければならないことである．この点に関して以下の補題が提出される．

**補題 2**: 価格の期待値一定の下で以下の関係が成り立つ．

$$\frac{dp_m}{dp_M} = -\frac{1-G(p_M)}{G(p_m)}$$

証明： $G(p_m)p_m + \int_{p_m}^{p_M} pg(p)\,dp + [1-G(p_M)]p_M = \text{const.}$ より，全微分すると補題2が得られる． (証明終)

補題2を考慮に入れて (1) 式を $L$, $p_M$, 及び $p_m$ に関して全微分すると，次式を得る．

$$\frac{\partial L}{\partial p_M} = -\frac{U''[\pi(p_M)](p_M f' - w) - U''[\pi(p_m)](p_m f' - w)}{Z_{LL}} x \cdot [1-G(p_M)]$$
$$- \frac{U'[\pi(p_M)] - U'[\pi(p_m)]}{Z_{LL}} f' \cdot [1-G(p_M)] \tag{2}$$

$U'' < 0$，2階の条件，及び補題1より (2) 式第1項はマイナスである．また同じく $U'' < 0$，2階の条件，及び $\pi(p_M) > \pi(p_m)$ よりその第2項もマイナスである．よって，$\partial L/\partial p_M < 0$ となることが確かめられるが，以上を命題1としてまとめよう．

**命題1：** 不確実性の変化はPMFの雇用量に対してマイナスの効果を与える．

以上がEeckhoudt and Hansen (1980) における価格不確実性変化の扱い方を踏襲し，その結論を再度，確認したものである．

## 3 労働者管理企業のケース

次に，同様の手順でLMFのケースについて考察する．ここでも最高価格，最低価格をそれぞれ $p_M$, $p_m$ としたとき，LMFの解くべき問題は以下の通りである．

$$\max H = U[y(p_m)]G(p_m) + \int_{p_m}^{p_M} U\left[\frac{pf-R}{L}\right]dG(p)$$
$$+ U[y(p_M)][1-G(p_M)]$$

ただし，$y(p_M)$, $y(p_m)$ はそれぞれ最高価格，最低価格のときの1人当たり所得を示している．上記の期待効用最大化のための1階の条件は

$$\frac{dH}{dL} = H_L = U'[y(p_m)]\frac{p_m f' - y(p_m)}{L}G(p_m) + \int_{p_m}^{p_M} U'[y]\frac{pf'-y}{L}dG(p)$$
$$+ U'[y(p_M)]\frac{p_M f' - y(p_M)}{L}[1-G(p_M)] = 0 \quad (3)$$

であり，2階の条件 $H_{LL} < 0$ はここでも満たされているものとしよう．(3)式より次の補題を得る．

**補題3：** 1階の条件が成立するとき，以下の関係が満たされる．

$$p_m(x-f'L) < R < p_M(x-f'L)$$

**証明：** 1番目の不等式

$$p_m(x-f'L) < R \Leftrightarrow p_m f' > y(p_m)$$

が成立しなければ，そのとき定義により(3)式における第2項，第3項ともにマイナスとなり，1階の条件式を満たさなくなる．よって，$p_m(x-f'L) < R$ で

なければならない．他方で，2番目の不等式

$$R < p_M(x - f'L) \Leftrightarrow p_M f' < y(p_M)$$

が成立しなければ，そのとき仮定より(3)式における第1項，第2項ともにプラスとなり，1階の条件式を満たさなくなってしまう．よって，その条件が成立するときには $R < p_M(x - f'L)$ でなければならない．　　　　(証明終)

(3)式を $p_M$, $p_m$, 及び $L$ で全微分することにより，次式を得る．

$$\frac{\partial L}{\partial p_M}$$
$$= -\frac{U''[y(p_M)][p_M f' - y(p_M)] - U''[y(p_m)][p_m f' - y(p_m)]}{L^2 \cdot H_{LL}} x[1 - G(p_M)]$$
$$+ \frac{\{U'[y(p_M)] - U'[y(p_m)]\}(x - f'L)}{L^2 \cdot H_{LL}}[1 - G(p_M)] \quad (4)$$

補題2, 3を考慮すれば，この結果から(4)式の符号がプラスであることがわかる．これを命題としてまとめよう．

**命題2**：　不確実性の変化は LMF の雇用量に対してプラスの効果を与える．

以上，命題1, 2において，PMF, LMF ともに絶対的リスク回避度減少の仮定を用いることなく，従来の PMF, LMF に関してなされた主張がそのまま妥当し，両タイプの企業間に対照的結果が維持されることが確かめられた．

# 第3章 投資行動における利潤最大化企業と労働者管理企業の比較分析

## 1 はじめに

　ミクロ経済学のテキストにおいて、通常、対象とされる企業の行動様式は、市場経済下での利潤（あるいは、現在価値）最大化である。もしこの行動様式を1人当たり所得の最大化に置き換えるとしたらどうであろうか。つまり、ある企業が1人当たり所得の大きさを最重要視するとき、一般的競争条件下において、その企業によって選択される技術等、さまざまな変数は、前者と比べて、どのような相違が見られるのであろうか。このような発想が本章の基底を成している。

　しかし、静学モデルでは、その結末は予想外にあっけないものである。すなわち、利潤がプラスである限り、労働者管理企業（LMF）の労働者1人当たり所得は、利潤最大化企業（PMF）の労働者の受け取る賃金より高く、それゆえ、PMFでの労働者数がLMFでのそれを上回るというものである[1]。

　このような理由から本章ではペンローズ効果を考慮した動学モデルを扱うのであるが、そこでのストーリーは、上述のモデルのように単純ではなく、かつ十分、plausibleであると思われる。すなわち、PMFの行動は利潤率と利子率の相対的な高さに強く依存しており、利潤率が利子率を上回っていれば、蓄積率、雇用量をともに増大させる（逆は逆）。他方、LMFはPMFのように利潤率の影響を強く受けず、比較的安定的な、しかし停滞的な経営を行う。つまり、最終的には必ず蓄積率はゼロに落ち着くのである。

　なお、同様な試みとして、Atkinson (1973)、中谷 (1976) がある。しかし前者は資本蓄積率ではなく需要の成長率を扱っており、さらにステディ・ステー

トの状況を分析の始めから仮定している．後者は本章のモデルと基本的に同じ枠組みを用いているが，分析が不十分であり，また，労働を完全に固定的要素とみなしたモデルを中心的に扱っているので，本章とは目的意識を若干異にする．

そこで本章では，まず次節において PMF モデルを提示し，そこでの最適解が，もし存在するのであれば，必ず一意であることを証明する．続く第3節で LMF モデルを提示し，第2節の PMF モデルとの比較を試みる．最後に第4節では，LMF モデルに対する拡張の可能性及びその問題点について触れることにしよう．

## 2 利潤最大化企業における投資決定

本節では，PMF を取り扱う．このタイプの企業は，ネット・キャッシュ・フローの割引現在価値が最大となるように雇用量及び投資に関する計画を立てるものと想定される[2]．もしここで，投資の調整費用としてペンローズ関数を採用すれば，その理論的帰結として最適投資の一意性が挙げられる．この点は，Uzawa (1969) によれば，

　for any initial level of real capital $K(t)$ and for any expected rates of real wages $w$ and interest $\rho$, if an optimum path of capital accumulation exists, it is uniquely determined and the rate of capital accumulation, $z=\dot{K}(t)/K(t)$, is constant over time.

とされている．しかし，そこでの説明は厳密さを欠いている．したがって，まず PMF において，最適投資が存在するとき，それは一意的でなければならないことを示そう．

本章においてネット・キャッシュ・フローは利潤マイナス投資額と定義し，先に述べたように，当該企業は株価最大化企業として，このネット・キャッシュ・フローの割引現在価値が最大となるよう雇用及び投資に関する計画を立てるという，資本制下ではスタンダードな基準の下に行動するものとしよう．加えて，簡単化のために次のような仮定をおく．

　(1) 財市場，労働市場ともに完全競争的であり，それぞれの市場で決定する

# 第3章 投資行動における利潤最大化企業と労働者管理企業の比較分析

価格及び賃金率は,時間を通じて一定とみなされている.

(2) 生産要素に関して1次同次生産関数を仮定し,その形状は以下のようであるとする.

$f'(l) > 0, \ f''(l) < 0, \ f'(0) = \infty, \ f'(\infty) = 0, \ f(0) = 0,$
$f(\infty) = \infty, \ l = L/K$

(3) 投資の調整費用関数の形状は,ペンローズ効果を考慮することにより,以下のようであるとする[3].

$\phi'(g(t)) > 0, \ \phi''(g(t)) > 0, \ \phi'''(g(t)) = 0, \ \phi(0) = 0,$
$\phi'(0) = 1, \ g(t) = \dot{K}(t)/K(t)$

マイナスの蓄積率に対してペンローズ関数がどのような形状を有しているのかについては明らかにされていないが,佐藤 (1977) に従って,次のようなU字型のペンローズ関数を仮定することにしよう[4].

$\phi'(g) > (=, <) 0 \Leftrightarrow g > (=, <) \tilde{g}, \ \tilde{g} < 0$

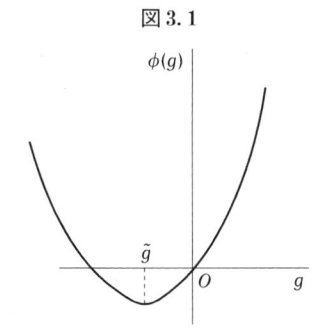

図 3.1

(4) 最後に資本減耗はないものとする.

さて,ここでの問題は次の通りである.

$$\max V(0) = \int_0^\infty e^{-\rho t}[f(l(t)) - wl(t) - \phi(g(t))]K(t)\,dt$$
$$\text{s.t. } \dot{K}(t) = g(t)K(t), \quad K(0) = K_0$$

notation

$K$：資本, $L$：労働, $l$：労働資本比率, $g$：蓄積率, $w$：実質賃金率, $\rho$：割引率（=利子率）, $\lambda$：補助変数

この問題を解くために，ハミルトニアンを以下のように定義する．

$$H(t) = e^{-\rho t}[f(l(t))-wl(t)-\phi(g(t))+\lambda(t)g(t)]K(t)$$

$V(0)$ が最大になるためには，この $H(t)$ が $l(t)$ 及び $g(t)$ に関して最大になっていなければならない．最適解が内部解であると仮定すると，その必要条件は次のようになる[5]．

$$\frac{\partial H(t)}{\partial l(t)} = 0 \Leftrightarrow f'(l(t)) = w \tag{1}$$

$$\frac{\partial H(t)}{\partial g(t)} = 0 \Leftrightarrow \lambda(t) = \phi'(g(t)) \tag{2}$$

$$\frac{d(e^{-\rho t}\lambda(t))}{dt} = -\frac{\partial H(t)}{\partial K(t)}$$
$$\Leftrightarrow \dot{\lambda}(t) = (\rho-g(t))\lambda(t) - \{f(l(t))-wl(t)-\phi(g(t))\} \tag{3}$$

収束させるため次の横断条件も満たされていなければならない．

$$\lim_{t\to\infty}\lambda(t)e^{-\rho t}K(t) = 0$$

$w$ は時間から独立の定数であったから，(1) 式を満たす解を $l(t)=l^*$ とすると[6]，その際 (3) 式における $f(l^*)-wl^*$ も定数とみなせる．そこでこれを

$$\pi \equiv f(l^*) - wl^*$$

としておく．したがって，以下2本の式で $\lambda(t)$ 及び $g(t)$ の運動がわかる．

$$\dot{\lambda}(t) = (\rho-g(t))\lambda(t) - \{\pi-\phi(g(t))\}$$
$$\lambda(t) = \phi'(g(t))$$

この体系から変数 $\lambda(t)$ を消去し，$g(t)$ の1階微分方程式に集約して右辺を $h$ とおくと次式が得られる．

第3章 投資行動における利潤最大化企業と労働者管理企業の比較分析

$$\phi''(g(t))\dot{g}(t) = (\rho - g(t))\phi'(g(t)) - \{\pi - \phi(g(t))\} \equiv h(g(t)) \quad (4)$$

この (4) 式の $h$ 関数の形状を吟味すると，次のようであることが確認できる．

$$h'(g(t)) = (\rho - g(t))\phi''(g(t)) > (=, <) 0 \Leftrightarrow \rho > (=, <) g(t)$$
$$h(0) = \rho - \pi$$
$$h'(0) = \rho \phi''(0) > 0$$

つまり，$g(t) = \rho$ のとき最大値をとる下に開いた関数であり，頂点の座標は $(\rho, \phi(\rho) - \pi)$ である．なお，後の便宜のため，$h = 0$ の最大解を $g_1$，最小解を $g_2$ としておく．

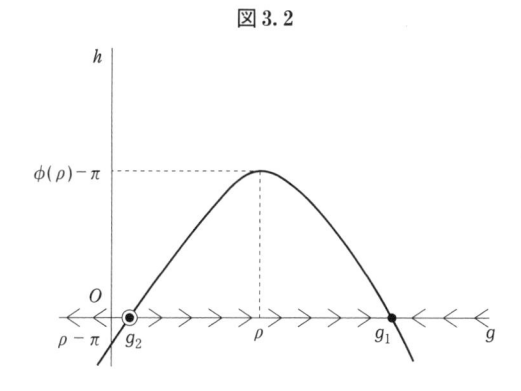

図 3.2

次に，最適となる $g(t)$ の運動はどのようなものか，検討してみることにしよう．始めに，図 3.2 のように最適解が存在し（すなわち $\phi(\rho) > \pi$），蓄積率がプラス（すなわち $\pi > \rho$）のケースについて考える．

（ⅰ） $g(t) = g_1$ のケース

(4) 式を $g_1$ で評価すると

$$\phi'(g_1) = \frac{\pi - \phi(g_1)}{\rho - g_1} \quad (5)$$

であるが，$g_1$ は $\rho$ より大きく，左辺 $\phi'(g_1)$ はプラスであるから，当然，右辺分子 $\pi - \phi(g_1)$ はマイナスとなっていなければならない．しかし，この条件により $V(0)$ の被積分関数であるところのネット・キャッシュ・フローがマイナス

となることから，当該企業にとって $g_1$ を選択することが正当化しえないことは明らかである．よって，$g_1$ は最適でない．

（ii） $g_2 < g(t) < g_1$ のケース

そこでは $h(g(t)) > 0$ となることから，十分に時間が経過すれば，必ず $g_1$ に収束する．したがって，(i) の結果から，このような投資は実行されることはなく，よって $g_2 < g(t) < g_1$ は最適でない．

（iii） $g(t) > g_1$ のケース

$h(g(t)) < 0$ より，(ii) と同様に十分に時間が経過すれば，結局は $g_1$ に収束する．よって $g(t) > g_1$ は最適でない．

（iv） $g(t) = g_2$ のケース

このとき諸仮定と整合的であり，当該企業が，この投資を実行に移すのに際して何ら不都合は生じない[7]．

（v） $g(t) < g_2$ のケース

ここでは，資本の食い潰しのケースが見られることになる．なぜなら $h(g(t)) < 0$ より $g(t)$ が低下し，やがて $g(t) < 0$ の領域へ入って行くと，そこでは $K(t)$ の水準自体が減少し始めるからである．最終的には $\bar{g}$ まで低下することになろう．この区間では仮定は満たされており，このケースでは投資は実行されるであろう．

以上5つのケースのうち，(i)，(ii)，(iii) は棄却され，(iv)，(v) のケースが残ることになる．残された2つのケースを比較してみると，

$$V(0)|_{\text{iv}} - V(0)|_{\text{v}} = \int_0^\infty \{\pi - \phi(g_2)\} K_0 \exp\{-(\rho - g_2)t\} dt$$
$$- \int_0^\infty \{\pi - \phi(g(t))\} K_0 \exp\{-(\rho - g(t))t\} dt$$

であるが，この符号は $\{\pi - \phi(g_2)\} \exp(g_2 t)$ と $\{\pi - \phi(g(t))\} \exp(g(t)t)$ の大小関係に帰着する．(v) のケースでは，$g(t) < g_2$，したがって $\phi(g_2) > \phi(g(t))$ が成立することにより

$$\{\pi - \phi(g_2)\} < \{\pi - \phi(g(t))\} \tag{6}$$

であり，指数関数の部分については

第3章 投資行動における利潤最大化企業と労働者管理企業の比較分析　　71

$$\exp(g_2 t) > \exp(g(t)t) \tag{7}$$

である．これだけでは大小の判定は難しいが，当該企業の計画期間は無限大にまで及んでいるので，$\phi(g(t))$ がマイナスの無限大の値をとらない限り[8]，(7) 式の効果が (6) 式のそれを圧倒する．これにより，5 つのケースのなかで当該企業にとって最も望ましい蓄積率は (iv) における $g(t)$，すなわち $g_2$ ということになる．よって，最適な $g(t)$ は

$$\phi'(g^*) = \frac{\pi - \phi(g^*)}{\rho - g^*} \tag{8}$$

の最小解でこの一定値をとり続けることである．

以上の結果を踏まえ，さらにいくつかのケースに場合分けをし，それぞれの状況を見てみることにしよう．

$\pi = \rho$ のケース

この状況は，(期待) 利潤率と (期待) 利子率の一致する完全予見の世界と考えることができるが，このとき図 3.3 で示されているように $h$ 関数は原点を通っており，したがって $g^* = 0$ が最適蓄積率となる[9]．

図 3.3

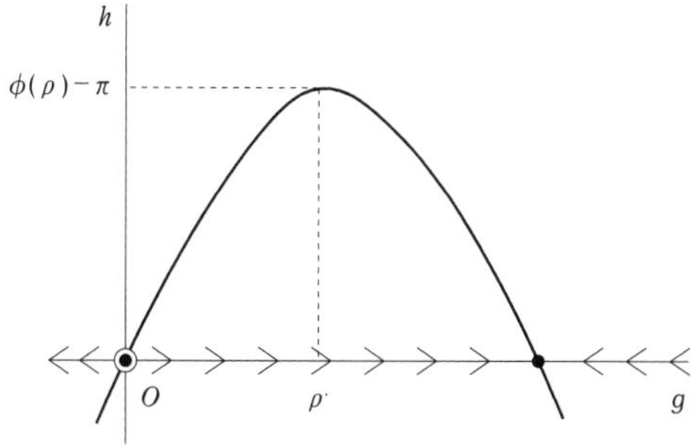

$\rho > \pi$ のケース

図 3.4 より明らかなように $g_2 < 0$ となり，いわゆる資本の食い潰しの状況下にある．

$\pi > \phi(\rho)$ のケース

図 3.5 で確認できるように，ここではそもそも実数解自体が存在していない．

図 3.4

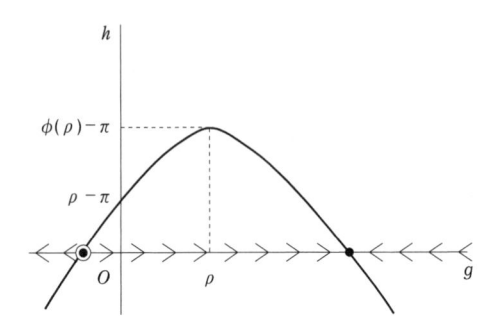

図 3.5

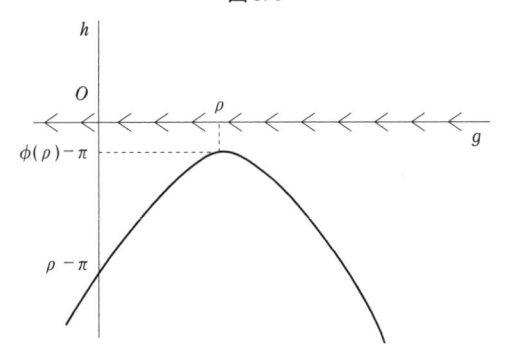

以上，PMF に関して得られた結果を命題としてまとめよう[10]．

**命題 1**： 実質賃金率及び利子率について定常的期待が支配的であるとき，もし PMF に最適資本蓄積率が存在するのであれば，その蓄積率は必ず一意である．そのとき，利潤率が利子率を上回れば蓄積率はプラス，下回れば蓄積率はマイナスとなる．

これで，PMF の最適投資に関する Uzawa (1969) の結論が確認できたことになる．

## 3 労働者管理企業における投資決定

PMF がネット・キャッシュ・フローの割引現在価値最大化を行動目的としていたのに対し，本節で扱う LMF は1人当たり所得の割引現在価値を最大にしようとすると想定しよう．このことは，Ward (1958), Domar (1966), Vanek (1970), Meade (1972) などにおいて，LMF の目的関数として1人当たり所得を用いるという一連の流れに沿ったものである．もし，経済にこのタイプの企業しか存在していないならば，これによって労働市場は意味をもたなくなる．なぜなら賃金率は，もはや市場で決定されるパラメータではなく，むしろ当該企業における労働者にとっての最大化の対象となるからである．さらに，投資資金の調達方法については，前節の PMF モデルに揃えるために，LMF も内部留保から行うことにする．このことは，一部とはいえ外部資本に頼ることは，労働者による自主管理という精神から逸脱していると考えられるので，その意味で正当化されうるであろう．

LMF の解くべき問題は，次のように与えられる．

$$\max W(0) = \int_0^\infty e^{-\delta t} \frac{f(l(t)) - \phi(g(t))}{l(t)} dt$$
$$\text{s.t. } \dot{K}(t) = g(t) K(t), \ L(t) = l(t) K(t), \ K(0) = K_0 \quad (9)$$

notation

  $\delta$：割引率[11]，$\mu$：補助変数

ここで当該企業にとっての最大化問題は，(9) 式の制約の下で $W(0)$ を最大にする $l(t), g(t)$ を選択することである．そこでハミルトニアンを以下のように定義する．

$$H(t) = e^{-\delta t} \left[ \frac{f(l(t)) - \phi(g(t))}{l(t)} + \mu(t) g(t) K(t) \right]$$

$W(0)$ が最大になるためには，この $H(t)$ が $l(t)$ 及び $g(t)$ に関して最大になっていなければならないが，そのときの条件は次のようになる．

$$\frac{\partial H(t)}{\partial l(t)} = 0 \Leftrightarrow f'(l(t)) = \frac{f(l(t)) - \phi(g(t))}{l(t)} \tag{10}$$

$$\frac{\partial H(t)}{\partial g(t)} = 0 \Leftrightarrow \frac{\phi'(g(t))}{L(t)} = \mu(t) \tag{11}$$

$$\frac{d(e^{-\delta t}\mu(t))}{dt} = -\frac{\partial H(t)}{\partial K(t)} \Leftrightarrow$$

$$\dot{\mu}(t) = (\delta - g(t))\mu(t) - \frac{f(l(t)) - \phi(g(t))}{L(t)} + \frac{f'(l(t))}{K(t)} \tag{12}$$

次の横断条件も満たされていなければならない[12]．

$$\lim_{t \to \infty} \mu(t) e^{-\delta t} K(t) = 0$$

よって，モデルの体系は，(9)，(10)，(11)，及び(12)の諸式で記述される．
以上をまとめて整理すると，次式に集約される．

$$\phi''(g(t))\dot{g}(t) = \frac{\delta \phi'(g(t))}{1 + \frac{\phi'(g(t))^2}{f''(l(t))\phi''(g(t))l(t)^2}} \equiv m(g(t))$$

解の性質を吟味するために，上式右辺を $m$ とおき，その $m$ を $g(t)$ で微分してみると，

$$m'(g(t)) = \frac{\delta \phi''(g(t))\{\phi''(g(t))f''(l(t))l(t)^2 - \phi'(g(t))^2\}}{\{f''(l(t))\phi''(g(t))l(t)^2 + \phi'(g(t))^2\}^2} < 0$$

より，導関数の符号はマイナスとなり，図3.6において示されているように，

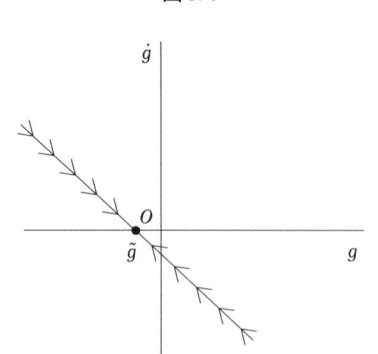

図3.6

位相図の傾きがマイナスであることがわかる．つまり，ここで仮定しているペンローズ関数の形状により，ステディ・ステートの解は $\bar{g}$ で一意に決まり，かつ安定となっている．

LMFにとって最も有利な選択は計画期間の始まりから $\bar{g}$ をとり続けることであり，結局，当該企業は最適蓄積率 $\bar{g}$ の値を維持し続けることになる[13]．つまり複数の労働者によりLMFが設立された時点でこの企業の規模削減が運命付けられてしまっている．従業員を解雇し，そしてまた，資本を食い潰し，内部に残る従業員の1人当たり所得を最大化しようとするわけである．この想定がいささか常軌を逸していることは明らかである．LMF労働者のうちの一体誰に，自らの利益のために同僚を解雇する権限が与えられているというのであろうか[14]．

したがって，ここで (9) 式の制約条件に

$$L(t) \geqq L_0 \tag{13}$$

または動学的に表示すると

$$\frac{\dot{L}(t)}{L(t)} \geqq 0 \tag{14}$$

という制約条件を追加することにしよう．この条件は，当該企業が強制的に従業員を解雇できないことを意味している．LMFが，メンバー数を増やそうとするときは問題ないが，一度減らそうと思ったときに，従業員のうちの誰から解雇するのかについて，あるルールが必要となる[15]．それゆえ，ここではその煩雑さを避けるため，単純化しすぎる嫌いがあるが，(13) 式ないしは (14) 式の制約をおく．

これによって問題の解にどのような変化が生じるであろうか．まず，当該企業は，これまでは $l(t)$ と $K(t)$ 間の調整を $L(t)$ が担っていたがために可能であった (10) 式の等号 $\partial H(t)/\partial l(t)=0$ を満たすように $l(t)$ を選ぶことが，(13) 式あるいは (14) 式の制約のためできなくなる．結局，(9)〜(12) 式の体系は，以下の連立微分方程式に集約される．

$$\phi''(g(t))\dot{g}(t) = (\delta - g(t))\phi'(g(t)) - \{\pi(l(t)) - \phi(g(t))\}$$

$$\equiv k(g(t), l(t)) \tag{15}$$
$$\dot{l}(t) = -g(t)l(t) \tag{16}$$

(15)式は，一見，(4)式と同じものに見えるが，若干触れたように，当該企業は各時点で最適な $l(t)$ を選ぶことができず，$K(t)$ の変化により $l(t)$ は時間に依存してくる．つまり，ここではもはや $\pi$ を定数とみなすことができなくなるわけである．このことが (15) 式の右辺を (4) 式のそれと区別するため，新たに $k$ とおいた理由である．この関数の $g(t)$ に関する形状を吟味すると，次のようである．

$$k_g(g(t), l(t)) = (\delta - g(t))\phi''(g(t)) > (=,<) 0 \Leftrightarrow \delta > (=,<) g(t)$$
$$k(0, l(t)) = \delta - \pi(l(t))$$
$$k_g(0, l(t)) = \delta\phi''(0) > 0$$

図 3.7

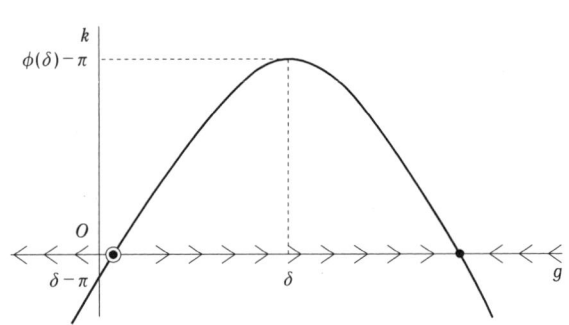

前節の説明で明らかなように，当該企業は，ここでも，関数の右上がりの部分で，不安定な最小解を選択する．

今，図 3.7 に示されているように最適解が存在し ($\phi(\delta) > \pi(l(t))$)，蓄積率がプラス ($\pi(l(t)) > \delta$) であるとすると，当然 $K(t)$ が増大していくが，このことは $l(t)$ の減少を通じて $\pi(l(t))$ を引き下げるであろう．これにより，$k$ 関数は上方にシフトし，最終的に $g(t)=0$ となり $K(t)$ の増大が止むところま

第3章 投資行動における利潤最大化企業と労働者管理企業の比較分析　　77

で $g(t)$ は低下し続けることになる．逆にもし，蓄積率がマイナスであれば

$$K(t)\downarrow \Rightarrow l(t)\uparrow \Rightarrow \pi(l(t))\uparrow \Rightarrow k\downarrow \Rightarrow g(t)\uparrow$$

というルートで，$g(t)=0$ まで上昇を続けることになる．つまり，いずれにせよ，十分に時間が経過すれば蓄積率はゼロになるわけである．この結論は，当該企業のマイナス方向への調整が不可能であることに依存している．よって，以下の命題を得る．

**命題2**：　従業員の解雇ができないとき，利潤率の大きさにかかわりなくLMFの投資決定はゼロに調整される．

この関係を，通常の手続きにより $(l(t), g(t))$ 平面上に位相図を描くことによって，確かめることができる．まず，$\dot{g}(t)=0$ 曲線は (15) 式の右辺をゼロとおくことによって得られるが，この傾きは

$$\frac{dg(t)}{dl(t)} = -\frac{f''(l(t))}{(\delta-g(t))\phi''(g(t))} > (=, <)0 \Leftrightarrow \delta > (=, <)g(t)$$

により与えられる．他方，$\dot{l}(t)=0$ 曲線は，仮定により $g(t)=0$ を意味する[16]．よって，図3.8のように最適経路が描かれる．LMFの最適資本蓄積率は，矢

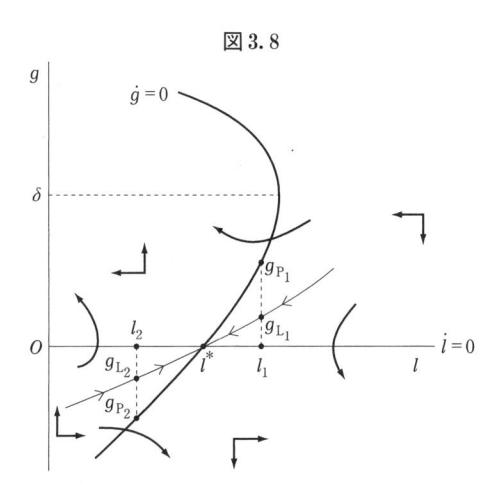

図3.8

印の線上を $(l^*, 0)$ に向けて徐々に移動していく。そして、最終的にステディ・ステートでは、$g^*$ は必ずゼロに収束する。

前節で議論した PMF は、パラメータの値によって異なってはくるが、計画期間全般にわたってある一定の $l^*$ 及び $g^*$ を、維持し続けるという特徴をもっていた。この点を上図を用いて説明すると次のようになる。まず、$\pi > \delta \fallingdotseq \rho$ のときは、PMF、LMF の両企業ともにプラスの蓄積率を選択する（例えば $l = l_1{}^{17)}$ において）が、LMF の選択する蓄積率（$g_{L_1}$）は PMF の選択するそれ（$g_{P_2}$）よりも低く、しかもさらに低下していく。$\pi < \delta \fallingdotseq \rho$ のときは、逆に、両企業ともマイナスの蓄積率を選択するが（例えば $l = l_2$ において）、このとき、LMF の蓄積率（$g_{L_2}$）は PMF のそれ（$g_{P_2}$）を上回っており、さらに上昇を続けることになる。このように LMF は PMF に比して蓄積率の変動が小さく、しかも収束していくことが確かめられる。

## 4 むすび

以上、これまで、第2, 3節において得られた結論を要約すると次のようになろう。

① もし最適投資が行える状況にあるならば、利潤最大化企業（PMF）は、その計画期間を通して、ある一定の蓄積率をとり続ける。この企業にプラスの蓄積率を計画させるには、ただ単に十分大きな利潤率を保証してやればよい。したがって、好景気の際には、投資活動が活発化するであろう。

② もし最適投資が行える状況下にあれば、労働者管理企業（LMF）は、長期的な目標値としての蓄積率ゼロにむけて、$g(t)$ を漸次調節していく。この企業には、そもそも利潤率の大小にかかわりなく成長へのインセンティブが希薄であり、最終的には企業の成長は止まり、停滞した状態が支配的となる。

しかしながら、上記のような企業の制度的比較は、LMF 及び労働者管理経済の分析のための足掛かりとしてある程度意味をもつと思われるが、問題なしとしない。特に、蓄積率 $g_L$ が長期的にゼロとなってしまうことはあまり現実的とは思われない。LMF にプラスの蓄積率を保証するためには、規模に関し

て収穫逓増を仮定すればよい．この点を考慮したモデルに Atkinson (1973) があるが，ただしそこでは，資本蓄積率ではなく需要の成長率が問題とされていた．また，岩井 (1988)，小宮 (1989) では，日本企業を念頭において，終身雇用制と年功序列制を1人当たり所得最大化のモデルに組み込むことによって，プラスの蓄積率を導けるということが示唆されている．以上の点に関するフォーマルな分析がなされるべきである．

最後に，同一地域に両タイプの企業が併存する場合について，若干コメントを加えておく．このとき，労働者の両企業に対する就業の有利さが無差別になるのは，労働市場で決定される賃金率の割引現在価値と LMF での平均所得の割引現在価値が等しくなる点である[18]．したがって，この条件の下で，PMF・LMF 間の制度上の比較がなされるべきである．以上の点を考慮した一般的なモデル分析は今後の課題である．

## 注

1) 本書第1章を参照のこと．
2) ネット・キャッシュ・フローは利潤から投資額を差し引いたものとして定義される．
3) ペンローズ関数の形状の意味するところは次のように示される．まず図3.1を右図のような形で再掲する．横軸ではかっているのは生産能力の成長率であり，この成長率が高まれば高まるほどこの曲線と45°線との乖離が増大していることが見て取れる．つまり生産能力の増大のためには投資が必要とされるが，これには追加的費用が伴うのが普通であり，生産能力の増加分が大きければ大きいほど，その乖離によって表される調整費用が高まることになる．この関係はマイナスの成長率にも同様に適用される．つまり資本の食い潰しの状況下では，やはり45°線との乖離分だけ市場で価値を低く評価され，実際にはペンローズ曲線と横軸との間の長さが示す値しか実現しないことになる．つまりここでも45°線との差は調整費用とみなせるわけである．
4) 具体的には，機械，建物の取り壊し費用，新品と中古品との価格差，固定的

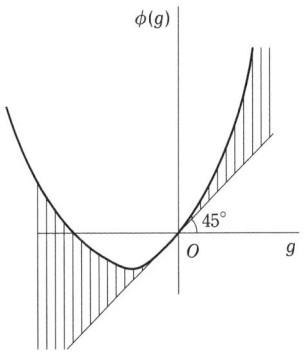

労働者の解雇費用などを考えている．

5) (1), (2), (3)式，及び横断条件より，制御変数に関する最大値の存在は保証されている．

6) 本章では最適解を記号＊によって表記する．

7) 図3.2より明らかなように，$g_2$ では $h$ 曲線が横軸を左下から右上へ横切っているので，この点は不安定であることに注意．が，しかし，この点が維持されるのであれば，(4)式より

$$\phi'(g_2) = \frac{\pi - \phi(g_2)}{\rho - g_2}$$

が得られる．ここで $g_2 > \tilde{g}$ であるとしよう．このとき，上式左辺はプラスである．他方，右辺分子は仮定よりプラス．したがって，右辺分子もプラスでなければならないが，これはネット・キャッシュ・フローがプラスであることを意味する．

8) $\phi(g(t))$ がマイナス無限大の値をとることは，仮定より排除されている（図3.1を見よ）．

9) このとき (8)式の左辺は

$$\phi'(0) = 1$$

右辺は

$$\frac{\pi - \phi(0)}{\rho} = 1$$

となり，モデルの仮定と整合的であることが確かめられる．

10) 最適蓄積率，及最適価値関数の性質について，ここで吟味しておく．(8)式より $g^*$ は $\pi$ の増加関数であることがわかるが，このことは $\pi$ の上昇が $h$ 曲線を下方へシフトさせることから生じている．下図のように，この $\pi$ の大きさ

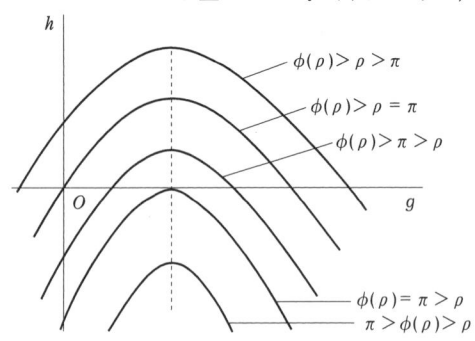

$\phi(\rho) > \rho > \pi$
$\phi(\rho) > \rho = \pi$
$\phi(\rho) > \pi > \rho$
$\phi(\rho) = \pi > \rho$
$\pi > \phi(\rho) > \rho$

によっていくつかのケースに分けることができる．

この関係を今度は $(\pi, g^*)$ 平面に書き写すと下図のようになる．

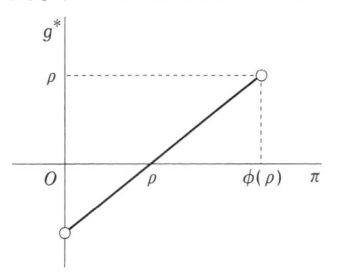

このとき最適価値関数，すなわち

$$V^*(0) = \frac{\pi - \phi(g^*)}{\rho - g^*} K_0$$

がどう変化するのかを見てみると

$$\frac{\partial V^*(0)}{\partial \pi} = \frac{K_0}{\rho - g^*} > 0$$

となり，図に表すと次のように描かれる．

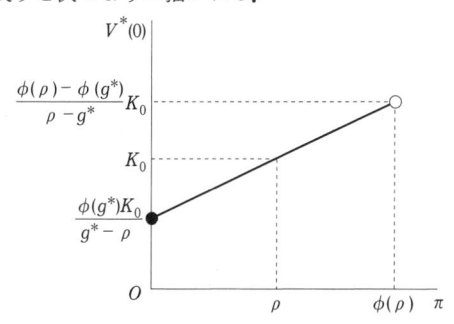

11) LMF の労働者には，自ら投下した資本に対する所有権が与えられていない（もちろん，使用権は与えられている）ので，退職時に不利益を被る．したがって，配当率は市場利子率よりも高く設定されるであろう．その結果，LMF の割引率 $\delta$ は PMF の割引率 $\rho$ よりも高くなる．とはいえ，この関係が成立するのは，不完全資本市場を仮定した場合であり，もし，完全資本市場を仮定すれば，$\delta = \rho$ が成立することになろう．本章ではどちらのケースであるか明示していないが，一般的には $\delta > \rho$ と仮定してもよいように思われる．この点については，Steinherr and Peer (1975) に詳しい．また，本書第1章も参照され

たい.
12) 仮定より凹性の条件が満たされているので,横断条件を追加すれば,最適解の存在が保証される.
13) Landsberger and Subotnik (1981) は LMF の目的関数と同次生産関数が整合的でないことを明らかにした.特に 1 次ないしはそれを下回る同次生産関数のとき,当該企業の生産量はゼロになることを示した.そのため,同様の作用が,ここでは動学のフレームワークで働いてしまっている.この種の議論に関しては Laffont and Moreaux (1985) も参照されたい.
14) これについては本書第 1 章第 4 節を参照のこと.
15) 退職者を公平にくじ引きで決める,新参または古参労働者のどちらかから退職させる等.また,このような観点から問題点を提起し,かつモデル分析を行ったのは Steinherr and Thisse (1979) 等である.この点に関しては本書第 1 章を参照されたい.
16) もし (13) 式ないし (14) 式の制約条件がないのであれば,(10) 式により $l^*=0$ となってしまうが,(13) 式ないし (14) 式の存在により $l(t)$ はプラスである.
17) $\delta > \rho$ を仮定するのであれば,$\dot{g}(t)=0$ 曲線上において,PMF による $l^*$ と対応する $g$ が $\rho$ を上回らないように注意しなければならない.
18) この点の安定性については十分なる吟味が必要である.もし,前者が後者を上回っていれば,LMF から PMF へ労働者の移動が起きよう.そして両者が等しくなるとき,その移動は止むが,場合によっては,LMF が消滅してしまうほどにその移動は大規模なものになるかもしれない.しかし,逆に,後者が前者を上回っている際には,そのような移動は生じない.LMF 労働者は,市場で成立する賃金よりも高い所得を得ている労働貴族の様相を呈するであろう.もっとも,中,長期的には新たに LMF が設立され,所得は低下していくだろうが…….

# 第4章 労働者管理企業の成長における技能形成と年功賃金制の役割

## 1 はじめに

なぜ市場のなかから企業が生まれるのか，換言するとなぜ労使間には短期の雇用契約の逐次的更新ではなく，長期雇用関係の締結へのインセンティブが存在するのか．このような問題提起に対する解答としては，労使間のリスク態度の差異から説明しようとする暗黙契約理論がある．しかしこの理論においては，経験によって労働者の技能が形成され高まっていくという OJT の動態的側面が無視されている．

そこで本章の目的は次のようになる．まず分析を労働者管理企業（LMF）に限定する．そのうえで，この OJT の効果を考慮し，それが企業の投資決定にどのような影響を及ぼすのかを検討する．本章の構成は以下の通り．次節において，長期雇用の生成を今一度議論する．第3節では年功賃金制の経済的意味付けについて検討を加える．続く第4節でモデルを提示し，第5節で最適経路を導出した後，第6節において比較静学分析を行う．最後の節で本章の結論を要約する．

## 2 企業と長期雇用

長期雇用の生成を説明するものとしては，まず，暗黙契約理論が挙げられよう[1]．これは，経済諸条件の先行きが不明確な状況下における株主と労働者のリスクに対する態度の違いを強調する．つまり，株主は自分の資産を多くの投資対象に分散することによってリスクを軽減し，最適なポートフォリオを実現

できるため，リスク中立的とみなせるのに対し[2]，労働者は物理的に自分の労働資源を複数の企業に分散して提供することはできない．したがってリスクを軽減することができない以上，彼らはリスク回避的な傾向をもたざるをえない．このようであるとき，株主が当該企業で働く労働者のリスクを負担し，本来の期待所得をある程度下回るが，しかし長期的に安定した確定所得を彼らに保証するならば，株主，労働者の少なくとも一方が利益を受けうる．以上のシナリオは両者に長期雇用のメリットを感じさせるのに十分であろう．

しかし，そもそもこの理論を3, 40年にもわたる日本の終身雇用制の説明に適用するには少し無理がある．また，この理論では経験による技能形成，すなわちOJTのプロセスが等閑視されている．もしこの側面を重視したいとするならば，その場合，どのような形で長期雇用の生成が説明できるのであろうか．これについては次のような議論がある．そこではOJTの役割が次のように強調される．

まずOJTの特徴の1つはその低コストにあるが，それが可能となるのも，やさしい仕事から始めて，その後，関連した少し難しい仕事へと続いていくキャリア形成が仕事群単位でなされているからで，これがなければコストは逆に非常に高くつくことになろう．そして，このキャリア形成の組み方が，仮に規模，技術を同じくする企業であっても，異なってくればそれによって企業特殊性が生じ，企業特殊熟練が顕在化する．この存在が長期の見通しに立つことを企業に要請し，長期雇用の常態化を促すのである[3]．

このように，長期雇用の前提の下，平均的労働者はその勤続年数に比例してより高いレベルの企業特殊的技能を習得するので，それに対応して年功賃金制が導入される．つまり生産に対する貢献度が経験により高まれば，それに応じてより高い水準の賃金が支払われることになる．

しかしその際，必ずしも貢献度と賃金水準が一致していなくともよい．いやむしろ一致していない方が望ましいかもしれない．つまり企業にとっては，企業特殊性により成立した長期雇用をより安定させるために，図4.1のように将来における貢献度を上回る賃金の上昇をいわば「人質」にとって，貢献度以上の傾斜を賃金プロファイルにもたせた方が，労働者の自発的離職を防ぐという意味では望ましい．さらに，年功賃金制は企業の成長率が高いときには世代間

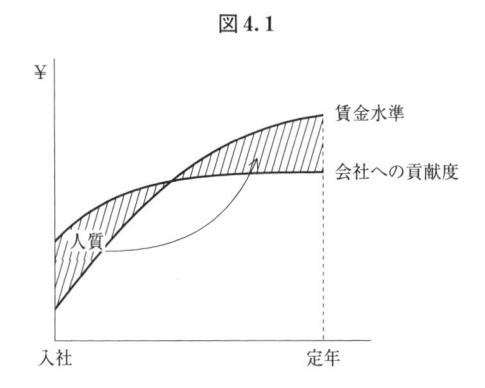

第4章 労働者管理企業の成長における技能形成と年功賃金制の役割　　85

図 4.1

の所得移転として機能し，結果的に個々の労働者にとってプラスとなることもその経済合理性の理由として挙げられよう．以下この点を詳細に検討する．

## 3　年功賃金制と企業成長

本節では，年功賃金制がどのように世代間の所得移転として機能するのかを明らかにし，それが生じる条件を導出する．

まず，労働者の勤務期間を大きく3つに分けることができるものとしよう．すなわち，若年期 $N_1$，壮年期 $N_2$，及び高年期 $N_3$ の各層が存在する．労働者は若年期においては未熟練であるが，壮年期，高年期においては熟練労働者であり，$a$ だけ生産に対する貢献度（$Y_i$ ; $i=1,2,3$）が高い．ただし，壮年期，高年期にはそれに関して差異はないものとする．他方，賃金（$W_i$ ; $i=1,2,3$）は $w$（$>a$）ずつ確実に上昇し，また，労働者数は $n$ ずつ増大していくものとしよう．以上の想定より

$$N_2 = \frac{1}{1+n} N_1, \quad Y_2 = (1+a) Y_1, \quad W_2 = (1+w) W_1$$
$$N_3 = \frac{1}{(1+n)^2} N_1, \quad Y_3 = (1+a) Y_1, \quad W_3 = (1+w)^2 W_1$$

が成立する[4]．最後に，3タイプの労働者がそれぞれ生産に貢献した成果の合計は，彼らに対してそれぞれ支払われる賃金の合計と最終的に一致していなけ

ればならないので，

$$\sum_{i=1}^{3} Y_i N_i = \sum_{i=1}^{3} W_i N_i$$

$$\Leftrightarrow Y_1 N_1 \left(1 + \frac{1+a}{1+n} + \frac{1+a}{(1+n)^2}\right) = W_1 N_1 \left(1 + \frac{1+w}{1+n} + \frac{(1+w)^2}{(1+n)^2}\right)$$

$$\Leftrightarrow Y_1 = \frac{1 + \frac{1+w}{1+n} + \frac{(1+w)^2}{(1+n)^2}}{1 + \frac{1+a}{1+n} + \frac{1+a}{(1+n)^2}} W_1 \tag{1}$$

が満たされるものとする．

さてここで割引率を $r$ としたとき，労働者の入社時の生涯所得に関する割引現在価値は

$$V_1 = \left(1 + \frac{1+w}{1+r} + \frac{(1+w)^2}{(1+r)^2}\right) W_1$$

と表される．また，生産に対する貢献度により労働者に分配されるべき分け前の割引現在価値は

$$V_2 = \left(1 + \frac{1+a}{1+r} + \frac{1+a}{(1+r)^2}\right) Y_1 \tag{2}$$

である．もし $V_1 > V_2$ であれば，図4.1のように貢献度の上昇を上回る率で賃金を上昇させるといった制度が労働者の生涯所得にプラスに作用することになる．実際，$w > a$ と（1）式の成立を前提としたとき $V_1 > V_2$ が実現するためには，労働者の増加率 $n$ が割引率 $r$ より高ければよい．これを以下で確かめてみよう．

まず（1）式を（2）式に代入し，$Y_1$ を消去する．その上で $V_1$ と $V_2$ の差をとる．つまり次式がプラスになるときの条件を求める．

$$V_1 - V_2 = \frac{(n-r)\{(1+n)(1+r)(w-a) + (1+a)(1+w)w\}}{(1+r)^2\{(1+n)^2 + (1+a)(1+n) + (1+a)\}} W_1$$

$$+ \frac{\{(1+n)^2 - (1+r)^2\}\{(1+w)^2 - (1+a)\}}{(1+r)^2\{(1+n)^2 + (1+a)(1+n) + (1+a)\}} W_1$$

ここから容易に確認できるように，$w > a$ の下で $V_1 > V_2$ が言えるためには $n > r$ であればよい．

次に生産性が上昇するケースについて見てみよう．まず生産に対する貢献度

の上昇率を $g$ として，これが今後も持続すると予想されるならば，賃金体系全体もこれにスライドして上昇していくことになろう．先のケースと同様にして，労働者の入社時の生涯所得に関する割引現在価値は

$$V_1 = \left(1 + \frac{(1+w)(1+g)}{1+r} + \frac{(1+w)^2(1+g)^2}{(1+r)^2}\right)W_1$$

と表され，生産に対する貢献度により労働者に分配されるべき分け前の割引現在価値は

$$V_2 = \left(1 + \frac{(1+a)(1+g)}{1+r} + \frac{(1+a)(1+g)^2}{(1+r)^2}\right)Y_1$$

と表される．そのとき両者の差は

$$V_1 - V_2$$
$$= \frac{\{(1+n)(1+g)-(1+r)\}\{(1+n)(1+r)(w-a)+(1+a)(1+g)(1+w)w\}}{(1+r)^2\{(1+n)^2+(1+n)(1+a)+(1+a)\}}W_1$$
$$+ \frac{\{(1+n)^2(1+g)^2-(1+r)^2\}\{(1+w)^2-(1+a)\}}{(1+r)^2\{(1+n)^2+(1+n)(1+a)+(1+a)\}}W_1$$

であることから，$w>a$ の下で労働者の増加率 $n$ に生産性の上昇率 $g$ を加えたものが割引率 $r$ より大きければ $V_1 > V_2$ であることが確かめられる．

これまで見てきたことをまとめると，成長を前提とした企業において，また経済において，年功賃金制は労働者にとって有利なシステムであるということになろう．つまり，労働者がたえず増加し，そして成長率が十分に高い状況下では，年功賃金制は経済的利益を有するのである．

しかし以上の議論からは，どのような外的条件の下で年功賃金制が労働者にメリットをもたらすかがわかったにすぎず，成長に対するインセンティブが企業内部にどのようにして生成するものであるのかが必ずしも明確でない．そこで，次節で年功賃金を考慮することにより，内生的に LMF における成長率決定問題を取り扱う．そこにおいて作用しているのは，基本的に賦課方式に基づく年金制度やネズミ講などに見られるのと同等の原理である．例えば後者の場合，報酬のない新規の会員が子会員を勧誘し報酬を得ようとする．そうすると同じ理由で，その子会員が孫会員を勧誘し，その連鎖の結果，先々の子孫が納める金額まで当初の会員の受け取るところとなり，その過程で急速に組織が拡

大していく．これが本章においても当該企業の成長率を高めることに役立っている．しかし，ここでより問題にしたいのは年功賃金制と OJT とのかかわり方である．そのため以下，両者を同時に考慮し，そのかかわりの中で両者が成長に対して果たす役割について論じることにする．

## 4 モデル

当該企業が $\underline{t}$ 時点に設立され，賃金プロファイルの傾斜を $w(>0)$ とすると，$s$ 時点に入社した労働者の $t$ 時点における賃金は

$$W(s, t) = W(t, t) e^{w(t-s)}$$

と表される．また，雇用率を $n(s)$ とすると，$t$ 時点における労働者総数は

$$N(t) = \int_{\underline{t}}^{t} n(s) ds$$

と表される．以上のようであるとき，$t$ 時点における賃金総額は

$$\bar{W}(t, t) = \int_{\underline{t}}^{t} W(s, t) n(s) ds = W(t, t) \int_{\underline{t}}^{t} e^{w(t-s)} n(s) ds$$

となる[5]．さらに OJT による技能の向上を反映して，生産に関する労働増大的効果が時間を通じて $a$ の率で実現するものとしよう．そのため，効率単位で測られた労働は $t$ 時点において

$$E(t) = \int_{\underline{t}}^{t} e^{a(t-s)} n(s) ds$$

と表される．

さて，ここで完全競争を想定し，レオンチェフ型生産関数を用いよう．さらに産出資本比率 $X(t)/K(t)$ を $\sigma$ とし資本労働比率 $K(t)/E(t)$ を $k$ としたとき，当該企業の $t$ 時点の剰余は

$$\begin{aligned}\bar{\pi}(t) &= P(t)X(t) - \phi(g(t))K(t) \\ &= \{P(t)\sigma - \phi(g(t))\} k E(t)\end{aligned}$$

となる．ただし $\sigma$，$k$ はともに時間を通じて一定とする．また，$\phi(\cdot)$ はペンロ

ーズ関数であり，資本の蓄積率 $g(t) = \dot{K}(t)/K(t)$ の関数となっている．その形状は，

$$\phi'(\cdot) > 0, \ \phi''(\cdot) > 0, \ \phi(0) = 0, \ \phi'(0) = 1$$

である．当該企業はこの剰余 $\bar{\pi}$ を年功賃金制に基づいて労働者間に分配するので

$$\bar{W}(t,t) = \bar{\pi}(t)$$
$$\Leftrightarrow W(t,t) \int_{\underline{t}}^{t} e^{w(t-s)} n(s) ds = \{P(t)\sigma - \phi(g(t))\} kE(t)$$
$$\Leftrightarrow W(t,t) = \frac{P(t)\sigma - \phi(g(t))}{h(t)} k$$
$$\text{where } h(t) \equiv \frac{e^{(w-a)t} \int_{\underline{t}}^{t} e^{(a-w)s} n(s) ds}{E(t)}$$

が成立しなければならない．ただし，$h(t)$ は $t$ 時点における下位の若年労働者から上位の高年労働者への所得移転の程度を示している．例えばもし，$h(t)=1$ であればそれは $w=a$ を意味し，賃金の上昇が技能の向上を正確に反映していることになる．しかし図 4.1 のような状況であれば $h(t)>1$ つまり $w>a$ を意味し，技能が向上する以上に賃金が上昇することになる．このとき技能以外の制度的要因によって若年労働者から高年労働者へプラスの所得移転がなされていることになる（逆は逆）[6]．この $h(t)$ を時間 $t$ で微分することにより次式を得る．

$$\dot{h}(t) = (1-h(t))\frac{n(t)}{E(t)} + (w-a)h(t) \tag{3}$$

ここで生産関数に関する想定より $n(t)/E(t) = g(t)-a$ が成立するので，(3)式は次のように書き換えられる．

$$\dot{h}(t) = (1-h(t))g(t) + wh(t) - a \tag{4}$$

以下，$W(t,t) \equiv W(t)$ と表記し，この $W(t)$ すなわち $t$ 時点に入社した労働者の賃金を将来にわたって最大にすることがこの企業の目的としよう．割引率を利子率 $r$ とすると，そこでの当該企業が解くべき問題は次のようにして与

えられる.

$$\max V(0) = \int_0^\infty W(t)e^{-rt}dt$$
$$\text{s.t.} \ \dot{h}(t) = (1-h(t))g(t)+wh(t)-a$$
$$h(0) = h_0$$
$$g(t) \geqq a^{7)}$$

最後の不等式制約は,$n(t)$ が非負であるという意味で,長期雇用の前提によるものである.

さて,先に触れたように $w=a$ であれば $h(t)=1$ となるが,もしそうであるならば $h(t)$ はもはや状態変数として意味をなさない.そのとき目的関数の最大値は $g(t)=a(=w)$ の点で得られる.したがって $w>0$ であれば,前章のように通常の LMF において見られる資本の食い潰しの状況は生じえないし,そのためペンローズ関数の負の定義域に対する特別な想定も不要である.

## 5 最適経路の導出

ここでは $w \neq a$ のケースについて,上記の問題を解くためにハミルトニアンを次のように定義する.

$$H(t) = \{P(t)\sigma - \phi(g(t))\}\frac{k}{h(t)} + \lambda(t)\{(1-h(t))g(t)+wh(t)-a\}$$

ただし,$\lambda(t)$ は補助変数のことである.これより以下のように最大化のための諸条件が得られる.

$$\frac{\partial H(t)}{\partial g(t)} = 0 \Leftrightarrow \lambda(t) = \frac{\phi'(g(t))k}{(1-h(t))h(t)} \tag{5}$$

$$\dot{\lambda}(t) = r\lambda(t) - \frac{\partial H(t)}{\partial h(t)}$$
$$\Leftrightarrow \dot{\lambda}(t) = (g(t)+r-w)\lambda(t) + \frac{P(t)\sigma - \phi(g(t))}{(h(t))^2}k \tag{6}$$

$$\lim_{t\to\infty} \lambda(t)e^{-rt} = 0$$

(5) 式を時間で微分し,その式に (4),(6) 式を代入することにより次式が得

られる．ただし，時間 $t$ はこれ以降，特に明示しないことにする．

$$\dot{g} = \frac{(r+w-g)h^2 - (r-2(g-a))h - (g-a)}{h(h-1)\phi''(g)} \phi'(g)$$
$$- \frac{(h-1)^2(P\sigma - \phi(g))}{h(h-1)\phi''(g)} \tag{7}$$

以上，(4)，(7)式の微分方程式体系より最適経路が導出されるが，まずそのための準備として

$$L \equiv \{(r+w-g)h^2 - (r-2(g-a))h - (g-a)\}\phi'(g)$$
$$- (h-1)^2(P\sigma - \phi(g)) \tag{8}$$

$$M \equiv (1-h)g + wh - a \tag{9}$$

と定義しておく．この2式を $g$ と $h$ でそれぞれ微分することによって，ステディ・ステートの解 $(h^*, g^*)$ の近傍における $\dot{g}=0$ 曲線，$\dot{h}=0$ 曲線の傾きを以下のように得ることができる．

$$\frac{dg}{dh}\bigg|_{L=0} = -\frac{L_h}{L_g} > 0$$

$$\frac{dg}{dh}\bigg|_{M=0} = -\frac{M_h}{M_g} > (=, <) 0 \Leftrightarrow w < (=, >) a$$

$$\text{where } L_g = \frac{(h-1)^2(P\sigma - \phi)\phi''}{\phi'} > 0$$

$$L_h = -\left(r + \frac{2h(w-a)}{h-1}\right)\phi' < 0$$

$$M_g = -(h-1) > (=, <) 0 \Leftrightarrow w < (=, >) a$$

$$M_h = -\frac{w-a}{h-1} < 0$$

である．以上より，最適経路及びステディ・ステートを示したものが図4.2及び図4.3の位相図である[8]．

$w=a$ のケースにおいて成長率 $g$ は $w=a$ の点を取り続けるが，ただ両者が偶然に一致するこのケースを除いて，$w>a$，$w<a$ の両ケースともステディ・ステートにおいては

$$\dot{h}=0 \Leftrightarrow g^* = w + \frac{w-a}{h^*-1} > w > 0$$

図 4.2  
$w > a$ のケース

図 4.3  
$w < a$ のケース

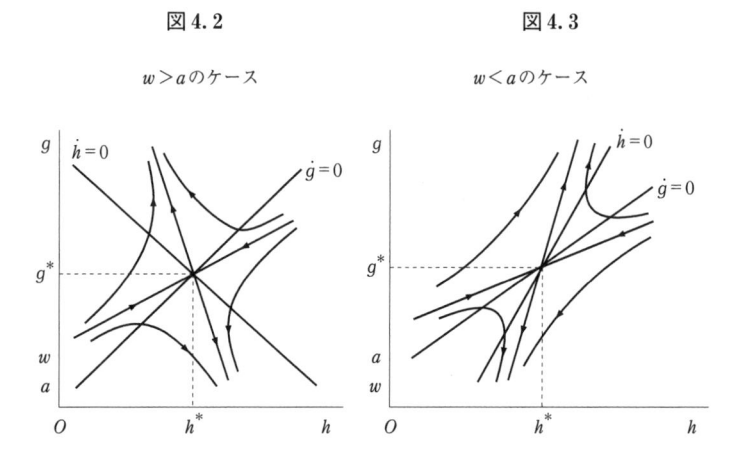

$$\Leftrightarrow g^* = a + \frac{w-a}{h^*-1}h^* > a > 0$$

より, 成長率 $g^*$ は賃金傾斜 $w$ と技能向上率 $a$ の両者をともに必ず上回っていなければならない. 節を改めてステディ・ステートにおける比較静学を行うことにする.

## 6 比較静学分析

比較静学を行うために, (8), (9) 式より $L=0$, $M=0$ の両式を全微分し, それを行列表示すると次のようになる.

$$\begin{bmatrix} L_g & L_h \\ M_g & M_h \end{bmatrix}\begin{bmatrix} dg^* \\ dh^* \end{bmatrix} = \begin{bmatrix} -L_P \\ 0 \end{bmatrix}dP + \begin{bmatrix} -L_r \\ 0 \end{bmatrix}dr + \begin{bmatrix} -L_w \\ -M_w \end{bmatrix}dw + \begin{bmatrix} -L_a \\ 1 \end{bmatrix}da \quad (10)$$

where $L_P = -(h-1)^2\sigma < 0$
$L_r = h(h-1)\phi' > (=, <)0 \Leftrightarrow w > (=, <)a$
$L_w = h^2\phi' > 0$
$L_a = (1-2h)\phi' < 0^{9)}$
$M_w = h > 0$

である．

## 6.1 生産物価格の効果

まず始めに，生産物価格の変化がステディ・ステートの解にどのような影響を及ぼすのかを確かめるため，(10)式よりその符号を求めてみると，結果は次のようである．

$$\frac{\partial g^*}{\partial P} = -\frac{L_P M_h}{\Delta} > 0$$

$$\frac{\partial h^*}{\partial P} = \frac{L_P M_g}{\Delta} > (=, <) 0 \Leftrightarrow w < (=, >) a$$

ただし，$\Delta = L_g M_h - L_h M_g < 0$ である．例えば生産物価格の上昇が生じたとき，この効果により $\dot{g}=0$ 曲線だけが左上にシフトするので，両ケースともに $g^*$ が上昇することになるが，$h^*$ に関しては $\dot{h}=0$ 曲線が右下がりか，右上がりかによって，それぞれ低下，上昇するという結果が得られ，効果の符号は異なってくる．しかし，とりあえず以下のようには言えるだろう．ここでは価格の変化が投資水準に対してプラスの効果を与えており，本来LMFがもつ "perverse" な性格が鳴りをひそめ，通常の投資理論の結果と同一になっている．つまり，年功賃金制の導入がLMFの特異な反応パターンを，動学的フレームワークにおいて株価最大化企業のそれに近づける役割を果たしているのである[10]．

## 6.2 利子率の効果

次に利子率の変化による効果について見てみよう．(10)式から次の結果を得る．

$$\frac{\partial g^*}{\partial r} = -\frac{L_r M_h}{\Delta} > (=, <) 0 \Leftrightarrow w < (=, >) a$$

$$\frac{\partial h^*}{\partial r} = \frac{L_r M_g}{\Delta} > 0$$

$w>a$ のケースでは利子率の上昇により $\dot{g}=0$ 曲線は右下にシフトするが，その際 $\dot{h}=0$ はシフトしない．よって $g^*$ は低下し，$h^*$ は上昇する．他方，$w<a$ のケースでは利子率の上昇により $\dot{g}=0$ 曲線は左上にシフトする．そのとき一定の $\dot{h}=0$ 曲線が右上がりであることを考慮すれば，当然 $g^*$, $h^*$ 双方とも上昇

することになる．このケースでは技能向上の速度が速いため，利子率の上昇にもかかわらず，より一層，投資を増加させることになっている．

### 6.3 賃金傾斜の効果

賃金傾斜の効果についても，同様にして (10) 式をこのケースについて解き，符号を調べてみると以下のようになる．

$$\frac{\partial g^*}{\partial w} = -\frac{\left(r+\dfrac{h(w-a)}{h-1}\right)h\phi'}{\varDelta} > 0 \tag{11}$$

$$\frac{\partial h^*}{\partial w} = \frac{L_w M_g - L_g M_w}{\varDelta} \gtreqless 0 \quad (ただし w>a のときは必ず>0)$$

これまでのものと異なり，ここでは $\dot{g}=0$, $\dot{h}=0$ 両曲線が $w$ の変化により同時にシフトしてしまう．例えば，$w>a$ のケースについて言えば，$w$ の上昇は $\dot{g}=0$ 曲線を右下にシフトさせ，$\dot{h}=0$ 曲線を右上にシフトさせる．したがって，$h^*$ の上昇は明らかだが，$g^*$ の変化については厳密な計算が必要となる．(11) 式はその結果であり，最終的には $\dot{h}=0$ 曲線のシフト幅が $\dot{g}=0$ 曲線のそれを上回り，成長率を高めることが示されている．また，$w<a$ のケースでは両曲線ともに右下にシフトするが，今度は $h<1$ となることから，(11) 式の符号は $w>a$ と $w<a$ の両ケースともに同一であり，プラスとなる．他方，このケースでの $h^*$ に関するそれは不確定となる．

しかし少なくともここでは，$w$ と $a$ の大小関係にかかわらず，賃金プロファイルの傾斜が急になればなるほど成長率がより高まる，ということが確認された．

### 6.4 技能形成率の効果

最後に技能形成率の変化が $g^*$ と $h^*$ にどのような影響を与えているのかを調べてみよう．結果は次のようである．

$$\frac{\partial g^*}{\partial a} = \frac{\left(r+\dfrac{w-a}{h-1}\right)\phi'}{\varDelta} < 0 \tag{12}$$

$$\frac{\partial h^*}{\partial a} = \frac{L_g + L_a M_g}{\varDelta} \gtreqless 0 \quad (ただし w>a のときは必ず<0)$$

賃金傾斜の変化による効果のときと同様に，$a$ の変化は $\dot{g}=0$, $\dot{h}=0$ 両曲線をともにシフトさせる．$w>a$ のケースでは $a$ の上昇によって $\dot{g}=0$ 曲線が左上にシフトし，$\dot{h}=0$ 曲線が左下にシフトする．したがって $h^*$ の低下は明らかである．しかし $g^*$ については，最終的に (12) 式のような結果となり，$\dot{h}=0$ 曲線のシフト幅が $\dot{g}=0$ 曲線のそれを上回ることによって低下が確認される．また，$w<a$ のケースでは，両曲線ともに左上にシフトするが，$g^*$ に関しては $w<a \Leftrightarrow h<1$ であることから (12) 式において $w>a$ のケースと同符号となり，$a$ の上昇が成長率を低めることが確かめられる．他方，$h^*$ に関しては符号は不確定である．

　以上の諸結果をまとめて表にしたものが，次に示す表 4.1 である．

表 4.1

|   | $w>a$ | | $w<a$ | |
|---|---|---|---|---|
|   | $g^*$ | $h^*$ | $g^*$ | $h^*$ |
| $P$ | + | − | + | + |
| $r$ | − | + | + | + |
| $w$ | + | + | + | ? |
| $a$ | − | − | − | ? |

## 7　むすび

　本章では OJT に基づくキャリア形成から企業の生成を説明した．つまりそこでは，OJT による技能の向上を前提としたうえで，労働者管理企業に関する基本モデルを構築した．さらに，その下で年功賃金制が当該企業にいかなる影響を及ぼしうるか，についても吟味した．結論として，賃金プロファイルの傾斜が技能形成の速度を上回るケース，下回るケース，そのいずれにおいても企業成長率が賃金プロファイルの傾斜を超えて高まりうることが明らかにされた．

## 注

1) 暗黙契約理論については Rosen (1985) が詳しい．
2) ここではかなりラフな議論になっている．本来，個々の株主が必ずしもリスク中立的である必要はなく，特定の企業に出資している株主がそれら全体としてリスク中立的であればよい．この点は Arrow and Lind (1970) を参照せよ．
3) 以上が基本的に小池氏による労働力定着性の論拠である．詳細は，例えば小池・猪木 (1987)，小池 (1999) を参照のこと．
4) このモデルは吉田 (1985) を参考にしたものであるが，ただしそこでは本章の記号で言えば $a>w$ の状況を前提としており，加えて $Y_1=W_1$ を仮定している，という点で本章のものとは異なっている．
5) 以上の点については中村 (1990) の想定に基づいている．
6) $h(t)>(=,<)1 \Leftrightarrow w>(=,<)a$.
7) 本来，この不等号制約を考慮してハミルトニアンを構成すべきであるが，その制約が最適解について有効となったときに改めて問題とすればよいので，ここでは特に明示していない．
8) ステディ・ステートでは鞍点解になっているはずであるから，当然 $w<a$ のケースにおいても $\dot{h}=0$ 曲線の傾きが $\dot{g}=0$ 曲線の傾きを上回っていなければならない．
9) ここでは $h>0.5$ を仮定している．つまり $a>w$ のときであっても，$w$ と $a$ の乖離幅は小さく，そのため $h$ は 1 を大きく下回ることはないと考えていることになる．
10) この点に関してフレームワークは異なるが，Naslund (1988) も同様の結果を引き出している．

# 第5章　年功制下における株主・従業員集団間の協力ゲーム

## 1　はじめに

　第1章でも述べたように，労働者管理企業（LMF）というとき，通常は社会主義国，特に旧ユーゴスラビアにおける企業の自主管理への実験に刺激を受け，モデル化されたものを意味する．そこでは利潤最大化企業（PMF）と異なり，従業員はもはや企業外生的存在として扱われておらず，むしろ従業員集団全体の利益のために彼ら自らが企業を設立し，直接，経営に携わるとされる．具体的には，株主，債権者に還元されるべき利潤部分を外生的に与えた下で，従業員1人当たり所得を最大化するよう定式化される．
　このLMFモデルを日本企業の分析，解釈に適用しようという動きがある[1]．例えば，日本企業では経営者は必ずしも株主に対する忠実なエージェントとはならず，むしろどちらかと言えば，従業員集団の中から選出される代表者とみなされうる．このことは，株主コントロール下にあるはずの企業が株式持ち合いにより株主の影響力を弱め，経営の自立性を得ていると解釈され，正当化される．あるいはPMFのプラスの利潤の存在が満たされているならば，同一条件の下でLMFの最適雇用量がPMFのそれを下回るが，この結論は，下請制の発達により内製率が低く（つまり外注率が高く），そのため収益に対する従業員数が少ないという日本企業のスリムな特徴とも整合的と言えるであろう．
　このようなLMFと日本企業との類似性を鑑みるとき，この方向での日本企業分析の試みは真当なものと思われるが，しかし他方で，第3章で見たように，理論上，動学化されたLMFの最適成長率はゼロ，またはマイナスですらありえることが知られている．つまり，LMFモデルでは日本企業のこれまでの成

長志向ぶりを説明できないのである．

　これに対して岩井 (1988) が世代重複モデルにより，終身雇用制下の LMF の成長率がプラスに転じることを示し，また前章で見たように，年功賃金制と技能形成過程を考慮した LMF の成長率は賃金上昇率と技能向上率をともに上回る．つまり LMF モデルに日本企業に典型的に見られると考えられている制度的特徴を組み込むことにより，高成長率が達成されうるのである．この点で，この種のアプローチに対する Aoki (1990) 等の批判は必ずしも正しくないと思われる．むしろ上述のアプローチは意味のある単純化であり，日本企業への第一次近似として十分に納得できるものである．

　とはいえ，Aoki (1984) における PMF と LMF をそれぞれスペシャル・ケースとして含む，企業の一般理論を構築し，その枠内でレント・シェアリング企業のバリアントの1つとして日本企業を捉えようとするその手法自体は十分に評価できる．Aoki (1984) の第5章で，その点に関して問題は次のようにして把握される．企業内には物的，金融的，及び人的資源が存在しており，それらの保有者は企業に対して直接，間接，あるいは短期，長期に，多様な形で結び付き，企業を構成している．それらの諸資源のうちの一部は，市場を通じて他企業へ移転することが極めて困難でありそのため，その企業に固有な要素とみなしうる．企業に固定されたこのような存在は，収穫の逓減，ひいては剰余（プラスの残余所得）の発生をもたらす．

　このような諸資源の保有者を株主と従業員とに大きく分け，さらに経営的能力を有しているであろう経営者（陣）を含めて，3つの異なった集団に焦点を当てる．まず余剰は株主・従業員集団間に分配されるが，そのためにはその内的比率が決定されねばならない．ここで重要なことは，全体としてのパイを最大化した後その分け前を交渉するのではなく，両集団間の相互作用により交渉過程自体が全体としてのパイに影響しうるという点である．つまり，もし両者間に継続的協調関係が維持されれば得るところは両者に大きいし，逆に交渉が決裂し内部に紛争が生じれば残余所得が減少し，両者ともに大きなマイナスとなろう．そこで内部での紛争発生に対して，両者がどの程度回避的か，すなわち両者の利得に対するリスク態度を明示的に扱い，その結果として，パイが最大となるという意味で，効率的な分配と経営政策がなされるべきである．このよ

## 第5章 年功制下における株主・従業員集団間の協力ゲーム

うな内的効率性を達成し，利害のバランスをとるために両者の調停役を担うのが経営者である．

以上が青木氏による企業内協力ゲームの基本的アイディアであるが[2]，Aoki (1984) の第7章において従業員集団をシニアとジュニアに分割し，2層の内部構造をもつ企業を取り扱っている．そこでの従業員は外部労働市場からジュニアとして雇われ，2期勤めた後，引退する．それぞれ2期目にシニア・ランクに昇進する可能性を有するが，企業の成長率の高低によって，必ずしもすべてのジュニア従業員がそのランクに進めるわけではない．そして成長によるジュニアの昇進の結果としてのジュニア・ランクにおける欠員に対してのみ，外部市場からの雇用がなされるのである．

第7章におけるその種のモデル拡張の結果として得られた結論は，
(1) 賃金プロファイルの導入は企業成長率を高める．
(2) 従業員集団の交渉力の増大による分配率の上昇が企業成長率を低める．
(3) 従業員の賃金プロファイルを与えた下で得られる株価最大化による成長率は協力解のそれを下回る．

等である．

ところで，年功制または年功賃金制と言うとき，その意味するところは，個々の企業における勤続年数の長さに応じて従業員間に賃金格差を設けることである．なぜなら直感的にも明らかなように，①勤続年数と技能水準とはOJT等の影響で強い相関関係にある，とみなしうるからである．また，これに加えて，②チーム生産時のモラル・ハザード発生の回避のために，未払い賃金を人質とし労働意欲を高めチーム・プレーを引き出しうる，ことや，③企業成長率が高い状況下において年功制が世代間の所得移転として機能しうる，からでもある[3]．

さて，以上のような存在理由をモデルに反映すべく，Aoki (1984) の第7章で導入された年功制原理は，確かにランク・ヒエラルキー的性格をもっているが，本章での扱い方はそれとは異なっている．すなわちそこでの扱い方は，従業員はシニアとジュニアの2つのグループに分けられ，シニアに昇進できなかったものは外部労働市場から充足された新規従業員とともに次期もジュニア・ランクに留まり，所得率も同一というものであった．他方，本章では，シニ

ア・ランクに昇進できなかったジュニア従業員と新規のそれを所得率のうえで区別しようというものである。つまり両者間の勤続年数とそれに伴う経験の差異を考慮し、昇進できなかった従業員にも昇給はさせようというわけである。以下、このような意味での定期昇給的要因がモデルの結論、特に成長率に対してどのような相違をもたらすのかを以下、比較検討する。

## 2 基本モデル

以下、本章で取り扱うモデルの説明を行う。まず技術的に扱いやすくするために、企業の前期における販売収入を1としておく。このとき当該企業は今期初めにその期の販売率 $g/1=g$ を決定するものとする。したがって $g-1$ は企業の販売収入の成長率を表すことになる。この成長率を実現するために必要とされる費用は成長のための調整費用関数

$$\phi(g) \text{ with } \phi'(\cdot) > 0, \ \phi''(\cdot) > 0$$

によって示される。これを考慮すると純販売収入 $g[1-\phi(g)]$ が得られ、株主・従業員集団に $\theta:1-\theta$ の比率で分配される。したがって、もし投資家が実際に株式を株価 $S$ で購入し株主になった場合には、配当は $\theta g[1-\phi(g)]$ であり、成長率を株価上昇率とみなせばキャピタル・ゲインは $(g-1)S$ であるから、それらの合計が株主の所得になる。他方、投資家がその資金をちょうど株式購入額と同じだけ債券市場で運用していれば、利子率が $\rho-1$ のとき、彼らの所得は $(\rho-1)S$ と表されることになる。このようであるとき、完全資本市場を前提とすれば、裁定取引により両者は等しくなるはずであるから

$$\theta g[1-\phi(g)] + (g-1)S = (\rho-1)S \Leftrightarrow S = \frac{\theta g[1-\phi(g)]}{\rho-g} \tag{1}$$

が成立する。ただし、$\phi(\bar{g})=1$ なる成長率が $\rho>\bar{g}$ を満たすことを仮定し、$S$ の値が発散しないものとする。

従業員については以下のようである。シニア従業員の受け取る所得率を $w_h$、シニア・ランクに昇進できなかったジュニア従業員の所得率を $w_m$、新規に採用されたジュニア従業員の所得率を $w_l$、外部労働市場で成立する賃金率を $\bar{w}$

とするが，これらの大小関係は

$$w_h \geqq w_m \geqq w_l,$$
$$\bar{w} \geqq w_l \tag{2}$$

であると想定する[4]．

次に統制範囲，すなわちシニアに対するジュニア従業員の人数の比率，を技術的に与えられたものとして扱い，その逆数を $n(<1)$ とし，さらに1単位の販売収入を得るためには $1+n$ の雇用量を要するものと仮定しよう．そのとき前期において企業内に存在していた従業員数を $N$ とすると，内部昇進制に従って今期その中からシニア・ランクに昇進できる人数は $gn$ であり，他方ジュニア・ランクに留まる人数は $N-gn$ である．それゆえ，今期，外部労働市場から充足されるべき新規従業員は $g-(N-gn)=(n+1)g-N$ となる．つまりジュニア・ランクのための仕事は $g$ であるが，これが内部から $N-gn$，外部から $(n+1)g-N$ だけ満たされることになる．このようにして純販売収入からの従業員への分配分は3タイプの従業員集団にそれぞれ分配されるので

$$(1-\theta)g[1-\phi(g)] = gnw_h + (N-gn)w_m + \{(n+1)g-N\}w_l \tag{3}$$

が成立しなければならない．

企業が成長すれば昇進の可能性が高まり，前期における $N$ 人の従業員の一部，あるいはすべてが今期シニア・ランクに昇進する．その確率は

$$q(g) = \min\left[\frac{gn}{N}, 1\right]$$

である．そして，今期の成長率を次期のそれとみなせるならば，次期におけるシニア・ランクへの昇進確率は

$$p(g) = \min\left[\frac{ng^2}{(n+1)g-N}, 1\right]$$

である．

すでに1期間の勤務を経た古参の従業員は，先に触れたように $N$ 人いるが，彼らは以下のようなフォン・ノイマン＝モルゲンシュテルン型効用関数をもつ．すなわち，相対的リスク回避度一定を仮定し，次のように特定化する．

$$U(w) = w^{1-R} \text{ where } 1 > R > 0$$

彼らにとって，次期に得られるであろう不確実な期待所得と同値になるようなある確実値（確実同値額）を

$$\hat{w} = [q(g)w_h^{1-R} + (1-q(g))w_m^{1-R}]^{\frac{1}{1-R}} \tag{4}$$

とする．他方，これから当該企業で働き始めようとする新規従業員にとって，今期及び来期に得られるであろう所得率 $w_h$ ないし $w_m$，及び $w_l$ と外部労働市場の賃金率 $\bar{w}$ に関して

$$\frac{p(g)}{\rho}\sigma(w_h) + \frac{1-p(g)}{\rho}\sigma(w_m) + \sigma(w_l) \geq \left(1+\frac{1}{\rho}\right)\sigma(\bar{w})$$
$$\Leftrightarrow p(g)\sigma(w_h) + (1-p(g))\sigma(w_m) \geq \rho(\sigma(\bar{w}) - \sigma(w_l)) + \sigma(\bar{w}) \tag{5}$$

の成立が雇用される前提となろう．ただし，$\sigma(\cdot)$ は凹のフォン・ノイマン＝モルゲンシュテルン型効用関数である．

## 3 成長率の導出

これで，このモデルの均衡式を導き出す準備がほぼ整ったことになる．以下，青木氏の定式化に従い，株主集団の凹効用関数 $V(S)$ と従業員集団の効用関数 $(\hat{w}N)^{1-R}$ を用い，両集団間の利害のバランスをとるため，これらのナッシュ積の対数をとり，前節で挙げた諸制約 (1)，(3)，(4)，及び (5) 式の下で最大になるよう内生変数 $\theta$, $w_h$, $w_m$, $w_l$, 及び $g$ をコントロールする．ただ，ここで扱っているケースは，株主，従業員ともに，協調がなされないとき効用水準がゼロとなる極端なケースであることに注意されたい．

まずこの問題を解くためにラグランジュ関数を

$$\begin{aligned}L \equiv &\ln V(S) + \ln(qw_h^{1-R} + (1-q)w_m^{1-R}) + (1-R)\ln N \\ &+ \lambda[(1-\theta)g(1-\phi) - gnw_h - (N-gn)w_m - \{(n+1)g-N\}w_l] \\ &+ \mu[p\sigma(w_h) + (1-p)\sigma(w_m) - \rho\{\sigma(\bar{w}) - \sigma(w_l)\} - \sigma(\bar{w})]\end{aligned}$$

と定義する[5]．$\lambda$ と $\mu$ はラグランジュ乗数である．この1階の条件式を求める

と，それぞれ結果は次のようになる．

$$\frac{\partial L}{\partial \theta} = B_v \frac{S}{\theta} - \lambda g(1-\phi) = 0 \tag{6}$$

$$\frac{\partial L}{\partial w_h} = (1-R)\frac{qw_h^{-R}}{\hat{w}} - \lambda gn + \mu p \sigma'(w_h) = 0 \tag{7}$$

$$\frac{\partial L}{\partial w_m} = (1-R)\frac{(1-q)w_m^{-R}}{\hat{w}} - \lambda(N-gn) + \mu(1-p)\sigma'(w_m) = 0 \tag{8}$$

$$\frac{\partial L}{\partial w_l} = -\lambda\{(n+1)g - N\} + \mu\rho\sigma'(w_l) = 0 \tag{9}$$

$$\begin{aligned}\frac{\partial L}{\partial g} &= B_v \frac{\theta}{(\rho-g)^2}\{\rho(1-\phi) - g\phi'(\rho-g)\} + \frac{q'(w_h^{1-R} - w_m^{1-R})}{\hat{w}} \\ &\quad + \lambda[(1-\theta)(1-\phi-g\phi') - n(w_h - w_m) - (n+1)w_l] \\ &\quad + \mu p'[\sigma(w_h) - \sigma(w_m)] = 0\end{aligned} \tag{10}$$

ただし，$B_v = V'/V$ であり，株主のリスクに対する「大胆さ」を意味する[6]．

(6)，(7)，(8)，及び (9) 式より，純販売収入の従業員・株主間分配比率（従業員の株主に対する交渉力）は均衡において

$$\frac{1-\theta}{\theta} = \frac{1-R+\mu\varepsilon\sigma(\bar{w})}{B_v S} = \frac{(1+\xi_u^{-1}) + \mu\varepsilon\sigma(\bar{w})}{(1+\xi_v^{-1})^{-1}} \tag{11}$$

でなければならない[7]．ただし，$\varepsilon$ とは

$$\varepsilon = \frac{p\sigma'(w_h)w_h + (1-p)\sigma'(w_m)w_m + \rho\sigma'(w_l)w_l}{\sigma(\bar{w})}$$

を意味し，ジュニア従業員の期待効用弾力性を表すものとする．また，$\xi_u, \xi_v$ は

$$\xi_u = -\frac{U'^2}{U''U} \; ; \; \xi_v = -\frac{V'^2}{V''V}$$

のことであり，それぞれ従業員と株主の純「大胆さ」を意味している．さて，この (11) 式から制約条件 (5) が有効でないとき，すなわち $\mu=0$ のとき，コンスタント・シェアリング・ルールが適用される．つまり $\theta$ の決定には他の内生変数の値を考慮することなく，独立して解くことができるわけである．

(6)，(10)，及び (11) 式より次式が得られるが，均衡成長率はこれを満たさ

なければならない．

$$\theta\left(\frac{1}{g}+\frac{1}{\rho-g}\right)+(1-\theta)\frac{1}{\hat{w}}\frac{d\hat{w}}{dg}+\frac{(w_m-w_l)N}{g^2(1-\phi)}=\frac{\phi'}{1-\phi} \quad (12)$$

(12) 式の右辺は限界成長効率の逆数であり，追加的に成長率を高めるためにどの程度のネット・キャッシュ・フローの減少を強いられるのかを示している．左辺第1項の

$$\frac{1}{g}+\frac{1}{\rho-g}$$

は追加的成長率の上昇による企業価値の増加率を表し，第2項は青木氏の言う限界昇進利得率

$$\frac{1}{\hat{w}}\frac{d\hat{w}}{dg}=\frac{q'(w_h{}^{1-R}-w_m{}^{1-R})}{(1-R)\hat{w}^{1-R}}$$

であり，追加的成長による不確実な昇進を断念するかわりとして獲得されるべき所得の増加分を示している．Aoki (1984) 第7章では，これら両者をそれぞれ株主集団，従業員集団の分配率でウェイト付けした和と (12) 式右辺が等しくなるケース，すなわち本章における $w_m=w_l$ のケースを扱っており，本章のモデルでは (12) 式から左辺第3項の存在が成長率をさらに高めていることがわかる．

このことを図5.1によって確かめてみよう．$1/g+1/(\rho-g)$ は $\rho>g$ の下では凸関数であり，底が $\rho/2$ のU字型をしている．他方，$d\hat{w}/\hat{w}\cdot dg$ は単調減少関数で，$g=N/n$ のときゼロである．なぜならこの値ではすべての従業員が昇進確実となり，そこからの追加的な成長が所得増大に結び付かないからである．最後に $\phi'/(1-\phi)$ は単調増加関数である．青木モデルでは $1/g+1/(\rho-g)$ と $d\hat{w}/\hat{w}\cdot dg$ を分配率でウェイト付けした和，すなわち両曲線の加重平均と右上がりの曲線 $\phi'/(1-\phi)$ の交点で成長率が達成されていた．本章ではこれに (12) 式における第3項の効果を導入することにより，その成長率をより高めているのである．このとき従業員集団の交渉力が強まれば，青木モデルとそれを拡張した本章のそれはともに (12) 式第1項，第2項の和を表す破線の下方シフトにより成長率の低下を引き起こすが，本章のモデルの方が第3項の存在によりその低下の割合がより小さくなることがわかる．あるいは少なくともこう

図 5.1

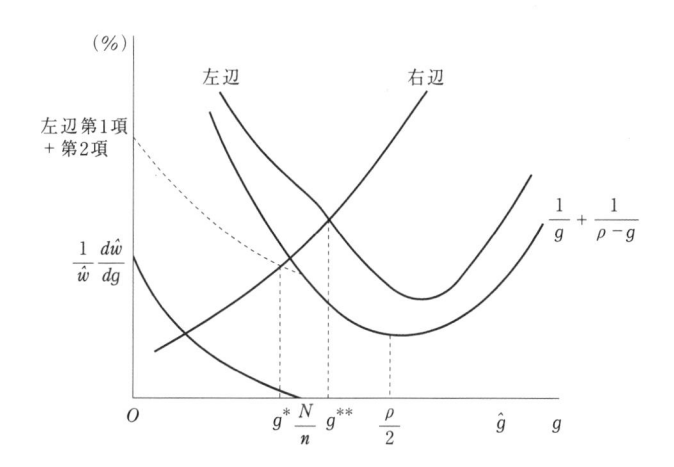

(%) 左辺 右辺

左辺第1項
＋第2項

$\dfrac{1}{\hat{w}}\dfrac{d\hat{w}}{dg}$

$\dfrac{1}{g}+\dfrac{1}{\rho-g}$

$O \quad g^{*} \quad \dfrac{N}{n} \quad g^{**} \quad \dfrac{\rho}{2} \quad \hat{g} \quad g$

言えよう．すなわち，本章のモデルでは青木モデルにおける従業員集団の交渉力増大による成長率低下への影響を単なる内部昇進制ではない定期昇給的要因の導入が緩和しているのである．

## 4 むすび

本章では，雇用に関してランク・ヒエラルキー的内部構造を有する企業を分析対象とした．そこでは従業員の一部は企業の成長とともに自らの属するランクの上昇という形で内部昇進し，かつそれと同時に昇給する．しかしもしそこで昇進できない従業員がいたとするならば，その際，彼らに対してもある程度の昇給を認め，給与面で待遇の改善を施すものとする．このような意味での定期昇給的年功序列賃金制度を，株主と従業員間の企業内協力ゲームに導入すると，企業成長率をより高める結果になることが明らかとなった．

注
1) 小宮（1989）等．
2) 青木氏によるこの後の研究の発展は Aoki（1988），青木（1989, 1995）等にお

いてフォローできる．
3) 年功制を正当化する理由として挙げた①は賃金プロファイルの右上がり傾斜を生産性の上昇を反映した人的資本の増加分とその際の訓練費用の差，すなわち人的投資の見返りとみなす人的資本論（Becker, 1993）による解釈であるし，②及び③は従業員の就業態度，インセンティブの分析に重点をおく内部労働市場論（Doeringer and Piore, 1971）的見解に基づくものといえよう．賃金プロファイルの決定メカニズムとその形状に関する諸説については大橋（1990）を参照のこと．
4) 小林（1991）では $w_l=\bar{w}$ としており，その結果，当該企業にとって $w_l$ は操作不能なものとされている．
5) ここでは制約式（2）は有効でないケースを扱うこととし，これを考慮しない．
6) ここでの「大胆さ」の意味付けについては Aoki（1984）を参照のこと．
7) ここでは，株主・従業員間で協調が成立しないときに，両者の所得がともにゼロとなるケースを想定している．

# 第6章 労働者管理企業・利潤最大化企業間における参入ゲーム

## 1 はじめに

　独占市場においては文字通り企業が唯一存在し，財が供給される．そしてそこでは競争相手はおらず，したがって企業はライバルを意識せずに独占利潤を得るとされる．しかし現実には市場内にライバルが仮にいなくとも，むしろ潜在的にはいると考えなければならないケースも多い．つまり独占企業といえども新規参入企業の存在をまったく無視して生産計画を立てられないのである．もしそうであれば，既存の独占企業はその独占利潤を享受し続けるためにある程度の代償を支払ってでもその潜在的競争者の参入阻止を企てようとするかもしれない．そのとき彼のなすべきことは，その参入前に新規企業にとって十分な利潤を得られない状況を作り出し，それを参入企業に理解させることである．ところで Bain (1956) 等で想定されているシロスの公準とは，既存企業が参入後も参入前と同一の生産水準を維持しそれを参入企業も信じるというものである．もしこの想定が妥当なものであれば，既存企業が参入前に参入企業の利潤をゼロにするような生産量を選び，そのため参入企業は参入後もこの水準が維持されると考えて参入を断念することになる．しかしそのときの参入企業にとっての最大の関心事は，本来であれば既存企業が今何をしているかではなく参入後に何をするかであるはずである．そこでは参入後の既存企業のインセンティブがどのようなものであるかがまず問われなければならない．その観点からすれば，たとえ既存企業が今現在において参入阻止生産量を実行しているからといって，今後も必ずしもそうであり続けることにはならない．事前的にはともかく一度新規参入が決断されれば，そのとき既存企業にはもはやその生産量

をコンスタントに保つインセンティブはないと考えるべきである．より具体的には，おそらく参入がなされた時点で生産量を当初より削減することになろう．したがってシロスの公準における既存企業の非合理的な行動の継続を参入企業が信じなければならないという想定の正当な理由は存在しないのである．

　さてそこで，より現実的な参入阻止理論の構築のためには，以上の議論でなされたような単なる財の生産とは別の，いわば非可逆的手段の介在が不可欠になってくる．この点に，生産能力のモデルへの導入をもって取り組んだのが Spence (1977) である．つまり彼は既存企業が生産量の上限を規定する生産能力の建設を，参入前のコミットメントとして参入阻止生産量の水準まで行うと考えた．この生産能力の設定は非可逆的であり，その意味で参入企業にとっても十分信じるに足るほどの脅しになっている．そのため適切にその建設がなされれば確かにそのとき参入は阻止されうるが，しかしまたま最適生産量がこの水準に一致しているのでない限りは，結果的に企業は遊休設備を抱え込むことになってしまう．つまり Spence ではコミットメントの手段として生産能力を用いるところまでは Bain 等の参入阻止価格理論よりも一歩前進しているといえるが，過剰設備を保有するほどの生産能力の拡張は credible な脅しになっていないのである．Dixit (1980) はこのように，遊休設備を抱えることで成立する Spence における参入後の均衡を理論上，問題であるとし，この種の過剰設備を保有する可能性のない，いわゆる credible threat に基づく完全均衡のみを分析対象とした．彼のモデルはその後，以下のように他方面への進展を見た．

　この Dixit と同様のセッティングの2ステージ・2企業モデルとして，ほぼ同時期に提出された3つの contributions が挙げられる．まず Spulber (1981) では Dixit モデルが動学化され，かつそこでは一般的な費用関数が用いられている．次に Schmalensee (1981) は生産能力に下限を設定しその下でモデルを解いている．Eaton and Lipsey (1981) では生産能力に対して耐久年数と分割可能性の点から差異を設け，いくつかの異なった均衡を導き出している．

　他方でそれら以外にも，Ware (1984) においては既存企業だけでなく参入企業に対しても，既存企業の生産能力の建設後に同様にして生産能力を建設できるようなセッティングが施され，そのため3ステージ・ゲームの構造をもつモ

デルになっているし，Bulow, Geanakoplos and Klemperer (1985a) では戦略的代替・補完性の概念を用いて，Dixit モデルでは認められていない完全均衡下における遊休設備の存在の可能性に言及している．またこの種の過剰能力については Saloner (1985) が参入阻止以外の目的でも用いられることを指摘し，その存在を正当化している．これに対し Basu and Singh (1990) は固定費用の内訳としての参入費用と生産開始費用の明確な区別の必要性を強調し，さらに資本の単位当たり費用を可変にしたケースを扱っている．

以上に加えてそれまでの1既存企業・1参入企業の2企業モデルの枠組みをさらに拡張する試みとして，Bernheim (1984), Gilbert and Vives (1986), Waldman (1987, 1991), Eaton and Ware (1987), McLean and Riordan (1989) 等が挙げられる．そこでは参入阻止に関する既存企業間におけるフリーライダー問題，あるいは採用される技術や政府によってなされる政策が既存企業による参入阻止活動を通して結果的に産業内企業数に与える効果等が分析対象とされた．他方，Perrakis and Warskett (1983, 1986), Bonanno (1988) 等では需要や生産（投資）費用に関する不確実性の下での参入阻止行動が吟味された．

さて参入阻止の手段として有効なのはなにも生産能力だけに限らない．例えば Ware (1985) は生産能力の代わりに在庫ストックを用いたモデルを紹介しているし，あるいは在庫とは別に，相手企業の費用条件や広告等の需要条件に影響を与えるような種類のコミットメントを考えることも可能である[1]．

利潤最大化企業 (PMF) のみを対象とした以上の参入阻止に関する諸理論とは異なり，労働者管理企業 (LMF) を含めたモデルの構築という方向への拡張もまた有意義である[2]．Miyamoto (1980) は最初にこの問題を取り上げたが，彼のモデルは基本的に Spence のそれに基づいており，その意味では Dixit による批判がほぼそのまま当てはまってしまう．よって Stewart (1991) が Dixit モデルのこの分野への初めての応用例として挙げられよう．そこでは，LMF がより参入を容認されやすいこと，既存企業としての LMF は参入阻止のために遊休設備を保有する可能性がより高いこと，などが明らかにされた．彼はこれらの導出のため2企業の Dixit モデルにおける既存・参入企業の役割を LMF, PMF にそれぞれ割り当てることによって2種類の混合複占を含む4つのケースを扱ったが，他方で Zhang (1993), Haruna (1996) は既存・参入企業

ともに LMF である純粋複占を取り上げ，Dixit モデルの PMF による純粋複占と比較した．彼らはこのような純粋複占同士の比較により，LMF には遊休設備を保有する強い傾向が存することを指摘しているが，これは Bulow, Geneakoplos and Klemperer による議論からのストレートな帰結であり，LMF が右下がり供給曲線をもち，そのため数量競争下において右上がりの反応曲線をもつ可能性が高いこと（"perverse" な性質）を考えれば，さほど意外なことではない．しかもその点はすでに Stewart によって指摘されていたのである．

LMF に関するこの種の議論には上述の PMF のそれと比べてもまだまだ発展の余地が残されているが，Zhang, Haruna の両モデルにおいては Dixit モデルの LMF への直接的な応用レベルの段階であるにもかかわらず，いくつかの混乱が見受けられる．それは1つには彼らが Stewart モデルの存在を十分に踏まえず議論を展開してしまっていることによる．したがって今後の議論の発展につなげるためにも，まずこの点を整理し直しておかなければならないであろう．しかし彼らだけでなく，Stewart あるいは Bulow, Geneakoplos and Klemperer においてもこれとは別に看過されている問題が残されている．つまり彼らが単純に独占解が成立するとして十分に考慮していない領域において，反応曲線の少なくとも一部が右上がりであるとき当該企業は実際に生産能力の拡張を行わなければならず，また仮に反応曲線が至るところで右上がりであったとしても，必ずしも遊休設備がそのとき存在することにはならないのである．これらについても以下順次説明する．

## 2 基本モデル

Stewart (1991) では資本係数は固定であるが生産量と労働間には一般的な生産関数が用いられている．Zhang はレオンチェフ型生産関数を，Haruna は1次同次生産関数を仮定している．以下では一番簡単なレオンチェフ型生産関数を用いる．また単一財を仮定し，その逆需要関数に対しては次の想定をおく．

$$p(x_1+x_2) \quad \text{with} \quad p'(\cdot) < 0, \ p''(\cdot) \geqq 0, \ p'+p''x_i < 0 \quad i=1,2$$

また，変数の後のサブスクリプトと関数の後のスーパースクリプトの1と2は，ともにそれぞれ既存企業と参入企業を意味するものとする．さて既存企業がPMFのとき，その利潤は事前にインストールされた生産能力 $k_1$ を境にして，次のように2通りに定義される．

$$\pi^1(x_1, x_2 \,;\, k_1) = R^1(x_1, x_2) - wx_1 - rk_1 - K \quad \text{if } x_1 \leq k_1$$
$$\pi^1(x_1, x_2) = R^1(x_1, x_2) - (w+r)x_1 - K \quad \text{if } x_1 > k_1$$

$R^1$ は既存企業の収入を意味し，先の仮定から $R^1(x_1, x_2) = p(x_1+x_2)x_1$ である．また $K$ は固定費用を意味する．事前にサンクした生産能力以下の生産量であれば生産量1単位当たりの追加費用は $w$ であるのに対し，それを超える場合は生産能力の増設も合わせて行われるため，そこでは追加費用は $w+r$ になる．したがってそこでの1階の条件は，それぞれ

$$\pi_1^1 = \begin{cases} R_1^1 - w = 0 & \text{for } x_1 \leq k_1 \quad (1) \\ R_1^1 - (w+r) = 0 & \text{for } x_1 > k_1 \quad (2) \end{cases}$$

である．以下，関数の後のサブスクリプトの数字はその対応する変数に関して偏微分を1回行ったことを意味する．今，(1) 式において決定する生産量を $x_1^*$，(2) 式に対応するものを $x_1^{**}$ とすると，2階の条件は仮定より満たされているので，直ちに

$$x_1^* > x_1^{**}$$

が成立することが導かれる．反応曲線の傾きはともに

$$\frac{dx_2}{dx_1} = -\frac{R_{11}^1}{R_{12}^1} < 0$$

で同一であるが，先の関係より反応曲線 (1) は (2) より右方に位置していることがわかる．いうまでもなくこの関係はここでは $k_1$ の水準とは無関係であり，もっぱら限界費用の差によってもたらされている．これに対し，PMFが参入企業のときの目的関数は

$$\pi^2(x_1, \ x_2) = R^2(x_1, \ x_2) - (w+r)x_2 - K$$

であり、それに対応する1階の条件は

$$\pi_2{}^2 = R_2{}^2 - (w+r) = 0$$

であることから、その反応曲線の傾きは

$$\frac{dx_2}{dx_1} = -\frac{R_{21}^2}{R_{22}^2} < 0$$

である。

次に既存企業がLMFのとき目的関数は労働者1人当たり所得であるが、やはりそこでも $k_1$ を境に2通りに場合分けされる。

$$y^1(x_1, x_2 ; k_1) = \frac{R^1(x_1, x_2) - rk_1 - K}{x_1} \quad \text{if } x_1 \leq k_1$$

$$y^1(x_1, x_2) = \frac{R^1(x_1, x_2) - K}{x_1} - r \quad \text{if } x_1 > k_1$$

したがってそれぞれの1階の条件は次のようである。

$$y_1^1 = \begin{cases} \dfrac{R_1^1 - y^1}{x_1} = 0 \Leftrightarrow R_1^1 - \dfrac{R^1 - K}{x_1} + \dfrac{rk_1}{x_1} = 0 & \text{for } x_1 \leq k_1 \quad (3) \\ \dfrac{R_1^1 - r - y^1}{x_1} = 0 \Leftrightarrow R_1^1 - \dfrac{R^1 - K}{x_1} = 0 & \text{for } x_1 > k_1 \quad (4) \end{cases}$$

ここでも(3), (4)式に対応する生産量をそれぞれ $x_1^*$, $x_1^{**}$ とすると、仮定より

$$x_1^* > x_1^{**}$$

が得られる。生産関数の傾きはともに

$$\frac{dx_2}{dx_1} = -\frac{R_{11}^1 x_1}{x_1 R_{12}^1 - R_2^1} > 0$$

である。

さて仮定より $y_{12}^1 = p'' \geq 0$ であり、かつここではPMFのそれとは異なって1階の条件式に $k_1$ が含まれていることから、$k_1$ の値に依存して両者は乖離しうる。つまり $k_1$ が大きければ $x_1^*$ はより大きくなるのでシフト幅も大きくなり、反応曲線(3)はより右方に位置することがわかる。このように生産能力の事前のインストールにより反応曲線はともにオリジナルな反応曲線より右方にシフ

トするが，そのシフトは PMF においては限界費用の差に基づくのに対し，LMF においては生産能力に関する (3) 式の第3項の存在による固定費用効果によってもたらされていることに十分注意を払う必要がある．このことは後に問題となってくる．

なお，LMF が参入企業のときにはその目的関数は

$$y^2(x_1,\ x_2) = \frac{R^2(x_1,\ x_2) - K}{x_2} - r$$

であり，その1階の条件は

$$y_2^2 = \frac{R_2^2 - r - y^2}{x^2} = 0 \Leftrightarrow R_2^2 - \frac{R^2 - K}{x_2} = 0$$

である．したがってその反応曲線の傾きは

$$\frac{dx_2}{dx_1} = -\frac{x_2 R_2^{21} - R_1^2}{R_{22}^2 x_2} > 0$$

となる．

## 3 比較分析

これで既存企業による参入阻止問題を取り扱う準備がすべて整ったことになる．そこで既存企業が PMF のときのゲームを最初に検討する．ケース P-P では参入企業も同タイプの PMF であり，いうまでもなくこれは Dixit のケースに相当する．次にケース P-L では参入企業が LMF であり，その参入が容認されれば混合複占が成立することになる．以上の既存企業が PMF の2ケースを取り扱った後，既存企業が LMF のときの参入ゲームを吟味することにしよう．ケース L-P では参入企業が PMF のときのケースに対応し，ちょうどケース P-L の逆の意味での潜在的混合複占の問題を扱うことになる．最後に取り上げるケース L-L では参入企業も同種の LMF であり，Zhang, Haruna での分析はちょうどこれに該当することになる．以上4通りのケースそれぞれにおいて，参入阻止生産量つまり参入企業の利潤がゼロまたはその平均所得が賃金率に等しくなるような既存企業の生産量の相対的水準に応じて，さらにいくつかのサブケースが逐次議論される．ただしそこでは，一方で既存企業が生産能力を設定する際，参入容認と阻止が利得のうえで無差別であれば，参入阻

止の方を選び，他方，参入企業にとって新規参入の是非が利得のうえで無差別であれば，そのとき参入は見送られるものとする．また既存企業の市場からの退出については一切考慮しないこととする．

### 3.1 既存企業が利潤最大化企業のとき

ケース P-P：参入企業が利潤最大化企業

既存企業の立場からは，参入企業の利潤をゼロにする点である B の位置を，その参入企業の反応曲線上で確認することが重要である．点 B 自体は書き込まれてはいないが，まず図 6.1 において $\pi^2(T)<0$ のときには $\pi^2(B)=0$ で定義される $B=(B_1, B_2)$ の横座標 $B_1$ がそこでは $T_1$ より左に位置することになる．このときはもちろんのこと，もし $T_1$ からさらに右であったとしても独占解 $M_1$ 以下であれば，既存企業が事前に生産能力をインストールするしないにかかわらず新規参入は見送られるため，独占が点 $M_1$ で維持される．次にもし図 6.1 とは異なり $M_1<S_1$ であり，かつ $B_1$ が $M_1<B_1\leqq S_1$ となって独占解とシュタッケルベルク解の間に位置するときには，この $B_1$ の水準に生産能力をインストールすることによって確実に新規参入は回避される．そしてその後，この水準において生産が行われることになる．このことは $B_1$ が $S_1$ を仮に上回っていたとしても $\bar{x}_1$ 以下である限り同様に妥当する．なぜなら

$$\bar{x}_1 \geqq B_1 \Leftrightarrow \pi^1(S) \leqq \pi^1(B_1, 0)$$

であるため，当然そのとき既存企業は参入を阻止した方が得られる利潤がより高まるからである．ただしここでは $\bar{x}_1$ は $\pi^1(\bar{x}_1, 0)=\pi^1(S)$ によって定まる既存企業の生産量を意味している[3]．しかし $\bar{x}<B_1$ のときには

$$\pi^1(S) > \pi^1(B_1, 0)$$

であるから，参入をむしろ容認し，シュタッケルベルク均衡 S を実現する方が既存企業にとってより得るところが大である．もちろん $\pi^2(V)>0$ のときも同様に，生産能力を任意に設定できても，ナッシュ均衡を TV 間において適切に調整することができないため参入は認めざるをえない．以上は図 6.1 において

第6章 労働者管理企業・利潤最大化企業間における参入ゲーム　　115

確かめられる．なお，ここの議論ではシュタッケルベルク均衡がTV間で得られるケースのみを扱ったが，もし点Vよりも右の区間で得られる場合には点Vが端点解として選ばれることになる．

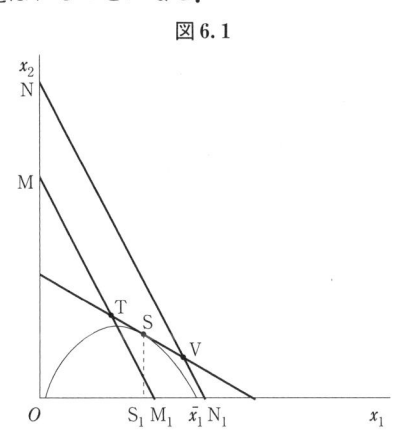

図 6.1

ケース P-L：参入企業が労働者管理企業

ここでは参入企業の反応曲線は右上がりになっているため，図6.2において示されているようにシュタッケルベルク均衡が設備を事前にインストールしないときの反応曲線$MM_1$の左側の領域で得られてしまう[4]．しかし基本的にこの種の参入阻止モデルの枠組みでは，シュタッケルベルク均衡は事前の生産能力建設を通じて限界費用を増加させ，そのうえで自らの反応曲線を屈折させて実現するのであるから，そもそも反応曲線を左側にシフトさせこの解を実現することは不可能である．このため受け入れの際にはTでの端点解としてナッシュ均衡を得ることが既存企業の次善の策となる．ケース P-P と比べるとこのような違いは存在するが，それ以外の点では結果に大きな差異はない．まずここでは点Bは$y^2(B)=w$で定義される．図6.2において$y^2(T)<w$はもちろんのこと，もし$y^2(T) \geq w$であっても$B_1$が$M_1$以下となる区間にあれば，前のケースと同様の理由で結果は単純に独占解$M_1$に帰着する．また$M_1$を上回っていても$\bar{x}_1$以下ならば，既存企業が適切に設備をインストールすることにより新規参入は有効に阻止される．ここでは$\bar{x}_1$は$\pi^1(\bar{x}_1, 0) = \pi^1(T)$で定めら

図 6.2

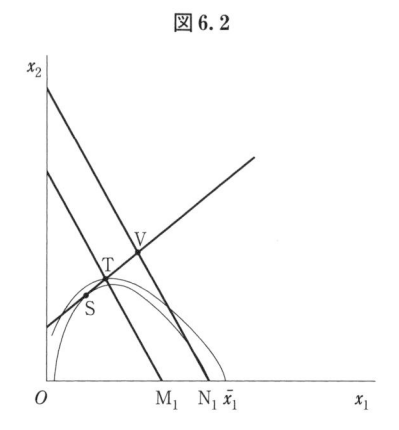

[図: 横軸 $x_1$、縦軸 $x_2$ の座標平面に、点 T, V, S と $M_1$, $N_1$, $\bar{x}_1$ がプロットされた図]

れていることに注意されたい。他方 $\bar{x}_1 < B_1$ では

$$\pi^1(S) > \pi^1(B_1, 0)$$

となるため、参入圧力に屈さざるをえない。ただし、先に触れたようにここではシュタッケルベルク均衡は実現不可能なので、その際には $T_1$ に生産能力を設定し、点 T が均衡として実現される。いうまでもなく $y^2(V) > w$ の際にも参入企業は受け入れられ、この点 T が自動的に実現される。

### 3.2 既存企業が労働者管理企業のとき

ケース L-P：参入企業が利潤最大化企業

これまでとパラレルに考えれば、$B_1 \leqq \bar{x}_1$ までは既存企業は参入を阻止することが望ましく、$\bar{x}_1 < B_1$ のときに至って初めて参入を受け入れることになる。ただし $\bar{x}_1$ はここでは $y^1(\bar{x}_1, 0) = y^1(S)$ によって求められている。このようにして、ここでもケース P-P とほぼ同様にしていくつかのサブケースが検討されるが、ここでの諸記号の位置関係については図 6.3 を参照されたい。分析の方針としては基本的にそれでよいが、しかしその際、新たに既存企業が LMF のとき注意しなければならないことが 3 つある。1 つはこれまでの既存企業が PMF のケースとは異なり $M_1 < T_1$ であるため、$T_1$ と $M_1$ の大小関係が逆転し

第6章 労働者管理企業・利潤最大化企業間における参入ゲーム　　117

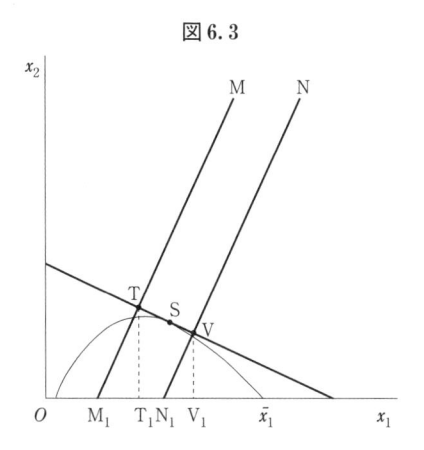

図 6.3

ていることである．2つ目は $N_1$ と $V_1$ の大小関係の逆転である．最後の3番目は，インストール後の反応曲線の位置が生産能力の水準によって異なることである．まず最初の点から順次検討していこう．

　$B_1$ が $M_1$ 以下であれば従来と同様の議論が成り立ち，さしたる問題は生じないが，ここでのケースでは $M_1 < T_1$ となるため，$B_1$ がその水準を超えてしまうときには，例えば $M_1 < B_1 < T_1$ となり $M_1$ と $T_1$ の間に位置することがありうることになる[5]．Bulow, Geneakoplos and Klemperer (1985a) 等でのように，横軸の近くにおいてのみ反応曲線が右上がりとなっている場合にもこのことは

図 6.4

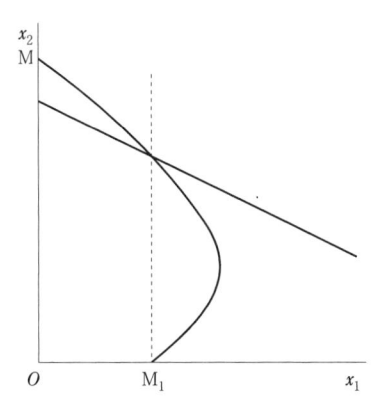

やはり成立しうる.例えば既存企業に関する反応曲線が図6.4のように湾曲しているとき,参入企業の反応曲線がそこでのようにあまりに上方に位置してさえいなければ,そのときやはり $M_1 < T_1$ のケースが妥当する.実際,彼らのケースでは,本章の記号を使えば $T_1 = 312.5$ に対し,$M_1 = 69.4$ となっており,同様の大小関係が成立している.したがってもはや先に取り扱った既存企業がPMFのときのように,$B_1 < T_1$ であるからといってここでのLMFが単純に独占解 $M_1$ をとればよいという結論にはならない.つまりこの場合には図6.5にも示されている通り,両者の反応曲線は交差することなく,したがって均衡点がどこにも見出しえなくなってしまうのである.ここでは図6.6において示されているように,既存企業は生産能力を $B_1$ まで事前にインストールし,自らの反応曲線をこの点で屈折させ,交点を座標 $(B_1, 0)$ で得るしかない(図6.6).

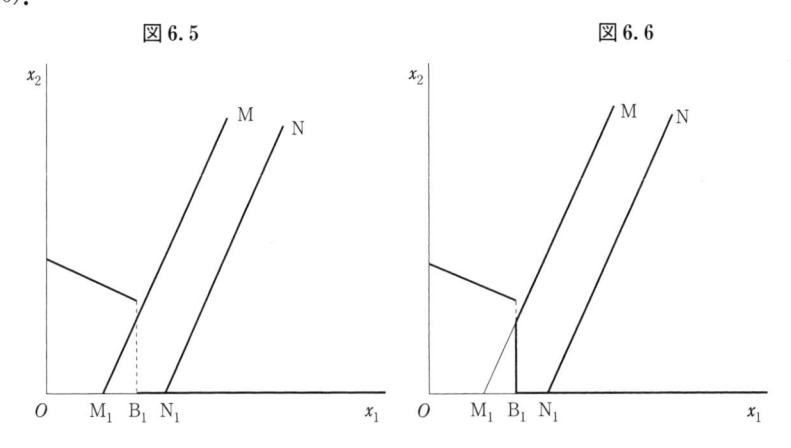

図6.5　　　　　　　　　図6.6

このことは直観的には次のように理解されうるであろう.もし既存企業LMFが先のPMFのように $M_1$ を選択するならば,そのことを踏まえ,かつ $B_1$ と対の $B_2$ を若干でも上回る水準に生産量を設定しさえすれば,参入企業は利潤を確保しながら当該市場への参入を果たすことができるはずである.しかし既存企業はこのような形での参入を容認するはずはない.なぜなら $B_1$ まで設備を建設してこの参入を阻止する方が利潤に関してより大であるため,$M_1$ではなくむしろ $B_1$ の水準で生産を行い,その結果として独占であり続けるこ

第6章 労働者管理企業・利潤最大化企業間における参入ゲーム

とになる．以上のような理由から，既存企業が LMF のときには $B_1$ が $T_1$ を下回っていても $M_1$ を超えている限りは事前の生産能力の建設は欠かせない．そしてこのとき遊休設備が生じることはない．このことは従来の LMF に関する参入阻止の議論において，決定的に抜け落ちていた点である．しかしこの点は，さらに時代を逆上れば Bulow, Geneakoplos and Klemperer（1985a）においてなされた議論の中でも，Zhang, Haruna と同様に十分に考慮されていなかったのも事実である．戦略的補完関係にあれば既存企業が PMF であっても以上の議論は同様に当てはまるのである．

次に先に挙げた2番目の点に関する Bulow, Geneakoplos and Klemperer や Zhang, Haruna による主張は次のようなものである．すなわちここでは $N_1 < V_1$ であることに留意し[6]，$B_1$ が $T_1 < B_1 \leq \bar{x}_1$ となって $T_1 \bar{x}_1$ 間にあるとき，この範囲において生産能力が適切にインストールされれば，参入が有効に阻止されうる．そしてその後，既存企業はインストールした $B_1$ の水準ではなく，$N_1$ において独占を保つ．もし $N_1 < B_1$ であったならば，このことは $B_1 - N_1$ だけ遊休設備を結果的に保有することを意味する．

しかしこの種の議論に対しては第1の注意点と同様の批判が当てはまる．$T_1 < B_1$ であり，かつ例えば図6.7のように $N_1 < S_1 < B_1 \leq \bar{x}_1$ の位置関係にあるときには，既存企業は $B_1$ まで生産能力を高め参入企業に利潤ゼロを確信させる．そのため潜在的参入企業が参入を諦め，既存企業は安心して点 $N_1$ で独占利潤を享受するであろう．したがって先の主張では $B_1 - N_1$ だけ遊休設備が存在することになる．しかしもし点 $N_1$ で独占を保つということが結果として明らかであるのならば，参入企業はそれを認識し，そのため $N_1$ と $B_1$ の間においてプラスの利潤を得ながら首尾よく市場参入を果たしうることになってしまう．つまり既存企業には抜き難く点 $N_1$ を選ぶインセンティブがあるために，$B_1$ の水準に生産能力を設定するだけでは，少なくともこのフレームワークにおいては，企業に参入の断念を促す credible threat になっていないのである．以上から，既存企業はこの場合にはむしろ生産能力を水準 $S_1$ に設定し，あえて参入容認の方を選ぶ可能性すら存在することがわかる．この現象は $N_1 < B_1$ である限り起こりうる．しかし次の図6.8の場合，問題は一層深刻である．なぜなら $N_1 < B_1 < S_1$ のときには，既存企業はもはや受け入れのオプションすらもちえ

図 6.7    図 6.8

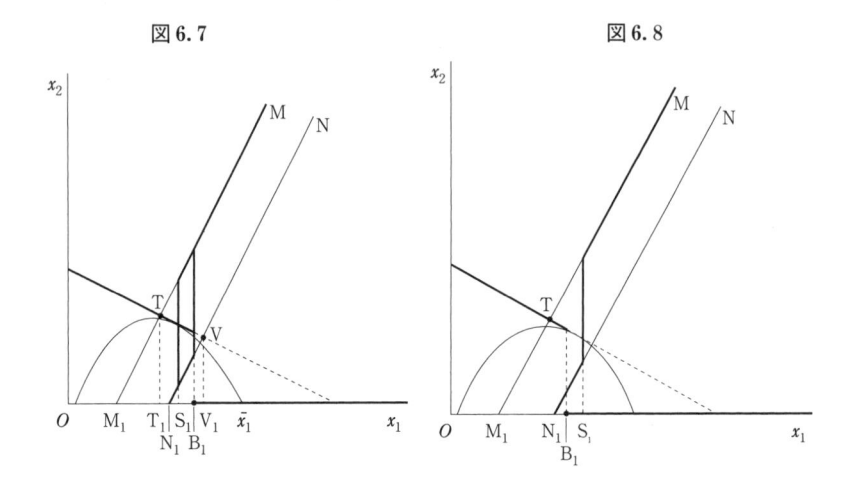

ず,均衡点はそのときどこにも見出しえないからである.以上の点をより明確にし,この解決策を探るために残された最後の注意点に目を向けなければならない.

さてその3つ目の論点として考慮に入れられるべきことは,LMF に対するインストール後の反応曲線の位置についてである.反応曲線の特徴のところでも説明した通り,LMF の反応曲線は PMF のそれとは異なり,生産能力の水準から独立ではありえず,直接的に影響を受けることになる.PMF が既存企業であれば彼のなすべきことはすでに位置の定まっている反応曲線を前提とし,その下で潜在的参入企業に対して参入を思いとどまらせるため水準 $B_1$ に生産能力を設定するか,あるいは容認してシュタッケルベルク均衡上に生産能力を設定するかのいずれかを決定することである.しかし LMF にとっては設定する生産能力水準によって反応曲線の位置が異なってくるので,その位置によっておのずと参入阻止問題への対応の仕方に差異が生じる.

このケース L-P において,今 $B_1$ が $\bar{x}_1$ 以下の水準にあるため参入阻止を意図してこの水準まで生産能力を高めたとしよう.このとき図 6.9 のように,参入企業の反応曲線の不連続な部分を既存企業の反応曲線がちょうど横切るようにシフトするのであれば,少なくとも既存企業の当初の意図は叶ったことになる.しかし必ずしもいつもこの範囲内に位置してくれる保証はない.もしこの

シフトの幅が不十分であり，例えば図 6.10 における $N_1'N$ のような位置にまでしかシフトしないとなると，結局，既存企業にとって参入阻止が好ましくともそれが果たせず，結果的にナッシュ均衡 V が実現してしまう．このときその阻止を現実のものとするにはさらに生産能力を $k_1'$ まで高めて，反応曲線のシフト幅を一層大きくし，$N_1'N'$ の位置までシフトさせるようにしなくてはならない．もちろん，この生産能力の増大という行為が正当化されるためには，$k_1' \leq \bar{x}_1$，つまり $\pi^1(S) \leq \pi^1(k_1', 0)$ でなければならないことはいうまでもない．そうでなければ参入受け入れがむしろ望ましくなってしまうからである[7]．

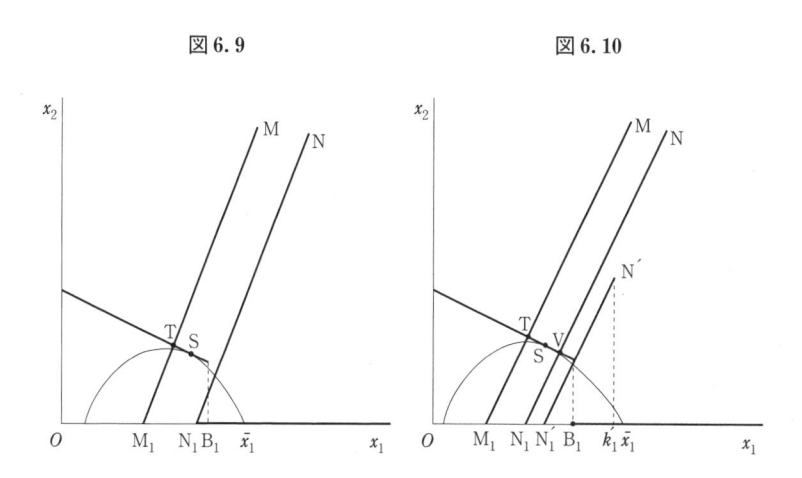

図 6.9　　　　　　　　　図 6.10

ここで参入受け入れの際はともかく参入阻止についていえば，これが実現できるかどうかは実は第 2 の論点とかかわってくる．そこで 2 番目とこの 3 番目の論点を同時に考慮すると次のことが明らかとなってくる．例えば均衡点の存在しなかった図 6.8 の場合においては，$B_1$ を超えて図 6.11 における $k_1 = \bar{k}_1$ の水準まで生産能力を高めることにより，既存企業は独占状態を保ち，かつ以前に見い出すことのできなかった均衡点を点 $B_1$ において得ることができる．また先に見た図 6.7 の場合でも，同様に $\bar{k}_1 > \bar{x}_1$ のときであれば，そこにおいても受け入れがなされるが，もし $\bar{k}_1 \leq \bar{x}_1$ であれば既存企業にとってそのとき参入阻止の方がより望ましく，かつそれが実現可能となる．しかもここにおいて遊休設備の存在がはじめて $\bar{k}_1 - B_1$ だけ認められうることになる．

図 6.11

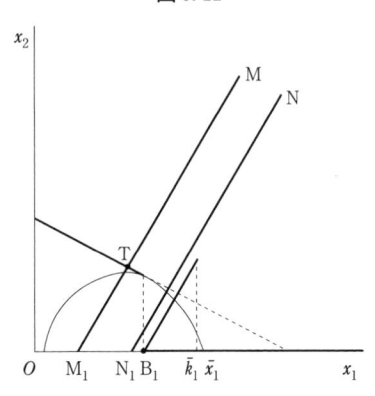

Stewart は以上の 3 番目の点について数値例を用いて簡単に触れており，遊休設備 $B_1-N_1$ が存在するだけでなくさらに一層大きな遊休設備すら存在しうるとしている．しかしながら正確には彼の示している遊休設備はここでの記号でいえば $\bar{k}_1-N_1$ のことであり，よって本章のものとは異なっている．しかも彼はその遊休設備 $\bar{k}_1-N_1$ の導出のための数値計算結果を示しただけで，本章において見たように，それ以上の解釈の点については十分に議論は掘り下げられていない．

ケース L-L：参入企業が労働者管理企業

このケースは Zhang, Haruna モデルに対応している．基本的にはケース P-L と同様に，もし $B_1$ の水準が十分に大きい場合には参入が認められるが，その際ここでも端点解 T が得られる．このことは反応曲線の右上がり部分が，仮に一部であったとしても生じうることをここで特に強調しておきたい．Zhang はこのことに気づいていない．Haruna でも完全に右上がりの反応曲線が描かれた図を用いて説明しているにもかかわらず，TV 間においてシュタッケルベルク均衡点が存在するかのごとき主張がなされている．さて他方で $B_1$ が小さく，例えば $B_1<M_1$ であるような場合には，既存企業が単に独占解 $M_1$ を選択し，その解がそのまま実現する．$M_1<B_1<T_1$ のときにはやはりケース L-P ですでに述べたように，既存企業は設備を $B_1$ までインストールするが，その際

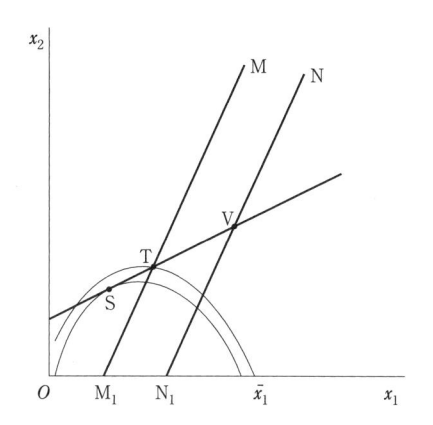

第6章 労働者管理企業・利潤最大化企業間における参入ゲーム 123

図6.12

遊休設備を保有することには決してならない．$T_1 < B_1$ においても基本的にケース L-P と同様の議論が成り立つ．$\bar{k}_1 \leq \bar{x}_1$ までは参入は阻止され，$\bar{x}_1 < \bar{k}_1$ 以降参入企業は受け入れられる．また Stewart の意味での遊休設備は存在しえない．以上はケース L-P と同様の手順で図 6.12 において確認できる．ただしここでは $\bar{x}_1$ は $y^1(\bar{x}_1, 0) = y^1(T)$ によって決定されていることに注意されたい．

### 3.3 企業数に関する比較

以上 4 つのケースを既存企業による参入阻止の観点から逐次検討してきた．次にそれぞれのケースの特徴はそれらの比較によってよりよく把握することができる．特に既存企業が PMF のときと LMF のときとの比較において特徴的なことは，$M_1$ と $T_1$ の大小関係，$N_1$ と $V_1$ の大小関係，及びそれらの結果としての遊休設備の存在の有無等である．既存企業が PMF のときは参入阻止後にこの種の過剰設備を保有することはなかったが，上述の通り LMF においてはこの現象が参入阻止実現に伴う副産物として見受けられうることになる．ただしこの場合にはこれまでの既存の研究においてなされた過剰設備の定義と意味付けが異なっていることに注意が必要である．

さて以上を踏まえて Zhang が行ったように，特に P-P と L-L の純粋複占同士を対比させれば，LMF のみから構成される経済ではより多くの遊休設備が

存在しうることになるが，しかし Zhang のように直ちにこのことをもって LM 経済における企業数の少なさを結論付けるには少し無理があるといわなければならない．以下この点を，Stewart においてなされた議論に一部基づき，検討を加えてみる．

ここではケース P-P と L-L の比較ではなく，同一タイプの既存企業の下での異なるタイプの参入企業の参入可能性を考えてみよう．まず既存企業が PMF の下で，ケース P-P と P-L の比較を行う．ケース P-P では $B_1$ が $M_1$ 以下では独占解 $M_1$ が実現する．$M_1 < B_1 \leq \bar{x}_1$ であれば生産能力を $B_1$ にインストールすることにより参入を阻止する．この水準を $B_1$ が超えたとき基本的に参入は容認される．これらの関係はすでに確認したように，参入企業が LMF のケース P-L であっても，受け入れの際に端点解が成立することを除けば同様に成立するので，これらの共通点を踏まえ，次に

$$\pi^2 > (=, <) 0 \Leftrightarrow y > (=, <) w$$

より，点 B で参入企業 PMF の反応曲線は同じく参入企業 LMF の反応曲線を上から横切っていることが確かめられる．したがって両タイプの反応曲線の不連続点はこの交点で必ず一致することになる．2 タイプの参入企業を同時に比較する際には当然このことを考慮に入れなければならない．

この不連続点の一致を踏まえると，$\pi^2(T) \leq 0$ のときは $y^2(T) \leq w$ であるから PMF の参入が不可能なときは LMF のそれも同様に不可能でなければならないことになる．また $\pi^2(V) > 0$ のときは $y^2(V) > w$ であるから，PMF の参入が可能となるとき，やはり LMF にとっても参入は可能でなければならないことになる．しかし

$$\pi^2(T) > 0 \geq \pi^2(V) \Leftrightarrow y^2(T) > w \geq y^2(V),$$

つまり B が TV（各参入企業の反応曲線が既存企業の2つのそれに挟まれている区）間に位置するときには，LMF に対しては参入が認められるにもかかわらず PMF に対しては阻止の場合が存在する（図 6.13 参照，ただし TV の記号は省略）．これはケース P-P における $\bar{x}_1$ が P-L におけるそれを上回る，あるいは LMF の反応曲線が絶えず PMF のそれよりも下に位置するために生じる．

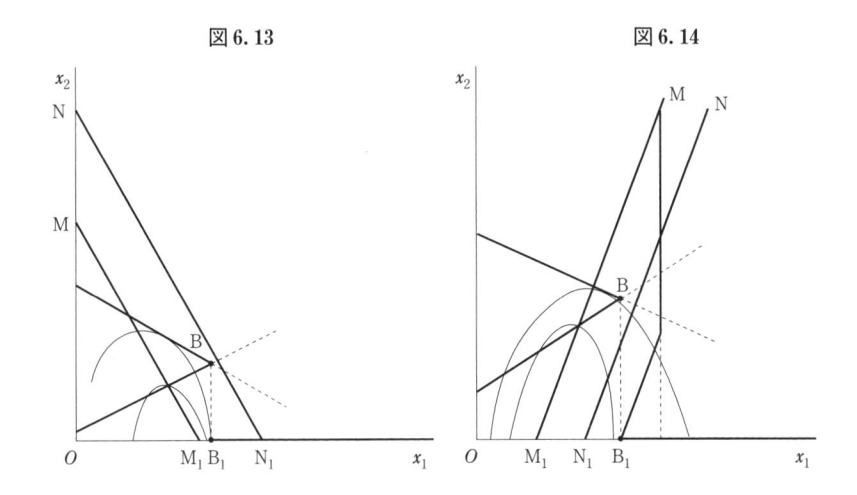

第6章　労働者管理企業・利潤最大化企業間における参入ゲーム　　　125

図6.13　　　　　　　　　　図6.14

よって参入企業がLMFのときシュタッケルベルク均衡が既存企業にとってより有利な点で実現する[8]。このことは既存企業がLMFであっても，やや複雑にはなるが，原理的には同一であり，ケースL-PとL-Lの比較についても同様の結論に至る（図6.14参照）。

このように考えると，先に触れたZhangの結論に対して修正を迫っていることがわかる。つまりZhangは潜在的LMFによる参入に直面するLMFの方が，PMFに直面するLMFよりも遊休設備を保有しやすいがゆえにより多くの参入が阻止され，結果的にLM経済内における企業数が少なくなるとしたが，ここでは逆に既存企業がどちらのタイプであろうとLMFの方が参入が容易な場合が存在するため，結果的に，このことはLM経済における企業数をより多くするように作用するであろうことが確認できた。しかもこのことはVanek (1970)，Meade (1972)，Neary (1984)等による従来の主張とも整合的である。

## 4　戦略効果に基づく分析

独占や完全競争では，例えば投資を行う際，相手企業からの反作用を考慮することなくその直接効果を検討するだけで事足りる。しかし少数者間での不完

全競争においては，むしろこの相手からの反作用を考慮するという意味での戦略効果こそが重要となる．そこで以下，Fudenberg and Tirole (1984) に基づき，いままでの議論をより一般的なフレームワークの中で確認してみよう．まず参入容認を前提にしよう．その下でケース P-P における $k_1$ が $\pi^1(x_1(k_1), x_2(k_1), k_1)$ に直接，間接，与える効果を求めてみる．ここでは生産能力を望ましい水準に設定することが自らの利得をより高める結果につながればよいので，その効果は

$$\pi_1^1 \frac{dx_1}{dk_1} + \pi_2^1 \frac{dx_2}{dk_1} + \frac{\partial \pi^1}{\partial k_1} \tag{5}$$

である．

$x_1$, $x_2$ がそれぞれ $k_1$ にいかに依存しているかは

$$\begin{bmatrix} \pi_{11}^1 & \pi_{12}^1 \\ \pi_{21}^2 & \pi_{22}^2 \end{bmatrix} \begin{bmatrix} \dfrac{dx_1}{dk_1} \\ \dfrac{dx_2}{dk_1} \end{bmatrix} = \begin{bmatrix} -\dfrac{\partial^2 \pi^1}{\partial x_1 \partial k_1} \\ 0 \end{bmatrix}$$

より

$$\frac{dx_1}{dk_1} = -\frac{\pi_{22}^2 \dfrac{\partial^2 \pi^1}{\partial x_1 \partial k_1}}{\varDelta} \tag{6}$$

$$\frac{dx_2}{dk_1} = \frac{\pi_{21}^2 \dfrac{\partial^2 \pi^1}{\partial x_1 \partial k_1}}{\varDelta} \tag{7}$$

where $\varDelta = \pi_{11}^1 \cdot \pi_{22}^2 - \pi_{12}^1 \cdot \pi_{21}^2 > 0$

が得られることから[9]，以上の結果を用いると (5) 式は次のように書き換えられる．

$$-\frac{\pi_1^1 \cdot \pi_{22}^2}{\varDelta} \frac{\partial^2 \pi^1}{\partial x_1 \partial k_1} + \frac{\pi_2^1 \cdot \pi_{21}^2}{\varDelta} \frac{\partial^2 \pi^1}{\partial x_1 \partial k_1} + \frac{\partial \pi^1}{\partial k_1} \tag{8}$$

まず (8) 式では，第1項は包絡線定理によりゼロである．次に第3項が意味するものは $k_1$ が $\pi^1$ に与える直接効果であり，open-loop 均衡下の効果に相当する．したがって戦略効果としては，第2項のみが残ることになる．ここでは $\partial^2 \pi^1/\partial x_1 \partial k_1 > 0$ であることから，投資が限界利潤を高めており，その意味で当

該企業を tough stance をとりうる立場におくことに役立っている．また $\pi_{21}^2<$ 0 であるから $x_1$ と $x_2$ の両財は戦略的代替関係にあり，既存企業が more aggressive にでれば参入企業が less aggressive に反応するであろうことがわかる．さらにここでは代替財を扱っているので $\pi_2^1<0$ である．したがって tough であることと戦略的代替性の組み合わせは上記の戦略効果をプラスにしている．つまりそこでは open-loop 均衡と比較して，設備の過大投資が誘発されることが結論付けられる．そのため Fudenberg and Tirole はこのときの既存企業を top dog と呼んだ．もしここでケース P-P における既存企業 PMF を LMF に変えて，考察する対象をケース L-P に変更すると，$\pi_2^1$ が $y_2^1$ に，そして $\partial^2\pi^1/\partial x_1\partial k_1$ が $\partial^2 y^1/\partial x_1\partial k_1$ に，それぞれ変更される．しかしながら符号自体は同一であり，そこでの top dog 戦略の採用には何ら変化は見られない．つまり参入企業が PMF であるケース P-P，ケース L-P の両ケースにおいては，このように参入受け入れの際には直接効果を戦略効果がより強め，ともに過大投資が導かれることが確認できる．

しかし他方でケース P-P から参入企業を LMF に変え，ケース P-L の状況を検討することにすれば，逆に $\pi_2^1, \partial^2\pi^1/\partial x_1\partial k_1$ がそのままであり，今度は $\pi_{21}^2$ の方が $y_{21}^2$ に変更されることになる．この $y_{21}^2$ の符号はプラスであり，両財はそのとき戦略的補完関係にあるため，戦略効果はここではマイナスになる．tough であることと戦略的補完性との組み合わせは既存企業に puppy dog ploy の採用を促す．つまり自らの more aggressive な行動は，相手側からの more aggressive な反応を誘発するために，open-loop 均衡の問題と比べて過小投資に帰着することになる．ケース L-L においても基本的にケース P-L と同様であり，$\pi_2^1$ が $y_2^1$ に，$\partial^2\pi^1/\partial x_1\partial k_1$ が $\partial^2 y^1/\partial x_1\partial k_1$ に，それぞれ変わるが，戦略的補完関係自体に変更は生じないため，定性的に同一の結果が導かれ，したがって puppy dog ploy が選択される．つまり参入企業が LMF である P-L と L-L の両ケースにおいては，参入受け入れの際には戦略効果が直接効果を弱め，その意味でともに過小投資がもたらされる，という結果に至る．

さて参入阻止の場合にはどうなるであろうか．既存企業が PMF のときのケース P-P では，$\pi^2(x_1(k_1), x_2(k_1), k_1)$ に与える $k_1$ の効果として，(6), (7) 式を用いれば

$$-\frac{\pi_1^2 \cdot \pi_{22}^2}{\Delta} \frac{\partial^2 \pi^1}{\partial x_1 \partial k_1} + \frac{\pi_2^2 \cdot \pi_{21}^2}{\Delta} \frac{\partial^2 \pi^1}{\partial x_1 \partial k_1} + \frac{\partial \pi^2}{\partial k_1} \tag{9}$$

を得る．第2項は包絡線定理によりゼロ，第3項も本章のフレームワークではゼロである．したがって第1項戦略効果のみが残されることから，先の議論より直ちにマイナスであることがわかる．ケース P-L では戦略効果は

$$-\frac{y_1^2 \cdot y_{22}^2}{\Delta} \frac{\partial^2 \pi_1^1}{\partial x_1 \partial k_1}$$

に変わるが，容易に確かめられるように，符号はやはりマイナスである．同様にしてケース L-P，ケース L-L についても効果を検討できるが，これらのケースを含め本章ではすべてにおいて投資は tough なものに限定されるため，必ず相手企業の利得を低めるように作用している．つまり Fudenberg and Tirole (1984) の分類上では，本章のすべてのケースが top dog 戦略に限られてしまうのである．このことは既存企業が PMF であろうと LMF であろうと $k_1$ の増大によりその反応曲線が右側にシフトし，その結果，参入企業の反応曲線との交点においてはその参入企業についてのより低い利潤または1人当たり所得に対応する等量曲線が得られることからも明らかである．

## 5　むすび

本章では労働者管理企業を含む参入阻止理論についての従来の議論を整理し，遊休設備の存在についても再度検討した．その結果以下のことが明らかとなった．つまり，まず労働者管理企業が参入しようとするケースにおいては，①その反応曲線が右上がりになりがちであることからシュタッケルベルク均衡点がその反応曲線の左側において得られてしまうため，既存企業のタイプにかかわらず端点解になること，②その反応曲線が利潤最大化企業のそれと比してより下に位置するため，既存企業のタイプにかかわらず利潤最大化企業と比べて参入を容認されやすいこと，及び③戦略的補完関係より既存企業による過小投資がもたらされやすく，参入容認時における既存企業による puppy dog ploy が一般的であること等，が明示された．また労働者管理企業が既存企業のケースにおいては，④自企業の反応曲線が少なくとも横軸近辺で右上がりとなりがち

であるため，単純に独占解が選択されず事前の生産能力の設定が不可欠であること，⑤その反応曲線が右上がりであることが利潤最大化企業に比してより広いレンジにおいて参入阻止のための生産能力の拡大を要すること，及び⑥その反応曲線は設定する生産能力に依存してその位置が異なってくるため，労働者管理企業の反応曲線が右上がりであるからといって必ずしも遊休設備の保有に結び付くわけではないこと，などが明らかにされた．

今後は本章のフレームワークをさらに拡張することが必要となろう．利潤最大化企業に対するモデルの発展状況になぞらえれば，寡占間における参入阻止問題，逐次参入の考慮，3ステージ以上の多段階ゲームのセッティング，不確実性の導入，生産能力以外のコミットメントの考慮などが考えられる．

注
1) この点については Neven (1989) 等を参照されたい．
2) 労働者管理企業ではなく公企業を扱ったものには，Ware (1986), Fershtman (1990), Nett (1994) がある．
3) 実際にはこれを満たす $\bar{x}_1$ は複数存在するが，ここではその内の最大解のみを意味するものとする．
4) Bulow, Geneakoplos and Klemperer (1985a) や Zhang (1993) が想定しているような反応曲線の一部が右上がりであるようなケースにおいてもこのことは起こりうる．
5) 以前のケースでは $B_1$ が $M_1$ を超えるときは自動的に $T_1$ を上回っていた．
6) ここでも第1の注意点と同様に，反応曲線が一部においてのみ右上がりとなっているケースにおいてもこのことが成立しうることに留意されたい．実際に Bulow, Geneakoplos and Klemperer (1985a) で挙げられている数値例でもそのようになっている．
7) 参入受け入れのため，シュタッケルベルク均衡点に $k_1$ を設定するとき，もし反応曲線が大きくシフトするのであれば，点 V で端点解が得られることになる．
8) LMF の反応曲線が仮に右下がりであったとしても依然としてそうである．
9) $\varDelta$ の符号は体系の安定性の仮定により定まっている．なお，この定義は正確には以下の議論においてその都度変更されなければならないが，特に言及していないことに注意されたい．

# 第7章 国際混合複占下における輸出と研究開発補助金の役割：労働者管理企業 vs. 利潤最大化企業

## 1 はじめに

　本章の目的は，労働者管理企業と利潤最大化企業間の国際競争における戦略的貿易政策としての輸出及び研究開発補助金の役割を政府のインセンティブの観点から考察することである．

　貿易競争における輸出補助金の果たす役割についての議論は，これまで広く行われてきた．例えば Brander and Spencer (1985) は国際複占のセッティングでクールノー＝ナッシュ均衡を分析した．彼らはそこにおいて，輸出補助金政策が輸出振興に有効であり，自国企業が生産決定を行う前に政府が特定の貿易政策実施に確実にコミットできるならば，そのとき自国企業に対する輸出補助金支出をアナウンスすることが最適となることを明らかにした．Eaton and Grossman (1986) は Brander and Spencer のラインに沿って議論を発展させ，consistent conjectural variations 均衡を分析した．そこではクールノー競争に対しては輸出補助金が，ベルトラン競争に対しては輸出税が，それぞれ最適となることを示し，Brander and Spencer (1985) の結果をより一般的な枠組みの中で明らかにした．他方で，Spencer and Brander (1983) は輸出補助金と研究開発 (R & D) 補助金を同時に考慮しようとした．彼らは，輸出補助金が利用できないときには政府が自国企業に R & D 補助金を支出しようとするのに対し，双方が利用可能なときには政府は R & D 投資税と輸出補助金の組み合わせを選択することを示した[1]．しかしながら以上の結論はすべて利潤最大化を目的とする，同質的，対称的企業を取り扱うことにより得たものであった．

　Mai and Hwang (1989) は異なる行動様式を有する非対称的な企業，すなわ

ち労働者管理企業（LMF）と利潤最大化企業（PMF）をそれぞれ唯一の企業として国内にもつ2国間の複占モデル（混合複占）を構築した．そこにおいて，LMFに対する輸出補助金がLMFの輸出量の増加に結び付かないことが説明された．Okuguchi (1991) は Mai and Hwang での分析を製品差別化モデルに拡張し，それとほぼ同等の結論を得ることを示し，またベルトラン＝ナッシュ均衡をも分析対象とした．ただ彼らの議論は基本的に比較静学のレベルに留まっており，自国及び相手国政府による補助金が両国の経済厚生にそれぞれどのような影響を及ぼすのか，そして政府はどのような貿易政策を実施するインセンティブをもつのか，という点には必ずしも十分に答えていない．さらに言えば，混合複占におけるR＆D補助金の役割については全く議論されていない．しかしこのような方向へ議論を深めていくことは十分に価値があると思える．

次に現実経済とのかかわりについて触れてみたい．LMFが分析の対象となるとき，通常念頭におかれているのは，旧ユーゴスラビアやスペインのモンドラゴン等における企業である．しかしながら，このような地域の企業が国際市場で占める地位はそれほど高いものではなかったし，今後においてもその傾向は強まることはあっても弱まることはないであろう．このように考えるとき，混合複占の議論の説得力，適用性という点で疑問を投げ掛ける向きも少なからず存在しよう．しかし，近年，日本企業がLMF的側面を強くもっているという意見が一部で主張されるようになった[2]．もし，この種の考え方に一面の真理が含まれているというのであれば，世界経済における日本のプレゼンスを鑑みるとき，以下なされるであろう議論の意義が高まるものと言えよう．つまりその議論が，例えば日米貿易摩擦等の問題の理解と解決に役立ちうるのではないか，とも考えられるわけである．

まず，そのために輸出国として2つの国を取り上げるが，そこにおいては以下のような想定をおくことにする．その2国のうち1国にLMFがただ1社存在する．もう1国にはPMFがやはり唯一1社存在する．両企業とも差別化された財を生産するが，自らの国へ向けての販売は行われず，もっぱら第3国へ輸出する．その第3国においてはここで問題とする関連財は生産されていない．政府は先手プレイヤーで，企業が生産決定を行う前に補助金水準を選択できる．

このような想定の下で，以下2つのモデルが考察される．1つは政府が輸出

補助金水準を事前にアナウンスするモデルであり,もう1つはR&D補助金水準をアナウンスするモデルである.前者は2ステージ・ゲームとして構築される.そこでは第1ステージに政府が輸出補助金に関する決定をアナウンスし,第2ステージにおいて企業が,決定された補助金水準を前提として,生産量と雇用量を決定する.このモデルは次節で検討される.他方で,後者は3ステージ・ゲームとして構築される.そこでは第1ステージに政府がR&D補助金水準をアナウンスし,それを受けて企業が第2ステージにR&D投資水準を,第3ステージに生産量を決定する.Spencer and Brander (1983) では輸出補助金とR&D補助金を同時に考慮し,両者の最適水準の組み合わせを導出することに主眼をおいていたが,第3節ではR&D補助金のみに焦点を当てる.最後に,第4節で本章をまとめることにする.

## 2 輸出補助金モデル

自国労働者管理 (LM) 経済に位置するLMFと相手国利潤最大化 (PM) 経済におけるPMFは差別化された財 $x^1$ と $x^2$ をそれぞれ生産し,第3国市場への輸出で互いに争っているものとしよう.今,逆需要関数

$$p^i = p^i(x^1, x^2) \quad i = 1, 2$$

は2回連続微分可能であり,

$$p_i^i < 0$$
$$p^i + p_i^i x^i + s^i > 0$$
$$p_i^i + p_{ii}^i x^i < 0$$
$$p_{ii}^i \geqq 0$$
$$p_j^i < 0 \quad i, j = 1, 2 ; i \neq j$$
$$p_j^i + p_{ij}^i x^i < 0$$
$$p_{ij}^i \geqq 0$$

が満たされているとする.ただし,$s^i$ は輸出補助金を示し,スーパースクリプトは自国及び相手国に関する変数及び関数を意味する.他方,サブスクリプト

はそれに対応する変数に関して偏微分を行っていることを意味する。最後に、ここで用いる生産関数

$$x^i = f^i(l^i)$$

は，雇用量 $l^i$ に関して1階導関数はプラス，2階導関数はマイナス

$$f^{i\prime} > 0$$
$$f^{i\prime\prime} < 0$$

であるという通常の性質をもっているものとする。以上の仮定により，通常の調整過程におけるクールノー＝ナッシュ均衡の安定条件，最大化のための2階の条件，及び内部解の存在が保証される。

以上を踏まえ，まずこのゲームの最後の第2ステージにおける企業の雇用量，ひいては生産量の決定問題から取り掛かろう。自国における LMF は $s^1$ 及び $l^2$ を所与として以下の最大化問題を解く。

$$\max y^1 = \frac{p^1(x^1, x^2)x^1 - K^1 + s^1 x^1}{l^1}$$

ただしここで，$K^i(i=1,2)$ は固定費用である。他方，相手国における PMF は，同様に $s^2$ 及び $l^1$ をパラメータとして，以下の最大化問題を解く。

$$\max \pi^2 = p^2(x^1, x^2)x^2 - wl^2 - K^2 + s^2 x^2$$

ただし，$w$ は相手国労働市場における賃金率を意味する。このゲームの均衡は次の2つの式により与えられる。つまり LMF における労働者1人当たり所得 $y^1$ と PMF の利潤 $\pi^2$，それぞれの最大化のための1階の条件は

$$y_1^1 = \frac{(p^1 + p_1^1 x^1 + s^1)f^{1\prime} - y^1}{l^1} = 0 \tag{1}$$

及び

$$\pi_2^2 = (p^2 + p_2^2 x^2 + s^2)f^{2\prime} - w = 0 \tag{2}$$

である[3]。そのうえで (1)，(2) 式をそれぞれ $l^1$，$l^2$，$s^1$，及び $s^2$ に関して全微分し行列表示すると，(3) 式が得られる。

$$\begin{bmatrix} y^1_{11} & y^1_{12} \\ \pi^2_{21} & \pi^2_{22} \end{bmatrix} \begin{bmatrix} dl^1 \\ dl^2 \end{bmatrix} = \begin{bmatrix} -y^1_{1s^1} \\ 0 \end{bmatrix} ds^1 + \begin{bmatrix} 0 \\ -\pi^2_{2s^2} \end{bmatrix} ds^2 \qquad (3)$$

where $y^1_{11} = \dfrac{(p^1_{11}x^1 + 2p^1_1)(f^{1\prime})^2 + (p^1 + p^1_1 x^1 + s^1)f^{1\prime\prime}}{l^1} < 0$

$y^1_{12} = \dfrac{p^1_2\left(f^{1\prime} - \dfrac{x^1}{l^1}\right) + p^1_{12}f^{1\prime}x^1}{l^1} f^{2\prime} > 0$

$\pi^2_{21} = (p^2_1 + p^2_{21}x^2)f^{1\prime}f^{2\prime} < 0$

$\pi^2_{22} = (p^2_{22}x^2 + 2p^2_2)(f^{2\prime})^2 + (p^2 + p^2_2 x^2 + s^2)f^{2\prime\prime} < 0$

$y^1_{1s^1} = \dfrac{f^{1\prime} - \dfrac{x^1}{l^1}}{l^1} < 0$

$\pi^2_{2s^2} = f^{2\prime} > 0$

この (3) 式を用いて比較静学を行うことにより，両企業の最適雇用量 $l^1$, $l^2$ と両企業への輸出補助金 $s^1$, $s^2$ との依存関係が次のように明らかになる．

$$l^1 = l^1(\underset{-}{s^1}, \underset{+}{s^2}) \ ; \quad l^2 = l^2(\underset{+}{s^1}, \underset{+}{s^2}) \qquad (4)$$

変数下の符号はその変数に関する偏導関数の符号を意味する．以上の結果の解釈については LMF に特徴的に見られる "perverse" な行動を思い起こすことにより，よりよく理解できると思われる．すなわち財価格が上昇するとき，LMF は雇用量を削減し，その過程で労働者 1 人当たり所得は価格上昇による直接的な上昇以上の水準にまで引き上げられる．ここでの分析結果も同様に，補助金水準の上昇により雇用量は削減され ($\partial l^1/\partial s^1 < 0$)，その際，1 人当たり所得が増加する ($\partial y^1/\partial s^1 > 0$)．LMF における雇用量削減による生産量低下は，第 3 国市場における財価格上昇をもたらす．そのため，相手国の PMF は雇用量，生産量を増やし，輸出量を増大しようとするであろう ($\partial l^2/\partial s^1 > 0$)．またその際，PMF の利潤は増大する ($\partial \pi^2/\partial s^1 > 0$)．

他方 PMF に対する補助金水準の引き上げは利潤を高めることによって ($\partial \pi^2/\partial s^2 > 0$)，PMF による雇用量の増大 ($\partial l^2/\partial s^2 > 0$)，その結果として生産量増加，輸出促進につながる．このことは第 3 国市場の価格を低下させるが，このとき，先の価格上昇時の LMF に関する議論を逆転させれば，PMF と同様，

LMF に対しても輸出促進に作用することがわかる ($\partial l^1/\partial s^2 > 0$). その際, 今度は1人当たり所得は減少しているはずである ($\partial y^1/\partial s^2 < 0$). 補助金水準の変化が, 労働者1人当たり所得, 及び利潤に与える効果は, (4)式を LMF, PMF の目的関数に代入し微分することにより, 容易に導き出すことができる. すなわち (4) 式を用いて, 目的関数を

$$y^1(s^1, s^2) = \frac{p^1(f^1(l^1(s^1, s^2)), f^2(l^2(s^1, s^2))) f^1(l^1(s^1, s^2))}{l^1(s^1, s^2)} - \frac{K^1 - s^1 f^1(l^1(s^1, s^2))}{l^1(s^1, s^2)}$$

及び

$$\pi^2(s^1, s^2) = p^2(f^1(l^1(s^1, s^2)), f^2(l^2(s^1, s^2))) f^2(l^2(s^1, s^2)) \\ - w l^2(s^1, s^2) - K^2 + s^2 f^2(l^2(s^1, s^2))$$

のように書き換え, $s^1$ 及び $s^2$ に関する導関数の符号を確かめればよい. 春名 (1995) では本章の記号で言えば, $\partial y^1/\partial s^1$, $\partial \pi^2/\partial s^2$ の符号がともに不確定になっているが, それぞれ計算過程で得られる2つの項の通分を怠ったことによる誤りと思われる. ここでは先を急ぐ.

次に, 両国政府が補助金政策を実施するかどうかのインセンティブを検討する. ゲームの第2ステージの結果を踏まえ, 第1ステージにおいて, 輸出国政府は, それぞれの国の経済厚生, すなわち

$$W^1(s^1, s^2) = \left( y^1(s^1, s^2) - \frac{s^1 f^1(l^1(s^1, s^2))}{l^1(s^1, s^2)} \right) l^1(s^1, s^2) \tag{5}$$

$$W^2(s^1, s^2) = \pi^2(s^1, s^2) - s^2 f^2(l^2(s^1, s^2)) \tag{6}$$

を最大にするように, 輸出補助金水準を決定する. $W^1$ は LMF の付加価値から補助金総額を差し引いたもの, $W^2$ は PMF の利潤から, 同様に補助金総額を差し引いたもの, として定義されている. まず (5) 式を $s^1$ で微分することにより, 次式 (7) が得られる.

$$W_1^1 = \frac{p^1 x^1 - K^1}{l^1} l_1^1 + l^1 y_2^1 l_1^2 - s^1 l_1^1 \left( f^{1\prime} - \frac{x^1}{l^1} \right) < 0 \tag{7}$$

(7) 式の値 $W_1^1$ はここでの仮定からマイナスであることが確かめられる. しか

も $s^1=0$ で評価しても，この値は依然としてマイナスであり，このことは補助金がマイナス水準にまで引き下げられるであろうことを意味する．すなわち，自国政府の LMF に対する最適輸出補助金は (8) 式のようにマイナスの水準でなければならない．

$$s^1 = \frac{\frac{p^1 x^1 - K^1}{l^1}l_1^1 + l^1 y_2^1 l_1^2}{l_1^1 \left(f^{1\prime} - \frac{x^1}{l^1}\right)} < 0 \tag{8}$$

このように自国政府は，相手国政府の採る政策にかかわらず，自国の LMF に対してマイナスの輸出補助金，つまり輸出税を課す一方的インセンティブをもちうる．次に (6) 式から同様にして (9) 式を得る．

$$W_2^2 = \pi_1^2 l_2^1 - s^2 f^{2\prime} l_2^2 < 0 \tag{9}$$

これもマイナスとなり，また $s^2=0$ においてもマイナスである．それゆえ，補助金はマイナス水準でなければならない．

$$s^2 = \frac{\pi_1^2 l_2^1}{f^{2\prime} l_2^2} < 0 \tag{10}$$

このようにして相手国政府も自国政府と同様に輸出税を課す一方的インセンティブをもちうるのである．

そもそも Brander and Spencer (1985) は第 3 国市場における PMF 同士の対称的複占のセッティングで，それぞれ本国政府が企業に輸出補助金を支出する一方的インセンティブをもつことを明らかにした．しかし，上で見たように LMF・PMF 間の混合複占のセッティングでは，両国政府が企業に輸出税を課す一方的インセンティブをもっており，非対称的複占のセッティングにもかかわらず，対称的結果が得られたのはパラドキシカルと言える．

Mai and Hwang (1989), Okuguchi (1991) は基本的に本章の第 2 ステージにおける比較静学分析に終始しており，第 1 ステージにおける政府による最適補助金水準導出については十分に議論が尽くされていない[4]．前に述べた通り，LMF は価格上昇により生産量を減少させるという意味で "perverse" であることを思い起こせば，LMF に対する補助金増加が LMF の輸出量を減少させること自体は，実はさほど意外なことではない．もちろんこのことは $f^{1\prime\prime}<0$

という生産関数の形状に関する前提の下で，労働の限界生産物がその平均生産物を下回ることによって引き起こされており，全く同一の原理がここでも作用しているのである．それが輸出振興のため自国政府に輸出税課税をアナウンスさせる理由となっている．もっとも，そのとき相手国政府まで輸出税徴収というインセンティブをもつことは確かにパラドキシカルではあるが．

以上の Mai and Hwang (1989)，Okuguchi (1991) における問題点を指摘したのは岡村・二神 (1993) である[5]．そこでは，2国それぞれの等厚生曲線を用いて，2国政府による輸出税課税のインセンティブ導出を説明している．本章では (8)，(10) 式により彼らの結論を確認したが，ただ，(10) 式はともかく，(8) 式の $s^1$ が LM 経済にとって最適な貿易政策を意味しているかどうかについては実はこの段階ではまだ断定できず，保留せざるをえない．その理由については Ireland and Law (1982)，Law and Stewart (1983) においてすでに論じられている．そこでは，クールノー競争下において LMF と PMF が1市場に共存する混合複占の状況が扱われている．2企業の PMF からなる純粋複占ではシュタッケルベルク不均衡が生じるのに対し，混合複占では PMF は好んでリーダーになろうとし，他方で LMF はフォロアーになりうることが示され，シュタッケルベルク均衡の実現が示唆されている．なぜなら，PMF にとって，フォロアー，ナッシュ均衡，リーダーの順に利潤が増大するのに対し，LMF にとっては，ナッシュ均衡のときに1人当たり所得が最も低くなるが，リーダーとフォロアーのときとではどちらが所得がより高いかは，両企業の反応曲線と1人当たり所得に関する等量曲線の形状に依存するため一概に言えないからである[6]．つまり岡村・二神は，LMF にリーダーとしての優位性を与えるため LM 経済の政府が輸出税を課す（反応曲線を右側へシフトさせる），と結論付けたが，本来，LM 経済においてはフォロアーがリーダーより望ましいという可能性が残されており，もしそうであるならば，政府は特定の貿易政策にコミットするよりも自国の企業に関する反応曲線をシフトさせない方が，経済厚生最大化の観点から望ましいかもしれない．

しかし，少なくとも補助金を支出しようとするインセンティブはないことは確かである．例えば図 7.1 では，LMF がフォロアー，PMF がリーダーになるとき実現する雇用量の組を示す点 A の方が，LMF がリーダーになるときの点

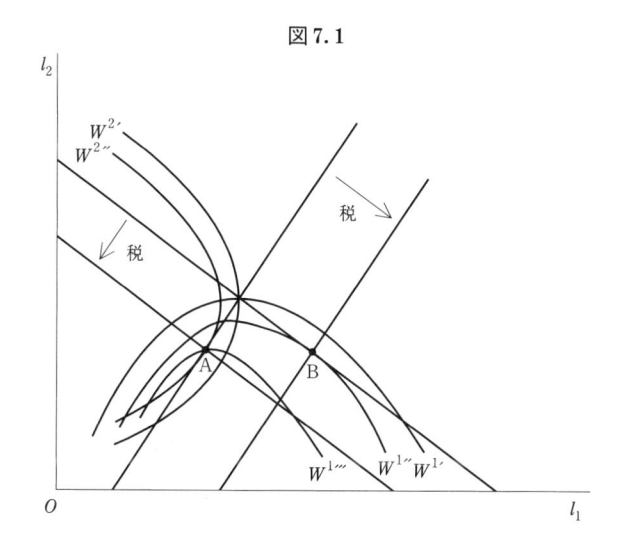

第7章　国際混合複占下における輸出と研究開発補助金の役割　　139

図 7.1

[図：縦軸 $l_2$、横軸 $l_1$ の反応曲線図。$W^{2\prime}$、$W^{2\prime\prime}$、$W^{1\prime}$、$W^{1\prime\prime}$、$W^{1\prime\prime\prime}$ の等厚生曲線と、点 A、B、および「税」の矢印が示されている。]

B よりも高水準の経済厚生を得ている（$W^{1\prime\prime\prime} > W^{1\prime\prime}$）。しかもそこでは LMF，PMF ともにナッシュ均衡時の厚生水準 $W^{1\prime}$ と $W^{2\prime}$ を上回っている。このとき補助金支給により LMF の反応曲線を左側へシフトさせることはナンセンスである。他方，$W^{1\prime\prime\prime} < W^{1\prime\prime}$ のときは岡村・二神の主張が妥当し，LMF がリーダーとなる。

そこで以下の命題が成立する．

**命題 1：** PM 経済の政府は自国企業に輸出税を課す一方的インセンティブをもつ．これに対し，LM 経済の政府は輸出税を課すかゼロにするかは一概に言えないが，少なくとも補助金を支出するインセンティブは存在しない．

## 3　R＆D 補助金モデル

前節では混合複占における輸出補助金問題を取り上げた．しかし，そこで次のような疑問が生じてくる．政府が自らの企業の国際市場におけるシェアを高めるため特定の貿易政策にコミットするということは，現実問題としてあまりに直接的であるために多くの困難を伴うのではないか．もし政府がそのような

政策を実施しようとするならば，その政策は他の輸出国の犠牲において自国企業のシェア拡大を図るという意味でアンフェアであり，一種の近隣窮乏化政策として，他国からの批判を免れえないであろう。むしろ政府が企業のR＆D活動に対して補助金を支給するというやり方の方が間接的であり，その意味で現実的と言えるかもしれない。以下，この問題を取り扱い本節のモデルをR＆D補助金モデルと呼ぶことにする。

輸出補助金モデルと同様に2つの輸出国政府がそれぞれの国に位置する唯一の企業LMFとPMFに補助金を支出するが，それは輸出振興に対してというよりも，むしろR＆D活動に対してなされる。両企業は不完全代替財を第3国向けにのみ生産する。この点は前節での想定と同様である。ただここでは，自国LMFの収入，及び相手国PMFの収入をそれぞれ

$$R^1(l^1, l^2; X^1)$$

及び

$$R^2(l^1, l^2; X^2)$$

と表すことにする。$X^i(i=1,2)$ はそれぞれLMF，PMFのR＆D投資を意味する。これら関数については以下の仮定をおく。

$$\begin{aligned}
&R^i_i < 0; \quad R^i_{ii} < 0 \quad i = 1, 2 \\
&R^i_j < 0; \quad R^i_{ij} < 0 \quad i, j = 1, 2; i \neq j \\
&R^i_{X^i} > 0; \quad R^i_{iX^i} > 0
\end{aligned} \quad (11)$$

及び

$$R^1_2 - R^1_{12} l^1 < 0; \quad R^1_{X^1} - R^1_{1X^1} l^1 > 0^{7)} \quad (12)$$

まず始めに，最後の第3ステージにおける雇用量の決定から分析する。LMFは自らのR＆D投資 $X^1$ 及び $s^1$ と $l^2$ を所与として，1人当たり所得

$$y^1 = \frac{R^1(l^1, l^2; X^1) - (v^1 - s^1)X^1}{l^1}$$

を最大にするよう雇用量 $l^1$ を選ぶ。他方で，PMFも同様にR＆D投資 $X^2$，

## 第7章 国際混合複占下における輸出と研究開発補助金の役割　　141

$s^2$, 及び $l^1$ を所与としながら，利潤

$$\pi^2 = R^2(l^1, l^2 ; X^2) - wl^2 - (v^2 - s^2)X^2$$

を最大にするよう雇用量 $l^2$ を決定する．ただし，$v^i(i=1,2)$ はそれぞれ LMF, PMF の R＆D 1 単位当たり費用を示すものとする．労働者1人当たり所得及び利潤の最大化のための1階の条件はそれぞれ以下の (13)，(14) 式によって示される．

$$y_1^1 = \frac{R_1^1 - y^1}{l^1} = 0 \tag{13}$$

及び

$$\pi_2^2 = R_2^2 - w = 0 \tag{14}$$

(13), (14) 式は雇用量に関するナッシュ均衡を構成する．この均衡から LMF, PMF の最適雇用量が R＆D 投資 $X^1, X^2$ と，ある種の関数関係にあることが導き出せる．そこで，R＆D 投資の変化が雇用量に与える効果を検討するために，(13)，(14) 式を全微分し，整理したものが (15) 式である．

$$\begin{bmatrix} y_{11}^1 & y_{12}^1 \\ \pi_{21}^2 & \pi_{22}^2 \end{bmatrix} \begin{bmatrix} dl^1 \\ dl^2 \end{bmatrix} = \begin{bmatrix} -y_{1X^1}^1 \\ 0 \end{bmatrix} dX^1 + \begin{bmatrix} 0 \\ -\pi_{2X^2}^2 \end{bmatrix} dX^2 \tag{15}$$

where $y_{11}^1 = \dfrac{R_{11}^1}{l^1} < 0$

$$y_{12}^1 = -\frac{R_2^1 - R_{12}^1 l^1}{(l^1)^2} > 0$$

$$y_{1X^1}^1 = -\frac{R_{X^1}^1 - R_{1X^1}^1 l^1 - (v^1 - s^1)}{(l^1)^2} \gtreqless 0 \tag{16}$$

$$\pi_{21}^2 = R_{21}^2 < 0$$

$$\pi_{22}^2 = R_{22}^2 < 0$$

$$\pi_{2X^2}^2 = R_{2X^2}^2 > 0$$

(16) 式の符号はここでの仮定からは，本来であれば不確定であるが，以下のように場合分けして考えよう．すなわち，$v^1$ が十分に大きいとき（ケース1）にはプラス，そうでないとき（ケース2）にはマイナスになるとする．LMF,

PMF，それぞれの $l^1$，及び $l^2$ について解き，(15)式の比較静学の結果を用いることによって，ゲームの第3ステージにおける解を以下のように示しうる．

$$l^1 = l^1(X^1, X^2) \, ; \quad l^2 = l^2(X^1, X^2)$$
$$\phantom{l^1 = l^1(}?\phantom{^1,} +\phantom{X^2)} \quad \phantom{l^2 = l^2(}?\phantom{^1,} +$$

ただし，前述の場合分けに基づけばケース1，ケース2，それぞれに応じて

$$l_1^1 = \frac{\partial l^1}{\partial X^1} > (<) 0 \, ; \quad l_1^2 = \frac{\partial l^2}{\partial X^1} < (>) 0$$

である．特に後者のケース2における比較静学の結果は

$$l^1 = l^1(X^1, X^2) \, ; \quad l^2 = l^2(X^1, X^2)$$
$$\phantom{l^1 = l^1(}-\phantom{^1,} +\phantom{X^2)} \quad \phantom{l^2 = l^2(}+\phantom{^1,} +$$

となり，前節輸出補助金モデル第2ステージにおける比較静学の結果とパラレルになっている．つまり輸出補助金モデルにおける輸出補助金の果たす役割は，ここで言うR＆D投資のそれにちょうど対応しているのである．

次に本節R＆D補助金モデルの第2ステージにおいて両企業は以下の目的関数を最大にするように，R＆D投資水準を選択する．

$$B^1(X^1, X^2 \, ; s^1) = \frac{R^1(l^1(X^1, X^2), l^2(X^1, X^2), X^1) - (v^1 - s^1)X^1}{l^1(X^1, X^2)} \quad (17)$$

$$B^2(X^1, X^2 \, ; s^2) = R^2(l^1(X^1, X^2), l^2(X^1, X^2), X^2) - wl^2(X^1, X^2)$$
$$- (v^2 - s^2)X^2 \quad (18)$$

ここでは $s^i (i=1,2)$ は政策変数であり，所与として扱われる．このステージのナッシュ均衡は以下の1階の条件式によって与えられる[8]．

$$B_1^1 = y_2^1 l_1^2 + y_{X^1}^1 = 0 \quad (19)$$
$$B_2^2 = \pi_1^2 l_2^1 + \pi_{X^2}^2 = 0 \quad (20)$$

(19)，(20)式を全微分することによって以下の式を得る．

$$\begin{bmatrix} B_{11}^1 & B_{12}^1 \\ B_{21}^2 & B_{22}^2 \end{bmatrix} \begin{bmatrix} dX^1 \\ dX^2 \end{bmatrix} = \begin{bmatrix} -1/l^1 \\ 0 \end{bmatrix} ds^1 + \begin{bmatrix} 0 \\ -1 \end{bmatrix} ds^2$$

また，そこでは以下の仮定をおく．

$$B_{11}^1 = \frac{\partial y_2^1}{\partial X^1} l_1^2 + y_2^1 l_{11}^2 + \frac{\partial y_{X^1}^1}{\partial X^1} < 0$$

$$B_{12}^1 = \frac{\partial y_2^1}{\partial X^2} l_2^2 + y_2^1 l_{12}^2 + \frac{\partial y_{X^1}^1}{\partial X^2} < 0$$

$$B_{21}^2 = \frac{\partial \pi_1^2}{\partial X^1} l_1^1 + \pi_1^2 l_{21}^1 + \frac{\partial \pi_{X^2}^2}{\partial X^1} < 0$$

$$B_{22}^2 = \frac{\partial \pi_1^2}{\partial X^2} l_2^1 + \pi_1^2 l_{22}^1 + \frac{\partial \pi_{X^2}^2}{\partial X^2} < 0$$

$B_{ii}^i (i=1,2)$ は最大化のための2階の条件よりマイナスでなければならないが,ここでは $B_{ij}^i (i,j=1,2 ; i \neq j)$ もマイナスと仮定している.このようであるとき上記の比較静学を行うと,$X_i^i \equiv \partial X^i / \partial s^i > 0$,$X_j^i \equiv \partial X^i / \partial s^j < 0$ であり,自国R&D補助金の変化は自国R&D投資にプラスの効果,相手国R&D投資にマイナスの効果を与えることが示される.

これでようやく,政府の補助金支出に対するインセンティブを論じる準備が整ったことになる.ゲームの第1ステージで自国及び相手国政府が,それぞれの国の経済厚生,すなわちLMFをもつ自国政府にとっては

$$W^1(s^1, s^2) = B^1(X^1(s^1,s^2), X^2(s^1,s^2), s^1) \cdot l^1(X^1(s^1,s^2), X^2(s^1,s^2)) \\ - s^1 X^1(s^1, s^2)$$

PMFをもつ相手国政府にとっては

$$W^2(s^1, s^2) = B^2(X^1(s^1,s^2), X^2(s^1,s^2), s^2) - s^2 X^2(s^1, s^2)$$

をそれぞれ最大にするようにR&D補助金水準を選択する.そこでは $X^i = X^i(s^1, s^2) (i=1,2)$ は第2ステージにおける解を表している.

まず自国R&D補助金が自国経済厚生に及ぼす影響は

$$W_1^1 = B_2^1 X_1^2 l^1 + \frac{R^1 - v^1 X^1}{l^1} \frac{\partial l^1}{\partial s^1} + s^1 \left( \frac{X^1}{l^1} \frac{\partial l^1}{\partial s^1} - X_1^1 \right) \tag{21}$$

である.ただし $B_2^1$ は(17)式の $X^2$ に関する導関数のことであり

$$\frac{\partial B^1}{\partial X^2} = \frac{\partial y^1}{\partial l^2} \frac{\partial l^2}{\partial X^2} \equiv y_2^1 l_2^2 < 0$$

となる.しかしながら(21)式の符号は確定しない.さらに,$s^1=0$ においても依然として不確定に留まる.それゆえ,与えられた仮定の下で,R&D補助金

$s^1$ がプラスであるかどうかを確定することはできない．同様に，相手国Ｒ＆Ｄ補助金が相手国経済厚生に及ぼす影響について見てみよう．すなわちそれは

$$W_2^2 = B_1^2 X_2^1 - s^2 X_2^2 \tag{22}$$

で確かめられる．ただし $B_1^2$ は (18) 式の $X^1$ に関する導関数

$$\frac{\partial B^2}{\partial X^1} = \frac{\partial \pi^2}{\partial l^1} \frac{\partial l^1}{\partial X^1} \equiv \pi_1^2 l_1^1$$

である．そのとき最適補助金水準は (22) 式をゼロとおくことにより

$$s^2 = \frac{B_1^2 X_2^1}{X_2^2}$$

に定まる．したがって $s^2$ の符号は，ケース１が適用されるときには $l_1^1 > 0$ であるから $B_1^2 < 0$ となりプラス，ケース２が適用されるときには $l_1^1 < 0$ であるから $B_1^2 > 0$ となりマイナスになる．これは，相手国政府はPMFに対して，LMFのＲ＆Ｄ単位当たり費用 $v^1$ が相対的に高水準であれば，Ｒ＆Ｄ補助金を支出する一方的インセンティブをもち，他方でそのＲ＆Ｄ単位当たり費用が低ければＲ＆Ｄ投資税を課す一方的インセンティブをもつことを意味する．このように相手国政府がPMFのＲ＆Ｄ活動に対して補助金あるいは課税のどちらを選ぶのかは，LMFのＲ＆Ｄ単位当たり費用水準の相対的高さに依存している．特に後者のケースは，Ｒ＆Ｄ補助金が前節の輸出補助金モデルにおける輸出補助金と同等の効果を諸変数に及ぼしている．ゆえに，以下の命題を得る．

**命題２：** LM経済の政府が設定するＲ＆Ｄ補助金水準については一概に言えないが，PM経済の政府が設定するＲ＆Ｄ補助金水準についてはLM企業のＲ＆Ｄ１単位当たり費用が十分に高ければプラス，そうでなければマイナスになる．

両企業ともにPMFであるSpencer and Brander モデルにおいては，相手企業のＲ＆Ｄ投資の増加が自国企業の利潤に対する効果を増加する場合に，相手国政府はＲ＆Ｄ投資税を課すことになる．そこでは，ここでの記号で言えば $B_{12}^1$ について場合分けをし，それがプラスのとき $X_2^1$ がマイナスになってい

たが，$I_1^1$ はプラス以外になりえず，そのため $\pi_1^2<0$ の下で $B_1^2$ は必ずマイナスの値をとっていた．これが彼らによる，Ｒ＆Ｄ活動に対する課税導出のための根拠になっていた．これに対して，本章では $B_{12}^1$ はマイナスに限定し，むしろ $B_1^2$ の符号の方を，ケース１のとき $I_1^1>0$ よりマイナス，ケース２のとき $I_1^1<0$ よりプラスとして，場合分けした．それゆえケース２のときに相手国政府による課税のインセンティブを引き出すことができた．彼らのモデルのように $B_{12}^1$ に関して場合分けをせずとも本章でこの可能性を導き出すことができたのは，混合複占を扱ったからである．

## 4　むすび

　本章では，２つの輸出国にそれぞれ位置する労働者管理（LM）企業と利潤最大化（PM）企業が，企業の存在しない第３国市場において争っている２種類の国際複占モデルを取り扱った．１つは政府が輸出促進のため自国の企業に補助金を支出するというものであり，もう１つは政府が自国の企業にＲ＆Ｄ活動に対して補助金を支出するというモデルである．

　最初のモデルにおいて，PM経済の政府が自国企業に対して輸出税を課す一方的インセンティブをもつことを確認した．しかしLM経済の政府にとってそのような一方的インセンティブを見出すことはできなかったが，少なくとも補助金を支出するインセンティブはもたないことが確かめられた．

　次のモデルにおいては，LM経済の政府にとって，Ｒ＆Ｄ投資補助金を支出するか，あるいはＲ＆Ｄ投資税を課すか，どちらかの一方的インセンティブを導出することはできなかった．しかしPM経済の政府にとっては，LMFのＲ＆Ｄ投資１単位当たり費用が十分に高いかどうかに依存して補助金と課税を決定するインセンティブをもつことが明らかとなった．

注

1) 本来，両国にとってＲ＆Ｄ投資税が最適である．なぜならＲ＆Ｄ投資補助金に誘因付けられた輸出増加は，財価格低下を招き，結局，第３国を利するだけだからである．もし政府が輸出とＲ＆Ｄに関する２つの政策手段を有して

いるならば，一方で，政府は輸出補助金を通じて輸出拡大を余儀なくさせられながらも，他方でR&D投資税を課すことにより，生産効率を回復させることが可能になる．
2) 例えば，小宮 (1989) 等を参照のこと．
3) $(l^1, l^2)$ 平面において，(2) 式より PMF の反応曲線は通常右下がりになるのに対し，(1) 式により LMF の反応曲線は右上がりになる．このような PMF とは異なる反応曲線をもつ LMF の特徴は，Vanek (1970) によりすでに明らかにされていたが，彼が扱ったのは，LMF のみによって構成されたクールノー複占である．
4) より正確に言えば，Mai and Hwang (1989) において，LM 経済の政府による自国企業への輸出補助金が PM 経済の厚生 (＝利潤) 及び輸入国である第3国の厚生のそれぞれに与える効果については少なくとも検討されている．
5) より発展させた理論の展開については Futagami and Okumura (1996) を参照のこと．
6) Law and Stewart (1983) の目的は，需要関数と生産関数を特定化し，シュタッケルベルク均衡成立のための条件を導出することであった．
7) 仮定 (12) はいくつかの方法で正当化しうる．例えば，1つには LMF に対する逆需要関数を以下のように特定化することである．

$$p^1 = a - \beta x^1 - \gamma x^2 + \delta X^1 - \varepsilon X^2$$

このとき LMF の収入は

$$R^1 = (a - \beta f^1(l^1) - \gamma f^2(l^2) + \delta X^1 - \varepsilon X^2) f^1(l^1)$$

であり，このとき (12) 式は

$$R_2^1 - R_{12}^1 l^1 = \gamma f^{2\prime} l^1 \left( f^{1\prime} - \frac{x^1}{l^1} \right) < 0 \; ; \; R_{X^1}^1 - R_{1X^1}^1 l^1 = \delta l^1 \left( \frac{x^1}{l^1} - f^{1\prime} \right) > 0$$

と書き換えられ，仮定 (12) の符号をともに満たしていることが確認できる．
8) ここで指摘しておくべきことは，内部解を仮定すると，$\pi_1^2 < 0$, $l_2^1 > 0$ より (20) 式において $\pi_{X^2}^2$ はプラスでなければならなくなるということである．このことは，PMF にとって $R_{X^2}^2$ 及び $s^2$ に比して相対的に大きな $v^2$ は負担しきれないことを意味する．しかしながら，LMF にとって，このことは問題とはならない．なぜなら，仮定よりケース1のときには (19) 式の第1項はプラスで $y_{X^1}^1$ はマイナスになり，他方ケース2においては第1項はマイナス，$y_{X^1}^1$ はプラスになるからである．

# 第8章 労働者管理企業・利潤最大化企業間における数量競争と価格差別化

## 1 はじめに

　もし完全競争下において自国経済厚生を引き上げようとするならば，まず考えられることは，輸入税の賦課等による貿易量の制限である．なぜならそれによって交易条件が自国に有利化するからである．しかしここで問題が1つある．それは実はこれ以外に貿易均衡点を自国のより高い貿易無差別曲線上へと移動させる方法が存在しないことである．そしてそのとき，他方において他国の経済厚生は必ず悪化する．もし同じ状況下で輸出補助金政策が実施されれば，上述のそれとは反対に，貿易量の拡大を通して交易条件が自国に不利化し，自国経済厚生は悪化，他国経済厚生は改善することになる[1]．

　しかし今度は政府による政策介入をより強調する意味で完全競争から寡占における競争へと想定を変更すると，そこでは輸出補助金の導入が自国企業のシェア拡大を促し，より一層の独占レント獲得をもたらすことにつながる．そしてもちろん自国経済厚生をも改善する．

　両者の違いは明瞭である．完全競争下では補助金の支給は自国経済厚生を悪化させたのに対し，寡占の競争下では自国経済厚生を改善するように作用している．しかもそこには議論にシェア拡大による独占レントの奪い合いという要素が入り込んでくる[2][3]．

　以上のような利潤最大化企業（PMF）同士間のモデルに対して，Mai and Hwang (1989) は一方の国に存在する企業を労働者管理企業（LMF）とすることによって，異なった行動様式を有する企業間における独占レント獲得に関するクールノー競争を分析の対象にした．そこでは自国労働者管理（LM）経済の

LMFに対する輸出補助金がかえって生産量を減少させる結果となり，相手国利潤最大化 (PM) 経済における PMF の生産量を増大させるというパラドキシカルなパフォーマンスを示すこととなった．しかしそれは両国においてともに国内消費を無視しうるものとし，第3国でのみ複占下にあるとの単純化をモデルに施したうえでのことである．

この議論を踏まえ，Horowitz (1991) においてもこの LMF・PMF 間における混合複占的競争状態を分析しようとするが，ただしそこにおいては，それぞれの企業は国外の第3国市場で互いにライバルとしてそのような競合関係にあっても[4]，他方，国内では独占企業として振る舞うと想定されている．つまりその結果，国内市場と第3国市場とでは同一財に関する価格差別化が実現することになる[5]．

この点は Brander and Spencer (1985) でも一部述べられている．そこではPMF のみがもっぱら扱われており，このとき費用関数が線型であるならば輸出補助金の存在は国内消費に全く影響を与えないことが示されている．後に明らかとなるように，本章のモデルに対しては以上の結論は当てはまらない．

ところで Horowitz (1991) の真の意図は，通常，LMF にとっての賃金率，PMF にとっての固定費用は，それぞれの操作変数に影響を及ぼしえないのにもかかわらず，簡単な複占のフレームワークを用いるとそれとは異なる結論を引き出しうることを示すことにあった．その目的は事実達せられているが，しかしそのモデルの LMF はいわゆる "perverse" な反応を示していない[6]．そこで本章ではその理由について明確にし，輸出補助金の効果についてもあわせて吟味することにしよう．

なお本章の構成は次の通りである．まず次節において Horowitz モデルを紹介しそこでの問題点として考えられる部分を指摘する．第3節では基本モデルを提示し，続く第 4, 5, および第 6 節ではそのモデルの特徴を検討する．最後に第 7 節で結論を要約する．

## 2  Horowitz モデル

はじめに Horowitz (1991) モデルをベンチマーク・ケースとして簡単に示し

ておく.これまで何度も見てきたように,LMFとPMFとでは企業目的が異なっている.PMFは一般的に利潤を最大化するように変数を決めているのに対し,LMFは労働者1人当たり所得を最大化するように諸変数が操作されることになる.ここでは若干想定を変更してLMF労働者は市場で決定される賃金率 $w$ に加え利潤分配をも受けるとし,そのためその分け前,つまり労働者1人当たり利潤を最大化の対象とするものとする.したがって(1)式の制約の下で以下の問題(A)が解かれる[7].

(A) $\max_{x,q} y = \dfrac{T(x+X)x + p(q)q - wl - K}{l}$
  s.t. $l = x + q$ (1)

$T(\cdot)$ は第3国市場における逆需要関数であり,その形状は $T'(\cdot)<0$, $T''(\cdot)=0$ とする.$x$ はLMFの第3国市場向け生産量,$X$ はPMFのそれに対応する.また $p(\cdot)$ はLM経済における逆需要関数であり,その形状は $p'(\cdot)<0$, $p''(\cdot)q + 2p'(\cdot) < 0$ とする.$q$ はLMFの自国市場への生産量である.先に登場したLMF労働者に対する貨幣賃金率 $w$ は以下PMFに対するものと共通するものとしよう.$l$ は労働者数を意味し,$K$ は固定費用を意味するが,この $K$ もPMFに関するものと同一であるとしよう.制約式(1)は労働係数を固定的に与えた,いわばレオンチェフ型生産技術のここでの想定を反映したものであり,さらに以下では期間を適当に調整することによって一般性を失うことなくその係数を1とおいている.ただし $x$ と $q$ は当該企業がどの市場に向けて輸出販売しているかによって区別しているだけであり,結局のところ同一の財であることに注意されたい.

さて次にPMFの解くべき問題は

(B) $\max_{X,Q} \pi = T(x+X)X + P(Q)Q - wL - K$
  s.t. $L = X + Q$ (2)

で与えられる.$Q$ はPMFの自国市場向け生産量であり,$P(\cdot)$ はPM経済における逆需要関数で,その形状は $P'(\cdot)<0$, $P''(\cdot)Q + 2P'(\cdot) < 0$ と仮定する.制約式(2)に関してはLMFのそれと同様の想定をここでもおいている.

表 8.1

|   | $K$ | $w$ | $p$ | $P$ |
|---|---|---|---|---|
| $x$ | + | + | − | 0 |
| $q$ | + | − | + | 0 |
| $X$ | − | − | + | 0 |
| $Q$ | 0 | − | 0 | + |

　このモデルにおける比較静学の結果は表8.1のようにまとめられる．本来，主体均衡においては，PMFにとっては$K$，LMFにとっては$w$，それぞれの変化によって何らその操作変数の値には影響を受けないはずであるが，Horowitzモデルでは第3国市場における他企業との競争を通じて間接的に影響を被ってくる．例えば$K$の上昇は直接的にPMFの生産量$X$には効果を与えないが，LMFにおいてはそのコスト上のプレッシャーからメンバー1人当たりの負担を減じようと，$x$と$q$をともに増加させる．これにより第3国での市場価格が下落し，それに応じてPMFの生産量$X$は減少する．また$w$の上昇についてはPMFの生産量$X$と$Q$の減少をもたらすが，それによって第3国での市場価格が上昇しLMFによるこの市場向けの生産量に影響を及ぼすことになる．表8.1では（$w\uparrow \Rightarrow X\downarrow$を通じての）この$T$の上昇に応じて$x$が増加し（$\partial x/\partial T>0$, したがって$\partial x/\partial w>0$），逆にLM経済への生産量$q$が減少している（$\partial q/\partial T<0$, したがって$\partial q/\partial w<0$）．これまでの各章で確認してきたように，通常，LMFは収穫逓減の領域において右下がりの供給曲線をもつことになるが，ここではPMFの生産量引き下げによって生じた第3国市場価格の上昇がLMFのこの市場向け生産量増加を招いている．同じことが表8.1の$\partial q/\partial p>0$の符号においても示されている．つまりこのモデルではPMFの同様の右上がりの供給曲線がLMFにも当てはまってしまい，LMFに特徴的な"perverse"なパフォーマンスが見られないのである．この結論は第3国市場における競争の効果がもたらしたものではない．実際の理由は，収穫逓減の仮定から離れて技術係数を一定としたことにある．この点に関しては後に第4節

で詳しく検討するが,まずそのための準備として次節で両タイプの企業,それぞれの制約式 (1) と (2) に変更を加えてみることにしよう.

## 3 基本モデル

本節では (1) 式,(2) 式に代えて

$$l = l(x+q) \quad \text{with} \quad l'(\cdot) > 0,\ l''(\cdot) > 0 \tag{3}$$
$$L = L(X+Q) \quad \text{with} \quad L'(\cdot) > 0,\ L''(\cdot) > 0 \tag{4}$$

をそれぞれ用いることとし,さらに輸出補助金をモデルのパラメータとして追加しよう.LMF に対する補助金は $s$,PMF に対するそれは $S$ と表示し区別される.このとき LMF の解くべき問題は (A) に代えて

$$(A')\quad \max_{x,q} y = \frac{\{T(x+X)+s\}x + p(q)q - wl(x+q) - K}{l(x+q)}$$

であり,他方,PMF については (B) から

$$(B')\quad \max_{X,Q} \pi = \{T(x+X)+S\}X + P(Q)Q - wL(X+Q) - K$$

と書き換えられる.そのとき 1 階の条件式は以下の 4 本である.

$$\frac{T'(x+X)x + T(x+X) + s}{l(x+q)} = \frac{(w+Y)l'(x+q)}{l(x+q)} \tag{5}$$

$$\frac{p'(q)q + p(q)}{l(x+q)} = \frac{(w+Y)l'(x+q)}{l(x+q)} \tag{6}$$

$$T'(x+X)X + T(x+X) + S = wL'(X+Q) \tag{7}$$
$$P'(Q)Q + P(Q) = wL'(X+Q) \tag{8}$$

このモデルにおける比較静学の結果は表 8.2 に示される.ここでは Horowitz モデルを説明する際に触れた $\partial x/\partial T$ および $\partial q/\partial p$ の符号がともに確定していない点に留意しながら,節を改め,以下,表 8.2 の結果について具体的に考察してみよう.

表8.2

|   | $K$ | $w$ | $T$ | $p$ | $P$ | $s$ | $S$ |
|---|---|---|---|---|---|---|---|
| $x$ | + | ? | ? | − | ? | ? | ? |
| $q$ | + | − | − | ? | − | − | + |
| $X$ | − | − | + | + | − | ? | + |
| $Q$ | + | − | − | − | + | ? | − |

## 4 価格差別化の役割

ここでの話の筋道をはっきりさせるために,当面,ライバルのいない状況を分析の対象とする.順番が後先になるが,PMFについてまず考えてみよう.問題 (B′) における第3国市場向けのLMFによる生産量 $x$ をゼロとしたときの目的関数 $\pi$ より $x=0$ の点における主体均衡条件 (7), (8) 式が導出されるが,これはまさしく差別独占のケースそのものを表している.すなわち独占企業が限界費用を異なった市場ごとの限界収入と一致させるように生産量が決定されている.国内市場価格 $P$ をパラメータと見立ててシフトさせてみると,(7),(8) 式よりそのときの $X$ と $Q$ に対する効果は

$$\frac{\partial X}{\partial P} = -\frac{wL''}{\Delta_\mathrm{P}} < 0 \tag{9}$$

$$\frac{\partial Q}{\partial P} = -\frac{2T' - wL''}{\Delta_\mathrm{P}} > 0 \tag{10}$$

where $\Delta_\mathrm{P} = (2T' - wL'')(2P' + P''Q) - 2T'wL'' > 0$

である.つまりここでのヘシアン $\Delta_\mathrm{P}$ の符号を考慮すると,価格の上昇した市場の方への生産量を増加させ,もう一方の相対的に価格の低下した市場の方へはむしろ生産量を減少させるという決定がなされることになる.

ここでさらに簡単化のため需要の価格弾力性 $e_i(i=1,2)$ が一定の下で話を進めよう.そこでは以下のように国内と第3国市場それぞれにおける限界収入

がともにある特定の限界費用の水準と等しくなっているとする．

$$T\left(1-\frac{1}{e_1}\right) = P\left(1-\frac{1}{e_2}\right) = MC \tag{11}$$

今，自国サイドの需要条件に変化が生じ $P$ が上昇する．その結果 (11) 式は

$$T\left(1-\frac{1}{e_1}\right) = MC < P\left(1-\frac{1}{e_1}\right) \tag{12}$$

に変更される．したがって再度，均衡回復のために $Q$ の増加が必要となる．そうすると国内市場における限界収入が低下する一方で限界費用は上昇し

$$T\left(1-\frac{1}{e_1}\right) < P\left(1-\frac{1}{e_2}\right) = MC \tag{13}$$

となる．さらにこのとき $X$ を減少させると，第3国市場の限界収入が上昇し限界費用は低下する．この結果 (13) 式から再び (12) 式の状態に戻る．このようにして適切に自国への生産量を増やし第3国への生産量を減らしていくと，もとの (11) 式のような均衡が回復される．

今度は問題 (A′) の目的関数 $y$ に立ち返って LMF について考える．ここでもやはり先と同様にして，当該企業にとっての1階の条件式 (5) と (6) から導かれる自国市場価格 $p$ に関する比較静学の結果が，第3国市場におけるライバルの生産量 $X$ をゼロとしたときに成立する以下の (14) 式と (15) 式において示される．

$$\frac{\partial x}{\partial p} = \frac{ql'(2p'+p''q)-(w+y)ll''}{l^3 \Delta_\mathrm{L}} < 0 \tag{14}$$

$$\frac{\partial q}{\partial p} = \frac{2T'(ql'-l)+(w+y)ll''}{l^3 \Delta_\mathrm{L}} \gtreqless 0 \tag{15}$$

$$\text{where } \Delta_\mathrm{L} = \frac{2T'\{2p'+p''q-(w+y)l''\}-(2p'+p''q)(w+y)l''}{l^2} > 0$$

十分高い生産量 $q$ の下においては，限界費用が平均費用を大きく上回っているであろうから，そこでの $ql'-l$ の値はプラスでかつかなり大きなものとなるはずである．もしそうであれば，(15) 式における $2T'(ql'-l)$ と $(w+y)ll''$ との2つの項の絶対値を比較したとき，前者が後者を上回るため $\partial q/\partial p<0$ となる可能性が高くなるであろう．もちろん生産水準が低く $ql'-l$ がマイナスで

あったならばこのときのこの効果はプラスになることは言うまでもないが，この種のケースについては仮定より排除される．ここでは少なくとも，市場価格が上昇した所への生産量に関しては符号は確定せず他方の市場へのそれは必ず減少する，とだけは言える．$ql'-l>0$ の項の効果により，符号が確定しなくなっているのである．

(15) 式において真に注目すべき点は，先に見た Horowitz モデルでは $ql'-l = q-(x+q) = -x$ であり，この項の符号がマイナスになっていたことである．本章での基本モデルでは特別な想定はおいていない．それでも符号は不確定どころかプラスと確定しており，その向きが逆転している．このことが本章のモデルを Horowitz のそれと分かつ要因となっている．Horowitz モデルでのセッティングにおける固定技術係数の想定は，特殊的かつ強すぎており，その結果，混合複占の特徴を大きく歪めてしまっている．したがって表8.1の諸結果は，価格差別的混合複占がもたらしたものというよりも，むしろ固定技術係数という特殊な想定にこそ（少なくとも部分的に）起因するとも言えるわけである．この意味でやはり問題であろう．

次に先の PMF についてなされたのと同様にして，(14)，(15) 式が示すここでの比較静学の結果について確認しておく．ここでも当初，需要の価格弾力性を一定とした上で

$$T\left(1-\frac{1}{e_1}\right) = p\left(1-\frac{1}{e_2}\right) = (w+y)\,l' \tag{16}$$

が成立していたとしよう．さて自国市場にプラスの需要シフトが生じると (16) 式は

$$T\left(1-\frac{1}{e_1}\right) < p\left(1-\frac{1}{e_2}\right) < (w+y)\,l' \tag{17}$$

へと変化する．$p$ の上昇より (17) 式の左側の不等号の向きは自明であるが，他方右側の不等式の成立については以下の理由による．$p$ の上昇は自国の限界収入を上昇させるが，このとき $y$ も上昇してしまう．そこで $1-1/e_2$ と $ql'/l$ の大小を調べてみると，仮定より収穫逓減のため後者は $ql'/l>1$ であるのに対して，前者に関しては $1>(1-1/e_2)>0$ である．つまり当該市場の限界収入よりも LMF にとっての，いわば限界費用ともいうべき $(w+y)\,l'$ の方がより大

きくなってしまうのである．このとき自国 LM 経済への生産量 $q$ を減少させれば，そこでの限界収入は上昇するが，他方で限界費用の変化に関して知るためには，$1-1/e_2 < ql'/l$ の効果により労働者の平均所得が増大するか，あるいは $l'' > 0$ より $l'$ が低下することによって減少するか，双方の相反する効果の大小をまず判定せねばならない．しかしこれについては上述の通り，ここでの仮定からは確定できない．その一方で第3国市場への生産量 $x$ を減少させたとき，そこでの限界収入は上昇し，両市場における限界収入は再度一致しうる[8]．このようにして $p$ の変化による $x$ と $q$ に対する効果の符号は，$x$ については必ずマイナスであるが $q$ については確定しないという (14), (15) 式の結果が確かめられた．

## 5　経済的意味

以上第4節で確認した点に留意しながら表 8.2 に戻ることにしよう．固定費用 $K$ の変化は先にも触れたように PMF の操作変数の値には影響を及ぼしえない．しかしながら LMF は $K$ の変化に対しては生産量をプラスに反応させるので，もし $K$ が上昇するのであればこの効果から第3国における市場価格が低下する．(9), (10) 式の結果より PMF は価格の上昇した市場に対しては生産量を増加させその他の市場に対しては減少させるのであったから，今の場合，価格の低下した第3国市場への生産量 $x$ は減少させ，他方自国市場へのそれ $q$ は増加させることになる．

対照的に，賃金率 $w$ の変化は LMF の変数決定の際に何ら影響を与えないはずであるが，その代わり $w$ の上昇により PMF 側が両市場に対して生産量を減少させることになる．このため第3国市場価格が上昇するが，これは (14), (15) 式より価格の上昇した市場（今のケースでは第3国市場）への生産量 $x$ に関しては確定せず，他方の市場（自国 LM 経済）への生産量 $q$ に関してマイナスの効果を有することがわかる．すなわち PMF は価格が上昇する市場へ生産量を増やし他市場へ生産量を減らすのであったから，今のケースでは第3国市場へは不確定，自国へは減少ということになる．

次に $p$ に関してであるが，これも上述の LMF についての議論と同様に，こ

の上昇した自国 LM 経済の市場価格によりその市場への生産量 $q$ に対する効果は確定しないが，他の第 3 国市場への生産量 $x$ が必ず減少すると言える．そのため第 3 国市場価格が上昇し，PMF はそれに合わせて第 3 国市場への生産量 $X$ を増加するが，相対的に不利になる自国 PM 経済への生産量 $Q$ は減少することになる．

$P$ に関しては，今度は PM 経済における市場価格が上昇すると考えるわけであるから PMF はその市場向けの生産量 $Q$ を増やし他方で第 3 国向けの輸出 $X$ を代わりに減らそうとするであろう．それによって第 3 国市場価格が上昇し，それを受けて LMF は自国への生産量 $q$ を減少させるが，第 3 国市場へのそれ $x$ はやはり先の理由により確定できない．

LMF への輸出補助金の効果は，当該企業にとっての第 3 国市場における需要シフトと同等のものであるから，このとき輸出量 $x$ に対する効果は確定しないが，自国 LM 経済向けのそれは減少させることになる．第 3 国への生産量の増減はここでは定かではないのであるから，当然そこでの市場価格も確定しない．したがって PMF の決定に関しても一概に言えない．もし LMF が第 3 国への生産量を増やすのであれば市場価格 $T$ が低下し，そのため PMF の第 3 国への生産量減少，自国 PM 経済への生産量増加がもたらされることになる．

ちなみに先に言及した Brander and Spencer (1985) の費用関数が線型のケースとは，ここでは $l''=L''=0$ に相当する．このとき

$$\frac{\partial q}{\partial s} = \frac{4xl'}{(p''q+2p')(3l+xl')} < 0$$

となり，LMF に対する輸出補助金が自国消費量に与える効果はゼロにはならず，むしろマイナスとなることがわかる．ただし PMF に対する輸出補助金が PM 経済消費量に与える効果は $\partial Q/\partial S = 0$ となるためここでもゼロである．

最後に PMF に対する輸出補助金の増額は第 3 国への輸出 $X$ を増大させ，自国 PM 経済への生産量 $Q$ を減らすよう作用する．その結果，第 3 国の市場価格は低下し，そのため LMF は LM 経済への生産量 $q$ を増加させるが，価格の低下する第 3 国市場への生産量 $x$ に関しては確定せずどちらとも言えない．

## 6 各国労働者及び消費者に対する諸効果

当該諸国の労働者はそれぞれ自国および第3国向けの生産量の合計に関心をもつであろう．なぜなら，もしこれが増加するのであれば，それに合わせて雇用量も増加するので，彼らの全体としての厚生も高まるとみなせるからである[9]．他方，当該諸国の消費者に関しては，もしそれぞれの国での消費量が増加するのであればそこでの市場価格が低下するであろうことから，そのとき彼らの厚生水準は変化前に比べて高まっていると考えられる．このような観点から先の表8.2の比較静学の結果を5つのグループについて整理し直したものが次の表8.3である．

表8.3

|  | $K$ | $w$ | $T$ | $p$ | $P$ | $s$ | $S$ |
|---|---|---|---|---|---|---|---|
| 労働者管理経済の労働者 | + | − | − | − | − | − | + |
| 利潤最大化経済の労働者 | − | − | + | + | + | ? | + |
| 労働者管理経済の消費者 | + | − | − | − | − | − | + |
| 利潤最大化経済の消費者 | + | − | − | − | − | ? | − |
| 第3国の消費者 | + | − | − | − | − | ? | + |

第3節の表8.2において，例えば $T$ ないし $p$ の $x$ および $q$ に対して与える効果に今一度注目すれば，そこではLMFは市場価格が上昇した市場ではその生産量に対する効果は確定せず，他市場においてはそこへの生産量を減少させるというものであったが，両市場への生産量の合計に対する効果については，先に触れたようにここでのLM経済における労働者の厚生とかかわってくる．すなわちパラメータの値が変化するとき，LMFによる総生産量 $x+q$ の反応の方向性はLMF労働者の雇用量の変化と同一であり，したがって表8.3におけるLM経済の労働者の行を横に読めばこの点が確認できる．実際，ここでのすべてのパラメータに関してその符号が確定する．

まず $K$ の増大は表 8.2 より $x$ と $q$ をともに増加させていることが確かめられるので，当然 LMF による総生産量は増大する．$w$ の上昇は $X$ の減少を通して $T$ の上昇を招くが，このとき表 8.2 の結果あるいは前節で触れた (14)，(15) 式に関する議論より明らかなように，$x$ に対する効果は不確定，$q$ に対するそれはマイナスである．ここで後者のマイナス効果が不確定な前者におけるプラス効果を超えているためトータルで生産量を減らしている．$T$ および $P$ の効果についても今の説明により自明であろう．$s$ の上昇については LMF に対してのみ第 3 国市場価格を引き上げること，ないしは LMF のコスト削減と同様の効果を果たすので，やはり $T$ と $P$ のケースと同様に (14)，(15) 式より $x$ に対する効果は不確定，$q$ に対してはマイナスとなるが，トータルではマイナスとなる．$p$ が上昇するときには，以上とは逆に第 3 国市場向けの生産量 $x$ に対する効果はマイナスと確定し，自国市場へのそれは不確定に留まることがすでにわかっている．そこで両効果を比較すると前者の効果が十分に大きいことにより総生産量を減少することになる．最後に $S$ の上昇の際には，$X$ の増加を通して $T$ の下落がもたらされるため，$x$ は不確定，$q$ は増加となり，トータルでは LMF の生産量増加を招くことになる．

　このように $x$ と $q$ の合計 $x+q$ に対する効果について検討すると，市場価格の上昇に対して総生産量を減少させるという LMF に特徴的な，いわゆる "perverse" な反応が見られ，供給曲線は右下がりであることが確認されうる．PMF 労働者，LM 経済消費者，PM 経済消費者，および第 3 国消費者についても同様に確かめられる．またそこでは $w$ の低下がすべてのグループの厚生水準を引き下げるように作用することにも注意されたい．

## 7　むすび

　労働者管理企業に対しては賃金率の変化が，そして利潤最大化企業に対しては固定費用が，それぞれの主体均衡における限界条件に全く影響を与えないことはよく知られている．Horowitz (1991) は第 3 国での両企業間の競争を通して生じる戦略効果を考慮することによって，この種の結果がどのように変更されるかを吟味した．そこでは同一の技術，同一の第 3 国市場価格，および同一

の賃金率に直面する両タイプの企業が，ともに自国では独占企業として振る舞いながらも，他方第3国では複占という変則的な差別独占の状況下にあるときの相互作用が分析対象とされた．

本章ではこのHorowitzモデルを終始取り扱い，その解釈と一般化に努めた．そこではHorowitzモデルにおける分析上の簡単化が暗黙裏に収穫一定の想定に結び付いていることの問題点をまず示し，これが彼のモデルにおける労働者管理企業をして利潤最大化企業のごとき右上がり供給曲線をもたらしめていることを指摘した．加えてその想定を一般化したときには労働者管理企業はHorowitzモデルのそれとは異なり，やはり右下がりの供給曲線を有することを明らかにした．

## 注

1) この点に関しては，伊藤・大山 (1985) 第6章，第7章を参照されたい．
2) この種の理論的研究としては，伊藤・清野・奥野・鈴村 (1988) が簡潔によくまとめられている．
3) この議論をさらに一般化し，差別化された代替財を生産する寡占企業間におけるconsistent conjectural variations均衡を扱ったものに，Eaton and Grossman (1986) がある．
4) 第3国に関する想定はMai and Hwang (1989)，Okuguchi (1991) と同様であり，第3国内には当該財を生産する企業は存在しないものとされている．
5) 関連財を自国内で全く生産しない第3国をわざわざもちださなくとも，より自然な定式化として，2国間で相互に財を輸出し合うという産業内貿易の想定が考えられる．このようなモデルについてはBrander and Krugman (1983) がある．
6) この点は本書第1章を参照されたい．
7) この問題自体は労働者1人当たり所得を最大にする際の結論と少なくとも雇用量，生産量等の変数の決定に関しては全く同一である．ただし，その所得額については異なってくる．
8) 他方で，$y$自体はこのとき低下している．
9) ここで用いている「厚生」という意味は，社会的余剰を論じた前章でのそれと異なっており，本章ではただ単に，労働者に関しては自国における総生産量，消費者に関しては自国経済における市場価格，それぞれに与えるパラメータの効果を論じているにすぎない．

## 第9章 混合寡占における経済移行に伴う諸効果の比較分析:公企業 vs. 労働者管理企業 vs. 利潤最大化企業

## 1 はじめに

　政府が市場経済に介入する手段としては,主として法律に基づく価格・数量割当等の直接規制,あるいは課税・補助金支出を通したインセンティブ規制等がまず挙げられる.これらとは別に,産業全体を独占企業として国有化し,コントロールするというように考えることもできる.これについては,そこまで極端に走らなくとも,1社またはそれ以上であってもごく若干の公企業をプレイヤーの一員として市場に参加させ,他の民間企業との競争あるいは相互作用を通じて,結果的に上記の規制の意図するところと少なくとも同方向の効果を実現することも可能である.このタイプの政府介入の理論的分析の嚆矢としては Merrill and Schneider (1966) があるが,これ以降,Hagen (1979), Rees (1984), Bos (1986) 等の少なくない業績の蓄積が存在する.
　以上を含めた,参加を通じた政府介入に関するメイン・ストリームといえる立場の主だった特徴を示せば次のようになろう.公企業が独占のときは少なくとも理論的には価格と限界費用を一致させることができ,その意味で社会的余剰を最大化する目的に合致していると言えるが,公企業が寡占企業の1つとして他の民間企業と争うときには厄介な問題に直面する.つまりそのとき公企業は民間企業の反応関数を考慮に入れながらその総余剰を最大化しようとするが,そこではもはや,価格と限界費用とは政府のいかなる介入によっても一致させえなくなってしまうのである[1].このような意味でのセカンド・ベスト・アプローチの枠組みで,公企業をリーダー,民間企業をフォロアーとみなし,そこでの政策手段として,公企業の生産量設定ないし価格付けの問題を考えようと

する．やや技術的な話になるが，もしここで固定費用なしでコンスタントな限界費用を全企業に適用すると，その内で民間企業は生産量をゼロ水準に調節し，結果的に公企業のみが市場に残り生産活動を続けることになる．もしコンスタントな限界費用の仮定を維持しながら固定費用をプラスとしたとするならば，民間企業は生産量をゼロにする前に市場から退出することになり，やはり存続できない．しかもそれだけでなくここではさらに公企業も1社を除いてすべて撤退させなければならなくなる．つまりコンスタントな限界費用の下でプラスの固定費用を負担することになると，生産量が増加するにつれて平均費用が一様に減少するため，この産業が費用逓減産業となり，複数の公企業の存在は非効率となってしまうのである[2]．もし費用が逓増するケースであるならば，固定費用がよほど大きくない限り，このとき複数の公企業の存在が可能となる．

　この分野の研究には以上の結果を踏まえたいくつかの応用やバリアントがある．例えば，Harris and Wiens (1980) では，費用逓増の下でリーダーの公企業がフォロアーの民間企業に対して自らの望ましい反応関数をアナウンスできれば，価格と限界費用が一致しうることが示されている．つまり，この想定の下では公企業が目標としての総生産量と民間企業による生産量の差を適切に埋めるであろうことを民間企業に期待させれば，それらの企業にとっては，まるで自らが完全競争下にあるかのように価格は所与とみなしうることになってしまう．Beato and Mas-Colell (1984) は公企業1社，民間企業1社の混合複占を考え，公企業がリーダーでなくフォロアーのときの方が経済厚生上の比較では，むしろ望ましくなるようなケースの存在を指摘しているし，また，Cremer, Marchand and Thisse (1989) は，公企業については利潤非負制約をおいたうえで限界費用を一定とするのに対し，民間企業については固定費用をゼロとするような想定の下で，複数の公企業の存在を許す混合寡占モデルを構築し，その分析を行っている．さらにDe Fraja and Delbono (1989) は費用逓増産業のケースを考察しているため，Cremer, Marchand and Thisse (1989) と同様に，本来ならば複数の公企業を取り扱えるはずであるが，そこでは1企業に限定して混合寡占を扱い，公企業の存在を正当化する条件を導出している．つまり彼らは，国有化が正当化されるときと民営化が正当化されるときの条件を市場構造と関連付けようとしたのである．

第9章 混合寡占における経済移行に伴う諸効果の比較分析　　　163

　さてこれまですべて，利潤最大化企業（PMF）としての民間企業と公企業間の混合複占ないし混合寡占を分析対象としていたが，Cremer and Cremer (1992) では市場でPMFと争うべきは公企業ではなく労働者管理企業（LMF）であるとし，PMFとLMFとの混合複占を取り扱った[3]。ただし，そこでは厚生分析は行われていない．他方でDelbono and Rossini (1992) はLMF対公企業及びLMF対PMFという2種類の混合複占モデルを提示し，分析を行った．なお，この内で後者のLMF対PMFの混合複占においては，2工場をもつLMFによる独占状態から混合複占へ移行した結果を考察しているのに対し，先に触れたCremer and Cremerにおいては，PMFによる純粋複占の状況から1企業がLMFに転換した状況を扱っており，比較対象としての当初の状況が異なっている．このようにDelbono and RossiniはLMF対公企業の混合複占についても2工場制のLMF独占との厚生水準をそれぞれ比較しているが，これに対してはKahana (1994) がLMFが理論的に複数の工場を保有しえないことを証明し，混合複占は，2工場を有する独占とではなくむしろLMFの純粋複占と比較すべきであると主張した．もっともそこにおいて，彼自身は必ずしも厳密な意味での厚生分析を行ってはいない[4]．

　そこで本章では，まず次節において，$n$社のPMFと1社の公企業による混合寡占と$n+1$社のPMFによる純粋寡占間における経済厚生と他の諸変数上の比較を行い，PMFモデルの基本的特徴を把握する．その後第3節3.1において，Delbono and RossiniによるLMF対公企業の混合複占モデルを，次いで3.2においてLMF対PMFの混合複占モデルを，それぞれ提示する．ただし，本章ではDelbono and Rossiniでなされていたように，LM独占企業と比較することはしない．むしろKahanaの指摘に基づき，3.3においてLMFによる純粋複占と比較し，かつKahanaでは欠けていた厚生面の検討をも合わせて行ってみる．また，Cremer and CremerはPMF純粋複占とPMF対LMFの混合複占間において生産量，価格，利潤に関する比較を行っていたが，第4節ではそれを本章のモデルにおいて再度確認し，そのうえでさらに経済厚生の観点からも検討を加えてみる．これらの諸結果を踏まえたうえで，最終的には以上の2企業による混合複占モデルをLMF $n$社，あるいはPMF $n$社を含む混合寡占モデルとして，第5, 6節のそれぞれにおいて拡張が施される．それによっ

て第3, 4節のそれぞれのモデルの結果が一般化されることになる．

## 2  利潤最大化企業・公企業間における混合寡占モデル

まず最初に，$n+1$の同質的PMFのみによって産業が構成されているような PM 経済，すなわち $n+1$ 社の対称的 PMF による純粋寡占を考える．そしてそれとその内の1社を公企業に転換したときの混合寡占とを，経済厚生，経済諸変数に関して比較し，PM 経済において公企業の存在が正当化され，容認されうるためには，産業内における企業数はどの程度でなければならないのか，その市場構造とのかかわり方を中心に吟味してみる．このことは結局，De Fraja and Delbono (1989) における分析結果を確認することにもつながる[5]．なお，以下のモデルの設定は必ずしも複数の公企業が存在する可能性を排除しないが，彼らの議論における想定に従い，1社の公企業のケースに分析を限定する．

モデルの前提として，この他にもいくつかの想定をおく．まず同一財を仮定し，製品差別化はないものとする．また，同一の技術の保持を各企業間に仮定し，費用条件に関する差異は存在しないものとする．エージェンシー関係についても考慮せず，企業の経営者はその企業の目的に明確に動機付けられているものとする．最後に，生産能力の制約は存在せず，かつ第6章で見た企業の参入・退出もここでは生じないものとする．

以上の想定の下に，市場の逆需要関数として，線型かつ右下がりの

$$p = a - Q, \quad a \geq Q \geq 0 \tag{1}$$

を用いる．$Q$ は産業の総生産量を意味する．費用関数については

$$C_i = \frac{k}{2}(q_i)^2 + R, \quad k > 0 \quad \text{and} \quad i = 0, 1, \cdots, n \tag{2}$$

を用いる．$q_i$ は各企業の生産量，$R$ は固定費用を意味する．混合寡占における PMF の目的関数は，(1)，(2) 式により利潤関数

$$\pi_i^{\mathrm{P}} = pq_i^{\mathrm{P}} - \frac{k}{2}(q_i^{\mathrm{P}})^2 - R, \quad i = 1, \cdots, n$$

であるから，この最大化により当該企業の反応関数は

$$q_i^{\mathrm{P}} = \frac{a - q^{\mathrm{S}}}{n + k + 1} \tag{3}$$

となる．スーパースクリプトについては，PはPMF，Sは公企業を意味する．他方，公企業の目的関数は，次のように生産者余剰と消費者余剰の和＝社会的余剰として定義される．

$$\begin{aligned} W &= \int_0^Q p \, dq - \left(\frac{k}{2}(q^{\mathrm{S}})^2 + R\right) - \sum_{i=1}^n \left(\frac{k}{2}(q^{\mathrm{P}})^2 + R\right) \\ &= aQ - \frac{Q^2}{2} - \frac{nk}{2}(q^{\mathrm{P}})^2 - \frac{k}{2}(q^{\mathrm{S}})^2 - (n+1)R \end{aligned} \tag{4}$$

公企業はこのようにして与えられた指標の最大化問題を解くものとする．したがって，公企業の反応関数は

$$q^{\mathrm{S}} = \frac{a - nq^{\mathrm{P}}}{k + 1} \tag{5}$$

となる．(3)，(5) 式から，ここでのクールノー＝ナッシュ均衡は

$$q^{\mathrm{P}*} = \frac{ak}{(k+1)^2 + nk}, \quad q^{\mathrm{S}*} = \frac{k+1}{(k+1)^2 + nk}a \tag{6}$$

であり[6]，そのため総生産量は

$$Q^* = \frac{k(n+1) + 1}{(k+1)^2 + nk}a \tag{7}$$

となる．以上より，(6)，(7) 式を (4) 式に代入すると混合寡占市場下の経済厚生水準として

$$W^* = \frac{(k+1)^3 + nk(k^2 + nk + 4k + 2)}{2\{(k+1)^2 + nk\}^2}a^2 - (n+1)R \tag{8}$$

を得る．

　今度は公企業を含まない純粋寡占について同様の手続きを施すと，対称的PMFによる均衡はすべての企業にとって生産量を

に設定することであり[7]，したがって，総生産量は

$$\bar{Q} = \frac{n+1}{n+k+2}a \tag{10}$$

となる．(9)，(10) 式をやはりここでも (4) 式に代入することにより，純粋寡占下における経済厚生として

$$\bar{W} = \frac{n^2+n(k+4)+k+3}{2(n+k+2)^2}a^2 - (n+1)R \tag{11}$$

を得る．(8) 式から (11) 式を差し引くと

$$W^* - \bar{W} = \frac{(k+1)^3 - nk(n+1)}{2\{(k+1)^2+nk\}^2(n+k+2)^2}a^2 \tag{12}$$

を得る．(12) 式の右辺が $n$ の減少関数であることから明らかなように，企業数が多くなればなるほど，厚生上の観点から公企業の存在は正当化し難くなっている．つまり，産業内の企業数が少ない場合は公企業の設立あるいは既存企業の公企業への転換という意味での国有化は望ましいが，マーケットが十分に成熟し，企業数が増加してきたときには，むしろ逆に当該産業に存在する公企業を民営化するか，あるいはもし公企業が存在していないのであれば現状維持が望ましいのである．

さて今，この分子をゼロとするような企業数を転換点として $\tilde{n}$ と定義しよう．つまり

$$\tilde{n} = \sqrt{\frac{1}{4} + \frac{(k+1)^3}{k}} - \frac{1}{2}$$

である．ここでは $k$ が極端に小さくない限り，$\tilde{n}$ は $k$ の増加関数となっている．このことは，$\tilde{n}$ 以下の最大の整数を $\hat{n}$ とすると，例えば $k=1$ のときは $\hat{n}=2$，$k=2$ のときは $\hat{n}=3$，$k=3$ のときは $\hat{n}=4$，というように，$k$ の増加により $\hat{n}$ を高めるように作用していることからも確認できる．

以下，議論を簡単にするため，分析を $k=2$ のケースに限定して考察を続けることにする[8]．このとき

$$Q^* = \frac{2n+3}{2n+9}a > \bar{Q} = \frac{n+1}{n+4}a$$

であり，したがって $p^* < \bar{p}$ が成立することになる．また，

$$q^{\mathrm{S}*} = \frac{3a}{2n+9} > \bar{q}^{\mathrm{P}} = \frac{a}{n+4} > q^{\mathrm{P}*} = \frac{2a}{2n+9}$$

であり，この結果と上で見た総生産量に関するそれとを合わせると次のように言える．すなわち，PMF 1 社の公企業への転換により，他の PMF は生産量を削減するが，その際，総生産量自体は増えているので，その個々の削減を補って余りあるほど，公企業の生産量が増大するのである．

最後に，3 つの利潤の大小関係について確かめてみよう．もちろん公企業の目的関数はもはや利潤ではありえないが，以上見てきたように，PMF が公企業に転換されることにより，生産量ひいては価格水準の設定に変更が生じるので，比較のためここでは PMF としての形態下における利潤も取り上げている．なぜなら企業が転換することによる価格，生産量の変化を通じて，その効果が巡り巡って自らの利潤にいかなるフィードバックをもたらすのか，その影響後の自企業以外の PMF の利潤（$\pi^{\mathrm{P}*}$）はもちろん，オリジナルな公企業としての形態を維持したときの利潤（$\pi^{\mathrm{S}*}$）と比較してみることも十分価値があると思われるからである．さて実際に公企業の存在が正当化されうるほど，十分に企業数が少なければ（$n \leq 3$），

$$\bar{\pi}^{\mathrm{P}} = \frac{2a^2}{(n+4)^2} - R > \pi^{\mathrm{S}*} = \frac{9a^2}{(2n+9)^2} - R > \pi^{\mathrm{P}*} = \frac{8a^2}{(2n+9)^2} - R$$

の大小関係が成立することが確かめられる[9]．ここでは公企業への転換により経済厚生が高まったとしても，企業レベルで見れば，利潤自体が PMF，公企業ともに低下していることに注目されたい．他方で，公企業への転換が容認されえないほどに十分に企業数が大きいときには（$n \geq 5$），

$$\pi^{\mathrm{S}*} > \bar{\pi}^{\mathrm{P}} > \pi^{\mathrm{P}*}$$

が成立することになる．

以上のことは次のようにまとめられる．企業数が小さいときには，転換に伴い利潤が公企業，PMF ともに低下するが，$Q^* > \bar{Q}$ すなわち $p^* < \bar{p}$ と $q^{\mathrm{S}*} > \bar{q}^{\mathrm{P}}$

$>q^{P*}$ の結果からも明らかなように, 個々の PMF の過小生産によるマイナス分を合算しても賄いうるだけの公企業の生産量増加が見込まれる. つまりこのときこの種の転換により生産者余剰のマイナス分以上の消費者余剰の増大が得られることになる. しかし企業数が十分に大きくなると社会的余剰に占める生産者余剰のウェイトが高まるため, 増大したマイナス分を公企業1社で補いうることは難しくなる. したがってこのときには, ますます多くの PMF の利潤を引き下げることにつながる公企業への転換は見送られるべきである.

次に節を改め, 以上の国有化・民営化の評価基準にかかわる分析手法を LMF からなる LM 経済に適用してみることにしよう.

## 3 労働者管理企業を含む混合複占モデル

前節での手続きと結果を踏まえ, 新たに Delbono and Rossini (1992) における議論[10]と関連付けるため, まず彼らに従い, $n=1$ の複占を扱い, さらに企業の組み合わせの異なった2種類の混合複占モデルを構築する. 具体的には, 1企業は LMF であるがもう一方が公企業であるような LMF 対公企業の混合複占 (3.1) と, もう一方が PMF であるような LMF 対 PMF の混合複占 (3.2) を, それぞれ別個に取り上げる. 他方で2企業の LMF からなる純粋複占を取り上げ, その上で先の2つの混合複占と, 経済厚生を含む経済諸変数について大小関係を比較する (3.3).

### 3.1 労働者管理企業 vs. 公企業

まず LMF が公企業に転換されるケースから始めよう. 前節で PM 経済における公企業の目的関数をその社会的余剰として (4) 式のように定義したが, ここでは $n=1$, $k=2$ として特定化し, かつ当然のことながら, 変数のスーパースクリプトも LM 経済に対するものとして変更される. よって公企業の目的関数は

$$W = \int_0^Q pdq - (q^S)^2 - (q^L)^2 - 2R$$

第9章 混合寡占における経済移行に伴う諸効果の比較分析　　　169

$$= aQ - \frac{Q^2}{2} - (q^S)^2 - (q^L)^2 - 2R \tag{13}$$

と書き換えられることになる．ただしスーパースクリプト L は LMF を意味する．このとき公企業の反応関数は

$$q^S = \frac{a - q^L}{3} \tag{14}$$

である．他方，LMF の目的関数は労働者1人当たり所得

$$y^S = \frac{pq^L - R}{l^L}$$

であるが，分析の便宜上，生産関数を $q^L = \sqrt{l^L}$ とし，かつ賃金率を1にノーマライズすると，費用関数はちょうど $k=2$ のときの (2) 式のそれに等しいものとなる．よって LMF は

$$y^L = \frac{pq^L - R}{(q^L)^2}$$

を最大にするように $q^L$ を決定することになる．このとき反応関数として

$$q^L = \frac{2R}{a - q^S} \tag{15}$$

を得る．(14), (15) 式を連立させてこのモデルを解くと次のようなクールノー=ナッシュ均衡が求まる[11]．

$$q^{L*} = \sqrt{a^2 + 6R} - a, \quad q^{S*} = \frac{2a - \sqrt{a^2 + 6R}}{3} \tag{16}$$

したがってこの混合複占下での総生産量は

$$Q^* = \frac{2\sqrt{a^2 + 6R} - a}{3} \tag{17}$$

であり，経済厚生は

$$W^* = \frac{20a\sqrt{a^2 + 6R} - 19a^2 - 60R}{6} \tag{18}$$

となる．最後に，LMF と公企業における1人当たり所得はそれぞれ

$$y^{L*} = \frac{2a\sqrt{a^2 + 6R} - 2a^2 - 5R}{2(a^2 + 3R - a\sqrt{a^2 + 6R})}, \quad y^{S*} = \frac{10a^2 + 3R - 8a\sqrt{a^2 + 6R}}{5a^2 + 6R - 4a\sqrt{a^2 + 6R}} \tag{19}$$

となる.以上より明らかなように,前節のモデルと異なりLMFを含むモデルでは符号や大小関係の確定のためには $a$ と $R$ の間に追加的条件をおく必要がある.そこで次のように考えよう.まず反応関数 (14) に対しては $W \geqq 0$ より

$$q^L \leqq \frac{a+\sqrt{3(a^2-8R)}}{4} \tag{20}$$

(15) 式に対しては,$y^L \geqq 1$ より[12]

$$q^S \leqq a-2\sqrt{2R} \tag{21}$$

が成立しなければならない.なぜなら,(20),(21) 式の条件が成立しなければ,公企業にとってはマイナスの厚生水準を,LMFにとっては市場賃金率を下回る賃金率を,それぞれ強いられることになり,そのとき企業は自らの生産量をゼロに調節する方がより望ましくなるからである.これらの内部解成立の条件を考慮して両企業の反応関数を描くと図9.1のようになる.この交点においてクールノー=ナッシュ均衡 (16) が内部解として実現されるが,そのためには横軸上,縦軸上でそれぞれ

$$\frac{a+\sqrt{3(a^2-8R)}}{4} > \frac{4R(9a-\sqrt{3(a^2-8R)})}{13a^2+4R} \Leftrightarrow a^2 > 4R \tag{22}$$

$$a-2\sqrt{2R} > a/3 \Leftrightarrow a^2 > 18R \tag{23}$$

が満たされなければならない.ただし (23) 式は (22) 式の十分条件となっているため,ここでは (23) 式を仮定しておけばよい.この条件 (23) を実際に適用するため,比較すべき対象として純粋複占のモデルを作っておく必要があるが,それは後の 3.3 で扱うことにして,とりあえずその前に,次の 3.2 において,LMF 対 PMF の混合複占のケースを取り上げてみる.

### 3.2 労働者管理企業 vs. 利潤最大化企業

PMF の目的関数については前節で定義した通りであるが,それをここでは先のモデルと同様にして,$k=2$,$n=1$ とおき,

$$\pi^P = pq^P - (q^P)^2 - R \quad \text{where} \quad p = a - q^L - q^P$$

第 9 章　混合寡占における経済移行に伴う諸効果の比較分析　　　171

図 9.1

$q^S$

$a - 2\sqrt{2R}$
$\dfrac{a}{3}$

$q^{S*}$

$\dfrac{3a - \sqrt{3(a^2 - 8R)}}{12}$

$1/3$

$O$　$\dfrac{2R}{a}$　$q^{L*}$　$\dfrac{3a + \sqrt{3(a^2 - 8R)}}{12}$　$q^L$

$\dfrac{4R(9a - \sqrt{3(a^2 - 8R)})}{13a^2 + 4R}$

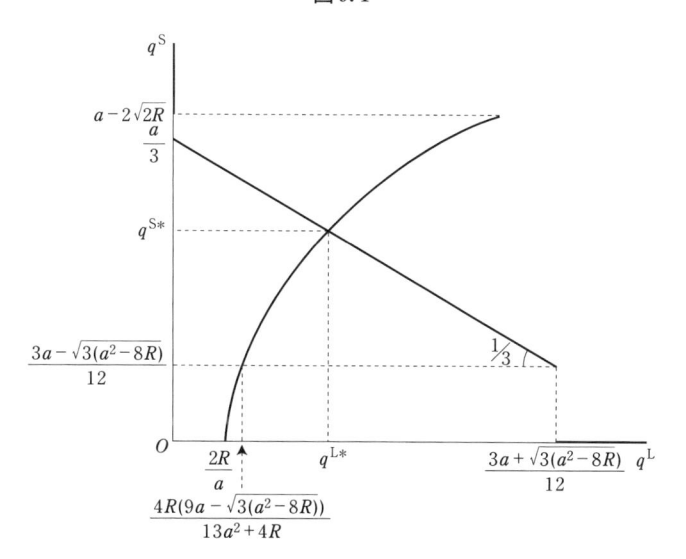

図 9.2

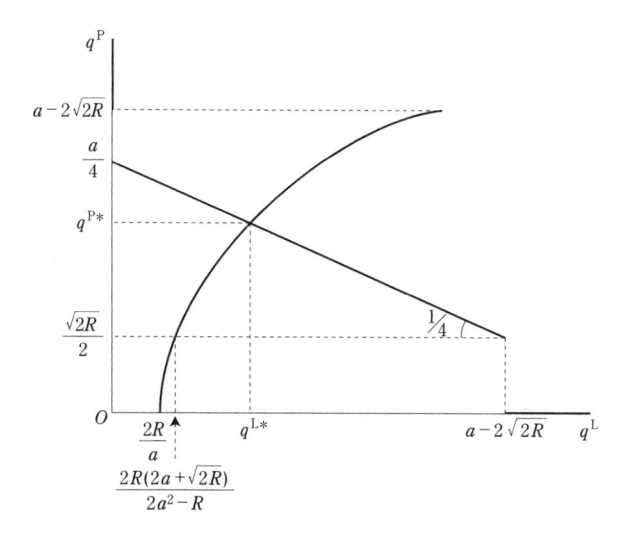

$q^P$

$a - 2\sqrt{2R}$
$\dfrac{a}{4}$

$q^{P*}$

$\dfrac{\sqrt{2R}}{2}$

$1/4$

$O$　$\dfrac{2R}{a}$　$q^{L*}$　$a - 2\sqrt{2R}$　$q^L$

$\dfrac{2R(2a + \sqrt{2R})}{2a^2 - R}$

とする。したがって反応関数もそれに対応して

$$q^{\text{P}} = \frac{a - q^{\text{L}}}{4} \tag{24}$$

である。LMF の反応関数は前項で見た通り，(15) 式であるから，ここでは

$$q^{\text{L}} = \frac{2R}{a - q^{\text{P}}} \tag{25}$$

となる。このときクールノー＝ナッシュ均衡は

$$q^{\text{P}*} = \frac{5a - \sqrt{9a^2 + 32R}}{8}, \qquad q^{\text{L}*} = \frac{\sqrt{9a^2 + 32R} - 3a}{2} \tag{26}$$

であるから[13]，総生産量として

$$Q^* = \frac{3\sqrt{9a^2 + 32R} - 7a}{8} \tag{27}$$

厚生水準として

$$W^* = \frac{151a\sqrt{9a^2 + 32R} - 443a^2 - 816R}{64} \tag{28}$$

をそれぞれ得る。最後にLMFとPMFにおける1人当たり所得として，それぞれ

$$\begin{aligned} y^{\text{L}*} &= \frac{3a\sqrt{9a^2+32R} - 9a^2 - 14R}{9a^2 + 16R - 3a\sqrt{9a^2+32R}} \\ y^{\text{P}*} &= \frac{51a^2 + 16R - 15a\sqrt{9a^2+32R}}{17a^2 + 16R - 5a\sqrt{9a^2+32R}} \end{aligned} \tag{29}$$

を得ておこう。以上を踏まえ，先と同様に内部解を保証するための条件を導出しておく。企業の生産量がそれぞれプラスであるためには (24) 式については $\pi^{\text{P}} \geqq 0$ より

$$q^{\text{L}} \leqq a - 2\sqrt{2R} \tag{30}$$

(25) 式に対しては，やはり $y^{\text{L}} \geqq 1$ より

$$q^{\text{P}} \leqq a - 2\sqrt{2R} \tag{31}$$

であればよい[14]。(30), (31) 式を考慮し，図示すると図9.2のようである。こ

れから明らかなように,クールノー＝ナッシュ均衡 (26) が内部解として得られるためには

$$a - 2\sqrt{2R} > a/4 \Leftrightarrow 9a^2 > 128R \tag{32}$$

及び

$$a - 2\sqrt{2R} > \frac{2R(2a + \sqrt{2R})}{2a^2 - R} \Leftrightarrow 2a^2 > 5\sqrt{2R}$$

が満たされていなければならない.ここでは (32) 式の $9a^2 > 128R$ がその十分条件である.

### 3.3 労働者管理企業による純粋複占モデルとの比較

以上,2種類の混合複占モデルの記述は完了したので,残るはそれらと対比すべき対称的 LMF による純粋複占モデルの提示である.しかしそのモデルの構築を LMF の目的関数の定義から始めなくても,そもそも LMF の反応関数は,公企業との混合複占に関して (15) 式,PMF との混合複占に関して (25) 式,というようにそれぞれにおいてすでに求められているので,対称性の仮定より直ちに LMF による純粋複占における個別生産量と総生産量は次のように与えられる.

$$\bar{q}^L = \frac{a - \sqrt{a^2 - 8R}}{2}$$
$$\bar{Q} = a - \sqrt{a^2 - 8R}$$

したがって,経済厚生と1人当たり所得は次のようである.

$$\bar{W} = a\sqrt{a^2 - 8R} - a^2 + 6R$$
$$\bar{y}^L = \frac{a\sqrt{a^2 - 8R} - a^2 + 6R}{a^2 - 4R - a\sqrt{a^2 - 8R}}$$

これで2種類の混合複占,及び比較すべき純粋複占,さらに内部解を保証する条件,すべてが出揃ったことになり,厚生水準を始めとした諸変数間の比較を行う準備が整った.まず公企業との混合複占と純粋複占との厚生水準の差を

求めると次のようである．

$$W^* - \bar{W} = \frac{20a\sqrt{a^2+6R} - 6a\sqrt{a^2-8R} - 13a^2 - 96R}{6} \tag{33}$$

先に触れたが，LMF を含めた混合寡占（複占）においては基本的に $a$ と $R$ に関する追加的条件が必要である．しかし (33) 式は連続関数であり，少なくとも $a^2=18R$ において連続であることから，この近傍では条件 (23) を満たしているはずである．そこで議論の結果を明快なものとするため，(23) 式を不等式のまま (33) 式に適用するのではなく，その代わりここでは等号で評価することにすると，(33) 式は

$$\frac{2(20\sqrt{3}-3\sqrt{5})-55}{18}a^2 > 0 \tag{34}$$

となる．つまりここでは政府が LM 経済において 1 企業を公企業に転換（国有化）することは経済厚生上の比較から妥当な措置と言えるのである．他の諸変数についても同様に大小関係が判別可能である．まず最初に総生産量に関して見てみると

$$Q^* = \frac{4\sqrt{3}-3}{9}a > \bar{Q} = \frac{3-\sqrt{5}}{3}a$$

の関係が成り立っており，LMF 1 社の公企業への転換により総生産量が増大し，したがって価格に関して

$$p^* < \bar{p}$$

の結果を得ることになる．次に企業の個別生産量に関しては

$$q^{S*} = \frac{2(3-\sqrt{3})a}{9} > q^{L*} = \frac{2\sqrt{3}-3}{3}a > \bar{q}^L = \frac{3-\sqrt{5}}{6}a$$

となり，公企業に転換した LMF はもとより，他方の LMF の形態に留まった方の企業も，結果的に生産量を増大することが見て取れる．また 1 人当たり所得に関しては

$$\bar{y}^L = \frac{3(\sqrt{5}-2)}{7-3\sqrt{5}} > y^{L*} = \frac{24\sqrt{3}-41}{6(7-4\sqrt{3})} > y^{S*} = \frac{61-32\sqrt{3}}{16(2-\sqrt{3})} \tag{35}$$

が成立する．つまりこれにより，混合複占下では LMF と公企業ともに所得が

低下すること，特に転換した公企業においてより大きく低下することが確かめられる．

次に，同様にしてPMFとの混合複占と純粋複占についても比較する．まず経済厚生に関して

$$W^* - \bar{W} = \frac{151a\sqrt{9a^2+32R} - 64a\sqrt{a^2-8R} - 379a^2 - 1200R}{64}$$

を得るが，条件（32）を考慮する必要があるため，ここでもやはり条件が等号で成立するものとして評価すると，

$$\frac{1812\sqrt{5} - 128\sqrt{7} - 3707}{512}a^2 > 0 \tag{36}$$

を得る．したがって（34）式と（36）式の結果より，少なくとも複占のフレームワークでは，LM経済において政府は1企業を他のLMF以外の形態に変更するインセンティブをもつことがわかる．次に総生産量に関して

$$Q^* = \frac{9\sqrt{5}-14}{16}a > \bar{Q} = \frac{4-\sqrt{7}}{4}a \Leftrightarrow p^* < \bar{p}$$

個別生産量に関して

$$q^{P*} = \frac{10-3\sqrt{5}}{16}a > q^{L*} = \frac{3(\sqrt{5}-2)}{4}a > \bar{q}^L = \frac{4-\sqrt{7}}{8}a$$

となり，ここでも公企業への転換のときと同一の関係が成立している．つまり，LMFへの転換後，PMF，LMFともに生産量を増大させ，その結果，当然のことながら総生産量も増加することになる．このように諸変数間の大小関係は公企業との混合複占のときと基本的に同一と言ってよい．しかし1人当たり所得に関しては若干の注意を要する．つまりここでは

$$\bar{y}^L = \frac{16\sqrt{7}-37}{2(23-8\sqrt{7})} > y^{P*} = \frac{3(139-60\sqrt{5})}{5(29-12\sqrt{5})} > y^{L*} = \frac{288\sqrt{5}-639}{72(9-4\sqrt{5})} \tag{37}$$

が成立するが，この（37）式を以前に得た（35）式と見比べてみると，一見したところ，両企業ともに1人当たり所得の低下を強いられており，この点で確かに共通した結果が得られていると言える．しかしよく見ると，転換したLMFの方が低下の度合いが相対的により小さいことがわかる．すなわち，

LMF が転換する企業形態として公企業を選ぶのか，それとも PMF を選ぶのかで，1人当たり所得に関して現状維持の LMF との相対関係が異なってくるのである[15]．

## 4 利潤最大化企業・労働者管理企業間における混合複占モデル

最後に，Cremer and Cremer (1992) が扱ったテーマの1つ，つまり「PMF による純粋複占下における1企業の LMF への転換に伴う効果」を検討し，さらにそこでの厚生上の比較も合せて行ってみることにしよう[16]．PMF の反応関数は前節の 3.2 における PMF 対 LMF 間の混合複占モデルのそれをそのまま用いればよい．そこでの PMF，LMF，それぞれの生産量，総生産量，及び厚生水準はそれぞれ次のようであった．

$$q^{P*} = \frac{5a - \sqrt{9a^2 + 32R}}{8}, \quad q^{L*} = \frac{\sqrt{9a^2 + 32R} - 3a}{2} \tag{26}$$

$$Q^* = \frac{3\sqrt{9a^2 + 32R} - 7a}{8} \tag{27}$$

$$W^* = \frac{151a\sqrt{9a^2 + 32R} - 443a^2 - 816R}{64} \tag{28}$$

加えて，利潤の定義に対し (26) 式と (27) 式を考慮に入れると，PMF，LMF，それぞれの利潤として

$$\pi^{P*} = \frac{17a^2 - 5a\sqrt{9a^2 + 32R}}{16}, \quad \pi^{L*} = 3(a\sqrt{9a^2 + 32R} - 3a^2 - 5R) \tag{38}$$

を得る．また対称的 PMF による純粋複占に対応する変数の値は，(9)，(10)，(11) 式を $k=2$，$n=1$ とおくことによってそれぞれ次のようになる．

$$\bar{q}^P = \frac{a}{5} \tag{39}$$

$$\bar{Q} = \frac{2a}{5} \tag{40}$$

$$\bar{W} = \frac{6a^2}{25} - 2R \tag{41}$$

加えて，そのときの PMF の利潤は
$$\bar{\pi}^{\mathrm{P}} = \frac{2a^2}{25} - R \tag{42}$$
である．

まず経済厚生の比較から始めよう．それぞれ，2 つの状況における厚生水準 (28) と (41) の差をとると
$$W^* - \bar{W} = \frac{3775a\sqrt{9a^2 + 32R} - 11459a^2 - 17200R}{1600}$$
であるが，条件 (32) を援用して
$$\frac{45300\sqrt{5} - 101347}{12800} a^2 < 0$$
を得る．これにより，LMF への転換が厚生水準を引き下げることがわかる．つまり LMF への転換はここでは正当化しえないのである．さらに生産量に関しても同様に，(27) 式と (40) 式，及び (26) 式と (39) 式の差をとることにより
$$Q^* = \frac{9\sqrt{5} - 14}{16} a < \bar{Q} = \frac{2}{5} a \Leftrightarrow p^* > \bar{p} \tag{43}$$
かつ
$$q^{\mathrm{P}*} = \frac{10 - 3\sqrt{5}}{16} a > \bar{q}^{\mathrm{P}} = \frac{a}{5} > q^{\mathrm{L}*} = \frac{3(\sqrt{5} - 2)}{4} a \tag{44}$$
の大小関係がそれぞれ求まる．(44) 式において 1 社の PMF から LMF への転換によってライバルの PMF 自体の生産量は増加することが示されているが，同時に (43) 式において総生産量が減少しているため，その増加は転換した LMF の減少分を補うほど，十分には大きくないことがわかる．最後に利潤に関しては (38) 式と (42) 式を比較することにより
$$\pi^{\mathrm{P}*} = \frac{34 - 15\sqrt{5}}{32} a^2 > \bar{\pi}^{\mathrm{P}} = \frac{31a^2}{3200} > \pi^{\mathrm{L}*} = \frac{9(64\sqrt{5} - 143)a^2}{128}$$
が成立する．ここで言えることは次のようなものである．PMF の LMF への転換は先に見たように経済厚生の観点から正当化しえないが，あえて強行したとしても，転換した LMF の利潤を減少させるだけに終わる．しかしその一方

で，ライバルであるPMFの利潤は増大している．つまりこの現状維持のPMFは転換したLMFの犠牲の下に利潤を増大しているにすぎないことがわかる．以上の結果は，厚生分析のそれを除けば，Cremer and Cremer (1992) のものと整合的となっている．

## 5 労働者管理企業を含む混合寡占モデル

本節では第3節のモデルを任意の企業数について検討できるように拡張し，以前に得られた諸結果を一般化することを目的とする．われわれは，3.1でLMFと公企業が1社ずつ存在する混合複占，3.2では3.1での公企業に代えてPMFがやはり1社のLMFと共存する混合複占，これら2つのモデルを取り扱い，その後3.3においてそれらと比較するために2社のLMFからなる純粋複占を取り上げた．そこで以上を踏まえ，本節では議論をこれまでとパラレルにするため，まず5.1で$n$社のLMFによって構成されるLM経済に公企業がただ1社で操業する混合寡占モデルを，次に5.2でこの公企業をPMFに置き換えた$n$LMF・1PMFモデルを，それぞれ構築する．そして続く5.3で以上2つのモデルと対比すべきLMF純粋寡占モデルを提示し，その後，混合寡占・純粋寡占間で各変数に関し大小関係を引き出すために比較を行う．

### 5.1 労働者管理企業 vs. 公企業

本項ではまず，産業内に存在する$n+1$社のLMFの内で1社が公企業に転換される状況を考察する．つまりそこでは$n$社のLMFと1社の公企業が共存することになる．しかしこれ以外の点では3.1での想定と基本的に同等である．さてこの下での社会的余剰は

$$W^S = aQ - \frac{Q^2}{2} - n(q^P)^2 - (q^S)^2 - (n+1)R$$

と定義され，したがってこの最大化を目的とする公企業の反応関数は(14)式に代えて

$$q^S = \frac{a - nq^L}{3} \tag{45}$$

としなければならなくなる．これに対してLMFの目的関数は

$$y_i^L = \frac{pq_i^L - R}{(q_i^L)^2} \quad i = 1, \cdots, n$$

where $\quad p = a - \sum q_i^L - q^S$

であり，対称性の仮定によりその反応関数は(15)式ではなく，ここではより一般的に

$$q^L = \frac{a - q^S \pm \sqrt{(a-q^S)^2 - 8(n-1)R}}{2(n-1)} \tag{46}$$

を得ることになる．結局，(45)式と(46)式より，生産量に関するクールノー＝ナッシュ均衡として

$$q^{L*} = \frac{a - \sqrt{a^2 - 6(2n-3)R}}{2n-3}, \quad q^{S*} = \frac{(n-3)a + n\sqrt{a^2 - 6(2n-3)R}}{3(2n-3)} \tag{47}$$

が求められる．以上から総生産量として

$$Q^* = \frac{(4n-3)a - 2n\sqrt{a^2 - 6(2n-3)R}}{3(2n-3)} \tag{48}$$

経済厚生として

$$W^* =$$
$$\frac{(8n^2 - 36n + 9)a^2 + 6(2n-3)(7n+3)R + 4an(6-n)\sqrt{a^2 - 6(2n-3)R}}{6(2n-3)^2} \tag{49}$$

がそれぞれ求まる．また，そこではLMFと公企業における労働者1人当たり所得も

$$y^{L*} = \frac{2a\sqrt{a^2 - 6(2n-3)R} - 2a^2 + (4n^2 - 9)R}{2\{a^2 - 3(2n-3)R - a\sqrt{a^2 - 6(2n-3)R}\}}$$
$$y^{S*} = \frac{2a^2(2n^2 - 6n + 9) - 3(2n-3)(4n^2 + 6n - 9)R}{(2n^2 - 6n + 9)a^2 - 6n^2(2n-3)R + 2an(n-3)\sqrt{a^2 - 6(2n-3)R}} \tag{50}$$
$$+ \frac{4an(n-3)\sqrt{a^2 - 6(2n-3)R}}{(2n^2 - 6n + 9)a^2 - 6n^2(2n-3)R + 2an(n-3)\sqrt{a^2 - 6(2n-3)R}}$$

表 9.1

| $n$ | $W^*$ | $Q^*$ | $q^{L*}$ | $q^{S*}$ | $y^{L*}$ | $y^{S*}$ |
|---|---|---|---|---|---|---|
| 1 | $0.1268a^2$ | $0.4365a$ | $0.1547a$ | $0.2818a$ | 1.3214 | 1.3002 |
| 2 | $0.1665a^2$ | $0.4908a$ | $0.1181a$ | $0.2546a$ | 1.6562 | 1.4287 |
| 3 | $0.1936a^2$ | $0.5286a$ | $0.0976a$ | $0.2357a$ | 1.9142 | 1.5 |
| 4 | $0.2143a^2$ | $0.5587a$ | $0.0845a$ | $0.2206a$ | 2.1100 | 1.5435 |
| 5 | $0.2312a^2$ | $0.5850a$ | $0.0755a$ | $0.2075a$ | 2.2475 | 1.5698 |
| 6 | $0.2460a^2$ | $0.6098a$ | $0.0691a$ | $0.1951a$ | 2.3229 | 1.5830 |
| 7 | $0.2598a^2$ | $0.6351a$ | $0.0647a$ | $0.1824a$ | 2.3214 | 1.5827 |
| 8 | $0.2737a^2$ | $0.6646a$ | $0.0621a$ | $0.1677a$ | 2.1994 | 1.5609 |
| 9 | $0.2956a^2$ | $0.7333a$ | $0.0667a$ | $0.1333a$ | 1.5 | 1.375 |

であることが確かめられる. 最後に, ここでも 3.1 と同様の理由により大小関係の決定の際に追加的条件を要するので, 内部解を得るためにやはり同様の手順で得られる条件

$$a^2 > 9(n+1)R \tag{51}$$

の成立を仮定しておこう. これはちょうど (23) 式における LMF の数を $n$ に一般化したものに相当する. それと同時に (47)～(50) 式も 3.1 の (16)～(19) 式をそれぞれ一般化したものに対応していることが容易に了解されるであろう. さて, この条件 (51) を等号で評価しそれぞれの変数の値を $n=1$ から 9 まで求めたものが表 9.1 である[17)18)]. この表からまず言えることは, 企業数が増加するにつれて経済厚生が高まっていることである. 総生産量もやはり企業数の増加に対して増大している. 個別生産量に関しては, 公企業のそれは企業数の増加に対して増大するが, LMF のそれは $n=9$ を除けば基本的に減少する傾向を示している. したがって企業数の増加に対する総生産量の増大は, 公企業の個別生産量の増大と企業数自体の増加によりもたらされていることがわかる.

### 5.2 労働者管理企業 vs. 利潤最大化企業

次に 5.1 の混合寡占において, 公企業の果たす役割を PMF に代替させたときのモデルを提示しよう. その PMF の目的関数はここでは

第9章 混合寡占における経済移行に伴う諸効果の比較分析　　　　181

$$\pi^{\mathrm{P}} = pq^{\mathrm{P}} - (q^{\mathrm{P}})^2 - R \quad \text{where} \quad p = a - \sum q_i^{\mathrm{L}} - q^{\mathrm{P}}$$

である．これから PMF の反応関数

$$q^{\mathrm{P}} = \frac{a - nq^{\mathrm{L}}}{4} \tag{52}$$

が得られる．これに対して LMF の従うべき反応関数は，ライバル企業の形態が公企業から PMF に変わるだけであり基本的に（46）式と同等であることから，ここでは

$$q^{\mathrm{L}} = \frac{a - q^{\mathrm{P}} \pm \sqrt{(a - q^{\mathrm{P}})^2 - 8(n-1)R}}{2(n-1)} \tag{53}$$

と書かれる．（52）式と（53）式から，解としてクールノー＝ナッシュ均衡

$$\begin{aligned} q^{\mathrm{L}*} &= \frac{3a - \sqrt{9a^2 - 32(3n-4)R}}{2(3n-4)} \\ q^{\mathrm{P}*} &= \frac{(3n-8)a + n\sqrt{9a^2 - 32(3n-4)R}}{8(3n-4)} \end{aligned} \tag{54}$$

が得られる．以上から直ちに，総生産量は

$$Q^* = \frac{(15n-8)a - 3n\sqrt{9a^2 - 32(3n-4)R}}{8(3n-4)} \tag{55}$$

経済厚生は

$$\begin{aligned} W^* &= \frac{(189n^2 - 792n + 160)a^2 - 16(3n-4)(n^2 - 36n - 16)R}{64(3n-4)^2} \\ &\quad + \frac{(184 - 33n)an\sqrt{9a^2 - 32(3n-4)R}}{64(3n-4)^2} \end{aligned} \tag{56}$$

となる．加えて LMF と PMF の 1 人当たり所得はそれぞれ

$$y^{\mathrm{L}*} = \frac{3a\sqrt{9a^2 - 32(3n-4)R} - 9a^2 + 2(9n^2 - 16)R}{9a^2 - 16(3n-4)R - 3a\sqrt{9a^2 - 32(3n-4)R}}$$

$$y^{\mathrm{P}*} =$$

$$\frac{3(9n^2 - 24n + 32)a^2 - 16(3n-4)(3n^2 + 6n - 8)R}{(9n^2 - 24n + 32)a^2 - 16(3n-4)n^2 R + (3n-8)an\sqrt{9a^2 - 32(3n-4)R}} \tag{57}$$

$$+\frac{3(3n-8)an\sqrt{9a^2-32(3n-4)R}}{(9n^2-24n+32)a^2-16(3n-4)n^2R+(3n-8)an\sqrt{9a^2-32(3n-4)R}}$$

となる．ここでも (54)～(57) 式が第3節の (26)～(29) 式にそれぞれ対応していることに留意されたい．最後に追加的条件がここでも必要である．そこで

$$9a^2 > 64(n+1)R \tag{58}$$

が満たされるものとする．これはもちろん (32) 式を一般化した条件になっており，再度このモデルで決定する諸変数を (58) 式が等号で成立するものとして評価し値を求めると表9.2が得られることになる[19]．この表から明らかなことは，まず企業数が増加するにつれて経済厚生が高まっていることである．また，このとき総生産量も増大していることがわかる．これに対してPMFの個別生産量は減少しており，LMFのそれも $n=6$ を除いて減少している．つまりここでは個々の企業規模の縮小に際して，企業数の増加がこの減少分を十分にカバーしているため，この企業数増加による効果がトータルで生産量を増やすことになっている．これに対してLMFとPMFの1人当たり所得はともに $n=4$ まで上昇し，その後低下している．

### 5.3 労働者管理企業による純粋寡占モデルとの比較

これまで，$n+1$ 社のLMFの内で1社が公企業ないしはPMFに転換される状況を扱ってきたわけであるが，その転換前の状態を比較のための基準として記述しておく必要がある．そこで以下，$n+1$ 社の対称的LMFからなる純粋寡占モデルを構築しておこう．ここで用いるべき反応関数は (46) 式あるいは

表9.2

| $n$ | $W^*$ | $Q^*$ | $q^{L*}$ | $q^{P*}$ | $y^{L*}$ | $y^{P*}$ |
|---|---|---|---|---|---|---|
| 1 | $0.0952a^2$ | $0.3828a$ | $0.1771a$ | $0.2057a$ | 1.2430 | 1.3389 |
| 2 | $0.1409a^2$ | $0.4564a$ | $0.1376a$ | $0.1812a$ | 1.4747 | 1.5721 |
| 3 | $0.1731a^2$ | $0.5116a$ | $0.1163a$ | $0.1628a$ | 1.5997 | 1.6733 |
| 4 | $0.1986a^2$ | $0.5609a$ | $0.1036a$ | $0.1464a$ | 1.6180 | 1.6869 |
| 5 | $0.2212a^2$ | $0.6137a$ | $0.0970a$ | $0.1288a$ | 1.4910 | 1.5861 |
| 6 | $0.2467a^2$ | $0.7321a$ | $0.1071a$ | $0.0893a$ | 0.75 | 0.48 |

(53) 式としてすでに求められていることから，直ちにこの純粋寡占における個別生産量，総生産量，経済厚生，及び労働者1人当たり所得はそれぞれ

$$\bar{q}^{\text{L}} = \frac{a - \sqrt{a^2 - 8nR}}{2n}$$

$$\bar{Q} = \frac{(n+1)(a - \sqrt{a^2 - 8nR})}{2n}$$

$$\bar{W} = \frac{(n+1)(n-3)a^2 + 12n(n+1)R - (n+1)(n-3)a\sqrt{a^2 - 8nR}}{4n^2}$$

及び，

$$\bar{y}^{\text{L}} = \frac{a\sqrt{a^2 - 8nR} - a^2 + 2n(n+2)R}{a^2 - 4nR - a\sqrt{a^2 - 8nR}}$$

であることが確認できる．以上の諸変数の値を(51)式を用いて等号で評価したものが表9.3であり，他方，(58)式を用いたものが表9.4である[20]．一見してわかるように，表9.3, 9.4ともにほぼ同様の変化の仕方を示している．つまり，企業数が増加するにつれて経済厚生が高まり，総生産量は増大する．他方で個別生産量はその間に減少する．1人当たり所得についても，ともに一様に上昇する．

さてこれで経済厚生をはじめとした諸変数間の数値の比較を行う準備が整ったことになる．まず公企業を含む混合寡占をもともとの純粋寡占と比較してみ

表9.3

| $n$ | $\bar{W}$ | $\bar{Q}$ | $\bar{q}^{\text{L}}$ | $\bar{y}^{\text{L}}$ |
| --- | --- | --- | --- | --- |
| 1 | $0.0787a^2$ | $0.2546a$ | $0.1273a$ | 2.4271 |
| 2 | $0.0988a^2$ | $0.2713a$ | $0.0904a$ | 3.5291 |
| 3 | $0.1111a^2$ | $0.2818a$ | $0.0704a$ | 4.5981 |
| 4 | $0.1195a^2$ | $0.2891a$ | $0.0578a$ | 5.6483 |
| 5 | $0.1256a^2$ | $0.2945a$ | $0.0491a$ | 6.6869 |
| 6 | $0.1302a^2$ | $0.2987a$ | $0.0427a$ | 7.7176 |
| 7 | $0.1339a^2$ | $0.3021a$ | $0.0378a$ | 8.7426 |
| 8 | $0.1369a^2$ | $0.3048a$ | $0.0339a$ | 9.7635 |
| 9 | $0.1394a^2$ | $0.3071a$ | $0.0307a$ | 10.7812 |

表 9.4

| $n$ | $\bar{W}$ | $\bar{Q}$ | $\bar{q}^L$ | $\bar{y}^L$ |
|---|---|---|---|---|
| 1 | $0.0833a^2$ | $0.3386a$ | $0.1693a$ | 1.4537 |
| 2 | $0.1172a^2$ | $0.375a$ | $0.125a$ | 2 |
| 3 | $0.1406a^2$ | $0.4031a$ | $0.1008a$ | 2.4610 |
| 4 | $0.1589a^2$ | $0.4274a$ | $0.0855a$ | 2.8499 |
| 5 | $0.1744a^2$ | $0.45a$ | $0.075a$ | 3.1667 |
| 6 | $0.1886a^2$ | $0.4731a$ | $0.0676a$ | 3.3981 |

よう.そのために表9.1と表9.3のそれぞれ対応する変数の数値の差をとったものが表9.5である.経済厚生に関しては,混合寡占下でも純粋寡占下でも,ともに企業数の増加に対してその値を上昇させていたが,表9.5から明らかなように,その差が一貫して上昇しているので,混合寡占における上昇の度合いがここではより大きいことがわかる.

この結果を第2節における PM 経済のそれと比較すると次のことがわかる.PM 経済においては PMF の公企業への転換が正当化されるためには産業内の企業数が3までででなければならなかった.これに対し,今見たように LM 経済では少なくとも $n=9$ までは一貫して経済厚生の差が高まっており,企業数が多ければ多いほど,公企業への転換を通じて純粋寡占から混合寡占へ移行することのメリットが増大する.この意味で公企業は PMF よりも LMF と,より

表 9.5

| $n$ | $W^*-\bar{W}$ | $Q^*-\bar{Q}$ | $q^{S*}-q^{L*}$ | $q^{L*}-\bar{q}^L$ | $\bar{y}^L-y^{L*}$ | $y^{L*}-y^{S*}$ |
|---|---|---|---|---|---|---|
| 1 | $0.0481a^2$ | $0.1818a$ | $0.1271a$ | $0.0274a$ | 1.1057 | 0.0211 |
| 2 | $0.0677a^2$ | $0.2195a$ | $0.1365a$ | $0.0277a$ | 1.8730 | 0.2275 |
| 3 | $0.0825a^2$ | $0.2468a$ | $0.1381a$ | $0.0272a$ | 2.6839 | 0.4142 |
| 4 | $0.0948a^2$ | $0.2697a$ | $0.1361a$ | $0.0267a$ | 3.5383 | 0.5666 |
| 5 | $0.1057a^2$ | $0.2906a$ | $0.1320a$ | $0.0264a$ | 4.4394 | 0.6777 |
| 6 | $0.1158a^2$ | $0.3111a$ | $0.1260a$ | $0.0264a$ | 5.3947 | 0.7399 |
| 7 | $0.1258a^2$ | $0.3331a$ | $0.1178a$ | $0.0269a$ | 6.4213 | 0.7386 |
| 8 | $0.1367a^2$ | $0.3598a$ | $0.1056a$ | $0.0283a$ | 7.5641 | 0.6384 |
| 9 | $0.1562a^2$ | $0.4262a$ | $0.0667a$ | $0.0360a$ | 9.2812 | 0.125 |

相性がよいと言える．換言すると，LM 経済において政府は国有化を推し進めるインセンティブがより強いということになる．また，総生産量についても経済厚生と同様に，混合寡占のときと純粋寡占のときとでは企業数の増加につれてその差が開いていく．したがって市場価格についてはここでの任意の企業数に対して $p^* < \bar{p}$ が成立し，企業数の増加につれてその差が開いていくことがわかる．しかし混合寡占下における公企業と LMF の個別生産量の差については $n=3$ まで増大し，その後減少するが，しかし符号がマイナスに転じることはない．混合寡占下と純粋寡占下での LMF の個別生産量の差に関してははっきりした関係を引き出すことはできないが，それでも必ず混合寡占のときの生産量が純粋寡占のときのそれを上回っており，符号はプラスのままであり続ける．このようにして任意の企業数について

$$q^{S*} > q^{L*} > \bar{q}^L$$

の関係が維持されることが確かめられる．最後に労働者 1 人当たり所得に関してであるが，LMF が純粋寡占下にあるときと混合寡占下にあるときとでは，企業数の増加に対してその差が拡大する．その一方で，混合寡占下の LMF と公企業の 1 人当たり所得の差は $n=6$ までは上昇し，その後低下する．しかしここでもその符号はマイナスとはならず，したがってすべての企業数について

$$\bar{y}^L > y^{L*} > y^{S*}$$

の関係が成立することになる．

次に PMF を含む LMF の混合寡占と PMF を含まない LMF のみによる純粋寡占とを比較してみる．そのためには表 9.6 に注目すればよい．そこでは表 9.2 と表 9.4 のそれぞれの対応する変数の数値の差が表示されている．表 9.2 と表 9.4 ですでに確認したように，経済厚生は混合寡占，純粋寡占ともに企業数の増加につれて値が上昇するが，ここではその差も増大していることから，前者が上昇の度合いがより大きいことがわかる．このような LM 経済における PMF のマッチングのよさは，PMF が LM 経済において必ずしも完全ではないが，ある程度，公企業の代替的な選択肢として機能しうることを示している．また，同様の関係が総生産量についても当てはまり，したがって価格につ

表 9.6

| $n$ | $W^* - \bar{W}$ | $Q^* - \bar{Q}$ | $q^{P*} - q^{L*}$ | $q^{L*} - \bar{q}^L$ | $\bar{y}^L - y^{P*}$ | $y^{P*} - y^{L*}$ |
|---|---|---|---|---|---|---|
| 1 | $0.0119a^2$ | $0.0442a$ | $0.0287a$ | $0.0078a$ | $0.1148$ | $0.0958$ |
| 2 | $0.0237a^2$ | $0.0814a$ | $0.0436a$ | $0.0126a$ | $0.4279$ | $0.0974$ |
| 3 | $0.0324a^2$ | $0.1085a$ | $0.0465a$ | $0.0155a$ | $0.7877$ | $0.0735$ |
| 4 | $0.0397a^2$ | $0.1336a$ | $0.0427a$ | $0.0182a$ | $1.1630$ | $0.0689$ |
| 5 | $0.0468a^2$ | $0.1637a$ | $0.0318a$ | $0.0220a$ | $1.5805$ | $0.0951$ |
| 6 | $0.0581a^2$ | $0.2590a$ | $-0.0179a$ | $0.0396a$ | $2.9181$ | $-0.27$ |

いては企業数の増加につれて $p^* < \bar{p}$ の差が拡大することがわかる．

さて混合寡占下の PMF と LMF の個別生産量の差については，まず $n=3$ まで増大し，その後減少している．しかも $n=6$ のときには $q^{P*}$ が $q^{L*}$ を下回ってしまい，値がマイナスとなっている．混合寡占下と純粋寡占下の LMF の個別生産量の差は企業数の増大に対して一貫して拡大していく．したがって $n=5$ まで

$$q^{P*} > q^{L*} > \bar{q}^L$$

の関係が維持されるが，$n=6$ では

$$q^{L*} > q^{P*} > \bar{q}^L$$

となる．

最後に，純粋寡占下の LMF と混合寡占下の PMF の1人当たり所得の差は一様に上昇している．他方，混合寡占下の PMF と LMF のその差の変化については一概に言えない．しかし $n=6$ のとき $y^{P*}$ が $y^{L*}$ を下回り，値がマイナスとなっていることから次のように結論付けられる．すなわち $n=5$ までは

$$\bar{y}^L > y^{P*} > y^{L*}$$

の関係が維持されるが，$n=6$ のときには

$$\bar{y}^L > y^{L*} > y^{P*}$$

となる．

## 6 利潤最大化企業・労働者管理企業間における混合寡占モデル

第4節の議論を任意の企業数についても成り立つように，本節ではその一般化を施す．つまり $n+1$ の同質的 PMF により構成される PM 経済において，その内の1社を LMF に転換したときの経済厚生等に与える効果を吟味する．そのためまず $n$ 社の PMF と1社の LMF による混合寡占モデルを提示し，次いで第2節ですでに取り扱った $n+1$ 社の対称的 PMF による純粋寡占モデルと対比してみる．それによって PMF 1社の LMF への転換が経済諸変数に及ぼす影響力が明らかとなる．

まずここでの混合寡占下における個々の PMF の目的関数は

$$\pi_i^P = pq_i^P - (q_i^P)^2 - R \quad \text{where} \quad p = a - \sum q_i^P - q^L$$

であるから，そこから導出される反応関数は

$$q^P = \frac{a - q^L}{n+3} \tag{59}$$

となる．他方，PMF から転換される LMF の目的関数は

$$y^L = \frac{pq^L - R}{(q^L)^2}$$

であるから，その反応関数は

$$q^L = \frac{2R}{a - nq^P} \tag{60}$$

となる．したがって (59) と (60) 両式より，クールノー＝ナッシュ均衡として解

$$q^{P*} = \frac{(2n+3)a - \sqrt{9a^2 + 8n(n+3)R}}{2n(n+3)}, \quad q^{L*} = \frac{\sqrt{9a^2 + 8n(n+3)R} - 3a}{2n} \tag{61}$$

を得る．以上の個別生産量より直ちに総生産量

$$Q^* = \frac{(2n^2 - 9)a + 3\sqrt{9a^2 + 8n(n+3)R}}{2n(n+3)} \tag{62}$$

が得られ，その結果，経済厚生は

$$W^* = \frac{(2n^4+8n^3-30n^2-180n-243)a^2-4n(n+3)(n^3+6n^2+17n+27)R}{4n^2(n+3)^2}$$

$$+\frac{(10n^2+60n+81)a\sqrt{9a^2+8n(n+3)R}}{4n^2(n+3)^2} \qquad (63)$$

となる．また，PMFの利潤及びLMFにおいて得られる利潤は

$$\pi^{P*} = \frac{(2n^2+6n+9)a^2-n(n+3)(n^2+3n-4)R-(2n+3)a\sqrt{9a^2+8n(n+3)R}}{n^2(n+3)^2}$$

$$\qquad (64)$$

$$\pi^{L*} = \frac{3\{a\sqrt{9a^2+8n(n+3)R}-3a^2-(n+4)nR\}}{n^2}$$

となる．

　ここでの内部解を保証するための条件は

$$\frac{a-2\sqrt{2R}}{n} > \frac{a}{n+3}$$

であることから，結果的に条件

$$9a > 8(n+3)^2 R \qquad (65)$$

を得る．言うまでもなく，これは(32)式を一般化したものである[21]．これまでと同様にして追加的条件(65)が等号で成立するとみなし，(61)〜(64)式を評価して得られたものが表9.7である[22]．

　そこではまず企業数が増加するにつれて経済厚生が一様に高まっていくことが見て取れる．総生産量に関しても同様の動きを示している．しかし他方でPMFとLMFの個別生産量に関してはともに減少していることに注意されたい．つまり企業数が増加するにつれて総生産量が増大している理由は，企業数の増加そのものによる効果のみの影響のためである．さらにこの表により，LMFにおける利潤は企業数の増加に対して一様に減少しており，またPMFの利潤も$n=1$を除いて徐々に減少していることがわかる．

　以上の結果と対比するための純粋寡占モデルについては，第2節において見

第9章 混合寡占における経済移行に伴う諸効果の比較分析

表 9.7

| $n$ | $W^*$ | $Q^*$ | $q^{P*}$ | $q^{L*}$ | $\pi^{P*}$ | $\pi^{L*}$ |
|---|---|---|---|---|---|---|
| 1 | $0.0952a^2$ | $0.3828a$ | $0.2057a$ | $0.1771a$ | $0.0143a^2$ | $0.0076a^2$ |
| 2 | $0.1527a^2$ | $0.4824a$ | $0.1725a$ | $0.1374a$ | $0.0145a^2$ | $0.0072a^2$ |
| 3 | $0.1982a^2$ | $0.5562a$ | $0.1479a$ | $0.1124a$ | $0.0125a^2$ | $0.0060a^2$ |
| 4 | $0.2341a^2$ | $0.6122a$ | $0.1293a$ | $0.0951a$ | $0.0105a^2$ | $0.0049a^2$ |
| 5 | $0.2627a^2$ | $0.6559a$ | $0.1147a$ | $0.0824a$ | $0.0087a^2$ | $0.0040a^2$ |
| 6 | $0.2860a^2$ | $0.6909a$ | $0.1030a$ | $0.0727a$ | $0.0073a^2$ | $0.0033a^2$ |
| 7 | $0.3052a^2$ | $0.7195a$ | $0.0935a$ | $0.0651a$ | $0.0062a^2$ | $0.0028a^2$ |
| 8 | $0.3214a^2$ | $0.7433a$ | $0.0856a$ | $0.0589a$ | $0.0053a^2$ | $0.0024a^2$ |
| 9 | $0.3350a^2$ | $0.7635a$ | $0.0788a$ | $0.0538a$ | $0.0046a^2$ | $0.0020a^2$ |

た $k=2$ のケースに相当するから，対称的 PMF に関する経済厚生，総生産量，個別生産量，及び利潤の値はそれぞれ以下のようである．

$$\bar{W} = \frac{(n+5)(n+1)}{2(n+4)^2}a^2 - (n+1)R$$

$$\bar{Q} = \frac{n+1}{n+4}a$$

$$\bar{q}^P = \frac{a}{n+4}$$

$$\bar{\pi}^P = \frac{2a^2}{(n+4)^2} - R$$

これらをやはり，ここでの条件 (65) を等号で満たすものと仮定し，その下で評価してやると表 9.8 が得られる．ここでも混合寡占に関する表 9.7 と同様に，企業数が増加するにつれて経済厚生は高まっている．総生産量も企業数の増加に対して増大しているが，個別生産量はその間に減少している．利潤については $n=1$ を除けば，それ以後低下を示している．

さて企業数ごとに表 9.7 と表 9.8 の変数の差をとったものが表 9.9 である．これからわかることは，まず第 1 に，経済厚生について純粋寡占の値の方が混合寡占のそれを絶えず上回っているが，その差は徐々に小さくなっていることである．つまり混合寡占下の経済厚生の方が純粋寡占下のそれよりも企業数の増加に対する上昇の度合いがより大きいのである．しかしその大小関係が逆転

表 9.8

| $n$ | $\bar{W}$ | $\bar{Q}$ | $\bar{q}^{\mathrm{P}}$ | $\bar{\pi}^{\mathrm{P}}$ |
|---|---|---|---|---|
| 1 | $0.0994a^2$ | $0.4a$ | $0.2a$ | $0.0097a^2$ |
| 2 | $0.1567a^2$ | $0.5a$ | $0.1667a$ | $0.0106a^2$ |
| 3 | $0.2015a^2$ | $0.5714a$ | $0.1429a$ | $0.0096a^2$ |
| 4 | $0.2368a^2$ | $0.625a$ | $0.125a$ | $0.0083a^2$ |
| 5 | $0.2649a^2$ | $0.6667a$ | $0.111a$ | $0.0071a^2$ |
| 6 | $0.2878a^2$ | $0.7a$ | $0.1a$ | $0.0061a^2$ |
| 7 | $0.3067a^2$ | $0.7273a$ | $0.0909a$ | $0.0053a^2$ |
| 8 | $0.3226a^2$ | $0.75a$ | $0.0833a$ | $0.0046a^2$ |
| 9 | $0.3361a^2$ | $0.7692a$ | $0.0769a$ | $0.0040a^2$ |

表 9.9

| $n$ | $W^*-\bar{W}$ | $Q^*-\bar{Q}$ | $q^{\mathrm{P}*}-\bar{q}^{\mathrm{P}}$ | $\bar{q}^{\mathrm{P}}-q^{\mathrm{L}*}$ | $\pi^{\mathrm{P}*}-\bar{\pi}^{\mathrm{P}}$ | $\bar{\pi}^{\mathrm{P}}-\pi^{\mathrm{L}*}$ |
|---|---|---|---|---|---|---|
| 1 | $-0.0042a^2$ | $-0.0172a$ | $0.0057a$ | $0.0229a$ | $0.0047a^2$ | $0.0021a^2$ |
| 2 | $-0.0040a^2$ | $-0.0176a$ | $0.0059a$ | $0.0293a$ | $0.0040a^2$ | $0.0033a^2$ |
| 3 | $-0.0033a^2$ | $-0.0152a$ | $0.0051a$ | $0.0305a$ | $0.0030a^2$ | $0.0036a^2$ |
| 4 | $-0.0027a^2$ | $-0.0128a$ | $0.0043a$ | $0.0299a$ | $0.0022a^2$ | $0.0034a^2$ |
| 5 | $-0.0021a^2$ | $-0.0108a$ | $0.0036a$ | $0.0287a$ | $0.0016a^2$ | $0.0031a^2$ |
| 6 | $-0.0017a^2$ | $-0.0091a$ | $0.0030a$ | $0.0273a$ | $0.0012a^2$ | $0.0028a^2$ |
| 7 | $-0.0014a^2$ | $-0.0077a$ | $0.0026a$ | $0.0258a$ | $0.0010a^2$ | $0.0025a^2$ |
| 8 | $-0.0012a^2$ | $-0.0067a$ | $0.0022a$ | $0.0244a$ | $0.0008a^2$ | $0.0022a^2$ |
| 9 | $-0.0010a^2$ | $-0.0058a$ | $0.0019a$ | $0.0231a$ | $0.0006a^2$ | $0.0020a^2$ |

することはない．これと同様の関係が総生産量についても成立している．つまり混合寡占のときの方が純粋寡占のときよりも総生産量の大きさは下回っているが，企業数の増加に対する総生産量の増大の度合いは逆に混合寡占のときの方が上回っている．したがってちょうどこれと逆の関係にある価格については，

$$\bar{p} < p^*$$

が任意の企業数に対して成立し，かつその差が徐々に狭まっていくことになる．
 さらに混合寡占下と純粋寡占下の PMF の個別生産量の差は $n=1$ を除いて

企業数が増加するにつれて最初増加し，後に減少する．このように

$$q^{\mathrm{P}*} > \bar{q}^{\mathrm{P}} > q^{\mathrm{L}*}$$

の大小関係はここでの任意の企業数について成立しているが，その差は基本的に小さくなっていることがわかる．最後に利潤については，混合寡占下と純粋寡占下のPMFに関する数値の差は企業数が増加するにつれて一様に低下しており，これから混合寡占のときの利潤の方が低下の度合いがより大きいことがわかる．また，純粋寡占下のPMFの利潤と転換されたLMFにおける利潤の差は最初には上昇し，後に低下する．しかしその間，

$$\pi^{\mathrm{P}*} > \bar{\pi}^{\mathrm{P}} > \pi^{\mathrm{L}*}$$

の大小関係は企業数の変化によっては基本的に変わることはない．

## 7　むすび

　本章では，企業形態の転換によるメカニズム・デザイン上の比較を行った．そもそもこれまでに知られていたこととして挙げられるのは，
　①$n+1$企業からなる利潤最大化（PM）経済において，企業数が増加するにつれて，利潤最大化企業（PMF）1社を公企業に転換することは，経済厚生上，ますます正当化し難くなっていく（De Fraja and Delbono, 1989 等）．
　②2企業からなる労働者管理（LM）経済において，1社の労働者管理企業（LMF）を公企業またはPMFに転換することは，経済厚生の観点から見て望ましい（Delbono and Rossini, 1992 及び Kahana, 1994 等）．
　③厚生分析ではないが，2企業からなるPM経済において1社のPMFをLMFに転換したとき，生産量と利潤に関してともに，PMFがLMFのそれを上回る（Cremer and Cremer, 1992）．
ことである．
　以上に対して，本章で明らかにされたことは次のようなものである．
　まず第1に，$n+1$企業からなるLM経済において，企業数が増加するにつれて，LMF1社を他の企業形態（公企業ないしPMF）へ転換することが，ま

すます望ましくなっていくことである．ここでは公企業とPMFが混合寡占においてほぼ同様の働きをしていることがわかる．他にも例えば，(1)転換に伴い総生産量が増大し，個別レベルでも転換した企業とLMFに留まった企業ともに生産量が増大することや，(2)労働者1人当たり所得は転換後，転換した企業とLMFに留まった企業ともに低下する，といった共通点が挙げられる．しかし他方でいくつかの相違点の存在も確認できた．前者の(1)の主張に対しては，公企業に転換した場合には公企業に転換した方がLMFに留まった方の企業よりも生産量の増大の幅が大きく，かつ両者の大小関係が終始変わらないのに対し，PMFに転換した場合には企業数が増加するとLMFに留まった方が個別生産量がより大きくなるケースが存在する．また，後者の(2)の主張に対しても，公企業に転換した場合には企業数が変化してもLMFの1人当たり所得の方が公企業のそれよりも絶えず大きくなることが見られる一方で，PMFに転換した場合には企業数が少ないとき1人当たり所得はPMFの方がLMFよりも高いが，企業数が増加したとき，LMFの方が高くなるケースがあることも確認された．

第2に，$n+1$企業からなるPM経済においては，企業数のいかんにかかわらずPMFからLMFへの転換は正当化できないが，しかし企業数が増加するにつれてそのデメリットは小さくなり，経済厚生上の悪化の程度は軽減されていくことも本章で確かめられた．

最後に問題点と今後の展望を示しておく．本章では，政府の目的は社会的余剰の最大化であると仮定し，その厚生水準を基準として企業形態の転換を政府が決定するとしたが，現実には政府は必ずしもそのような一枚岩ではなく，多くの利害グループにより形成され，また，特定の圧力団体からの影響をときとして受けやすい存在でもある．あるいはそのエージェントとしての経営者に関するインセンティブ問題もここでは考察外におかれていた．最後に企業を転換するプロセスについて，つまり転換される企業資産を誰にどうやって売却し，transferを完了させるかといった点については，全く考慮されていなかった．今後の検討が必要であろう．

第 9 章 混合寡占における経済移行に伴う諸効果の比較分析　　193

## 注

1) これに関しては，例えば，Rees（1984）の 7.1 などを参照されたい．
2) これに関しては，Basu（1993）の 16.2 を参照のこと．
3) Cremer and Cremer（1994）では製品差別化の下で同様の問題が取り扱われている．
4) そこでは混合複占と純粋複占間において，総生産量に関する比較のみが行われている．
5) 彼らは公企業をリーダーとするシュタッケルベルク均衡も扱っているが，本章ではナッシュ均衡のみを扱うことにする．
6) 本章では混合寡占ないし複占下の均衡点に＊印を用いる．
7) 本章では純粋寡占ないし複占下の均衡点にバー記号を用いる．
8) したがって，ここでは $\bar{n}=3$ のケースを扱うことになる．
9) ここでは，より正確に言えば，$n=4$ のときにも $\bar{\pi}^P > \pi^{S*}$ が成り立っている．しかし，少なくとも公企業への転換が正当化される限りにおいては，不等号の向きが逆向きになることはないので，その意味で $n \leq 3$ であれば $\bar{\pi}^P > \pi^{S*}$ が成立すると言える．
10) 彼らの主眼点は，数量競争下の複占とその水平的合併間の厚生比較を行うことであったが，本章ではこの種の合併については扱わない．
11) ここでは同時に

$$q^{S*} = \frac{2a+\sqrt{a^2+6R}}{3}, \quad q^{L*} = -(a+\sqrt{a^2+6R})$$

の均衡も得られるが，経済的に無意味なので取り扱わない．

12) 1 人当たり所得が市場賃金率 1 を下回っているのであれば，少なくともLMF のメンバーにとってこの企業で働くことは不利であるし，したがって，その意味で LMF の存在価値はなくなってしまう．
13) ここでも注 11) と同様，経済的に有意味な解のみを扱っている．
14) 利潤と 1 人当たり所得の定義より，利潤が非負であることと 1 人当たり所得が 1 以上であることは，ここでは同一条件である．
15) 容易に確かめられるように，絶対額においても (37) 式の $y^{P*}$ が (35) 式の $y^{S*}$ を上回っている．
16) 彼らは本章のような数量競争だけでなく，価格競争も取り扱っている．
17) $n \geq 10$ のときには，容易に確かめられるように，平方根がマイナスとなってしまうので表示していない．
18) この表を含めて以下の表はすべて，数値を小数点以下，第 5 位で四捨五入し

ている．
19) ここでも $n \geqq 7$ のときには実数解が得られないので表示していない．
20) 表9.3と9.4において，企業数はそれぞれ表9.1と9.2のそれに合わせたものとなっている．
21) 条件 (32) を，LMF の企業数を任意の $n$ について成り立つように一般化したものが (58) 式であり，他方で PMF の企業数について一般化したものが (65) 式である．したがって条件 (32) は (58) 式と (65) 式の双方のスペシャル・ケースとなっている．
22) ここでは前節とは違って平方根がマイナスになることはないが，これまでの結果と対応させるため，企業数は9までしか表示していない．

# 第10章 労働者管理企業に対する市場構造と品質規制の効果

## 1 はじめに

財の品質と市場構造の間の関係は Levhari and Srinivasan (1969), Schmalensee (1970, 1979), Levhari and Peles (1973) 等によって，これまで広く議論されてきた．彼らは財の品質を数量の完全代替財，あるいは耐久財の耐久性とみなし，スタンダードな利潤最大化企業 (PMF) にこれを適用し分析を行った．Swan (1970, 1971) は品質が市場構造とは無関係であるという「独立性命題」を主張したが，彼以外のその他多くの議論の中では，品質は市場構造と密接に結び付いているとされていた．特に Levhari and Srinivasan (1969), Schmalensee (1970) は，完全競争市場において生産された財の品質は独占下における財のそれを上回ると結論付けた．結局，Swan モデルにおける品質の市場構造からの「独立性」が正しいと証明されたが，それにもかかわらず，独占力が財の品質を低下させるという Levhari and Srinivasan 等による一連の議論の方が直感的にアピールしやすいのも事実である．実際，Swan の結論は，規模に関して収穫一定や品質自体に対する需要が存在しないこと，等の諸仮定に強く依存していることが確認された (Schmalensee, 1979)．そのため，より現実的で，直感とも合致した結論を引き出すために，Swan の結論における前提となっている諸仮定の一部を修正，あるいは緩和しようとする試みがなされてきた．

この種のアプローチとやや異なった角度から Martin (1986) は，労働者管理のフレームワークを用いるという一点を除いて，他は Swan と同一モデルを使用し財の品質の問題を取り上げ，従来の PMF モデルの結論と比較した．彼は

労働者管理企業（LMF）の財の品質水準は利潤がプラス（ゼロ，マイナス）のときPMFより高く（同じに，低く）なることを明らかにした．また彼は，LMFが寡占企業であるときその品質が産業内における企業数の減少関数であることを示した．換言すれば，このようにLMFを分析対象としたとき，他の部分ではSwanモデルの想定をそのまま維持したとしてもSwanの結論は成立しなくなるのである．

　しかしながら，以上の議論における品質の扱い方はすべて数量の代替財，ないしは耐久性としての側面を重視することに集中しており，Martinにおいても，その結論は品質を数量の純粋な代替財と想定したうえで得たものであった．この想定の下では，品質の向上はただ単に数量の増加を意味するにすぎず，その結果，需要曲線に沿って価格を引き下げるように作用する．これに対し，Mikami (1991) は品質の向上が価格水準を高める状況を考察の対象とした．そこにおいて彼は，Levhari and Srinivasan (1969)，Schmalensee (1970) とはちょうど逆の結論，すなわち独占力はむしろ財の品質を高めることを明らかにした．

　このような流れを辿っていけば，当然次のような素朴な疑問点に行き着くであろう．すなわち，品質の向上が価格水準を高めるという想定の下でのLMFによる財の品質と市場構造の関係はいかなるものであろうか，と．これが本章における主要な目的である．この目的に関連して注意しておかなければならないことは，労働インセンティブの取り扱いである．すなわち，PMFとLMF間ではどちらの方がより働くインセンティブをもつのであろうかという点について，まず最初に明確にしておく必要があろう．これについては全く対照的な考え方が存在する．LMFでは労働者は外部労働市場で決定した賃金率を支払われるのではなく，剰余の分配を受けることにより，企業の業績と深くかかわっており，そのため，LMFの労働者はそのような意味での結び付きが希薄なPMFよりも生産性が高くなるという意見がある．その一方で，LMFにはそれ自体が有する（事後的）平等主義の精神のため，労働者にフリー・ライダー問題を招き，生産性を低めてしまうのに対して，PMFでは労働者を限界価値生産物が賃金率と等しくなる点まで雇い入れるため，彼らに効率的行動をとらせることができるという意見もある．労働生産性はインセンティブ次第で異な

ってくるが，そのインセンティブ自体がさまざまな要因から影響を受ける．それゆえ，労働の「質」については，LMF・PMF 間で同一であると仮定し，インセンティブ問題をここでの考察の対象としないことにする．これによって，LMF・PMF 間の目的関数自体の差異に依拠する財の「質」を分析の俎上に載せ，その品質の差異を際立たせることができる．

なお，本章の構成は以下の通りである．まず次節において，完全競争，独占下それぞれにおける PMF, LMF の基本モデルを提示する．第3節では，完全競争，独占市場，それぞれにおける財の最適品質水準を定義し，前節でのモデルから得られた品質水準と比較する．続く第4節では直接品質規制を，第5節では売上税を通した品質規制を，それぞれ完全競争，独占下における PMF, LMF の両ケースについて，特に厚生効果の観点から検討する．第6節では付論として上記の議論を寡占下におけるケースに拡張し，品質に関する企業数の効果を考察する．最後に，第7節で本章をまとめることにする．

## 2 基本モデル

まず第1に，財の品質 $q$ と数量 $x$ との2変数の逆需要関数 $p(q,x)$ を次のように特定化する．

$$p(q,x) = a(q)b(x)$$

ここでは，逆需要関数は品質 $q$ に関して増加かつ凹——$a'(q)>0$, $a''(q)<0$——であり，数量 $x$ に関して減少——$b'(x)<0$——である．もちろんこれらの想定は，以下で扱われる財の品質が数量の単なる代替物でなく，それ自体の属性に対する需要の存在を反映したものとなっている．第2に，企業は労働 $l$ を用いて同一財を生産する．生産技術は生産関数 $x=f(l)$ によって記述され，プラスかつ減少する通常の限界生産物——$f'(l)>0$, $f''(l)<0$——を仮定する．ただし，以後の分析を容易にするため，その逆関数

$$l = h(x) \quad \text{with} \quad h'(x) > 0, \ h''(x) > 0$$

の方を分析の際には用いることにする．最後に，総費用関数 $C(q,x)$ に関する

想定について述べる．今，規模に関して収穫一定を仮定するのであれば，費用関数は $C(q,x) = c(q) \cdot x$ とすべきである．しかしすでに見た仮定 $f''(l) < 0$ ないし $h''(x) > 0$ との整合性を維持するためには，むしろその費用関数に

$$B(x) \quad \text{with} \quad B'(x) > 0, \; B''(x) > 0$$

という関数を additive な形で付け加えることにより

$$C(q, x) = c(q)x + B(x)$$

と特定化したものを以後用いることにする．

## 2.1 完全競争

完全競争のケースから始めよう．すべての企業が財の価格を与えられたものとして生産量を決定する．しかし，他方で企業は品質水準の変更を通じて価格水準を操作することも可能である．その意味で，企業は完全競争下にありながらも，ある程度の独占度を有している．個々の PMF は利潤 $\pi_i(i=1,\cdots,n)$ を最大にするよう行動する．

$$\max_{q, x_i} \pi_i(q, x) = a(q)b(x)x_i - c(q)x_i - B(x_i) \quad \text{where} \quad x = \sum x_i$$

そのとき $q$ の決定のための1階の条件は

$$a'(q)b(x) = c'(q) \tag{1}$$

であり，$x$ の決定のためのゼロ・プロフィット条件は

$$a(q)b(x) = c(q) + \frac{B(x_i)}{x_i} \tag{2}$$

である[1]．(1) 式を (2) 式で除し整理すると，

$$\frac{a'(q)}{a(q)}\left(1 + \frac{B(x_i)/x_i}{c(q)}\right) = \frac{c'(q)}{c(q)} \tag{3}$$

が得られる[2]．図 10.1 からも明らかなように，$B(\cdot)$ の導入により曲線 $a'/a$ が右側にシフトし，その結果として，品質が高まっているのがわかる[3]．

これに対して LMF の最大化問題については，以下のような労働者1人当た

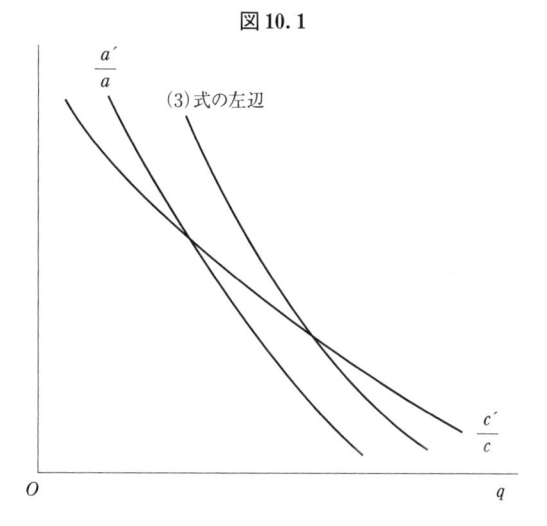

第10章 労働者管理企業に対する市場構造と品質規制の効果

図 10.1

り所得最大化によって記述される．

$$\max_{q,x_i} y_i = \frac{\pi_i(q, x_i)}{h(x_i)} + w$$

ただし，$w$ は賃金率を意味する．容易に確かめられるように，LMF に対する1階の条件とゼロ・プロフィット条件はともに PMF に対するものと同一である．したがって，ここでも (3) 式が成立する．この equivalent な結果は参入・退出を認めたときの帰結として，Vanek (1970), Dreze (1976) や Ireland and Law (1982) 等における LMF・PMF 間の規模の同一性に関する議論とパラレルなものとなっている．

## 2.2 独　占

他方において独占のときの問題をここで検討する．まず PMF は以下の問題を解くことによって $q$ と $x$ を選択するものとする．

$$\max_{q,x}(q, x) = a(q)b(x)x - c(q)x - B(x)$$

そこでの $q$ と $x$ についての1階の条件はそれぞれ

図 10.2

(3)式の左辺
(6)式の左辺
$\dfrac{c'}{c}$
O  q

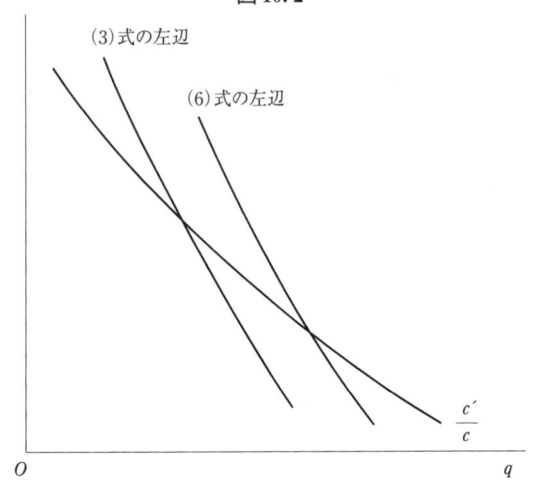

$$a'(q)\,b(x) = c'(q) \tag{4}$$

及び

$$a(q)\,b(x)\,(1-\varepsilon) = c(q) + B'(x) \tag{5}$$

である.ただし,$\varepsilon$ は需要の価格弾力性の逆数,$-b'(x)\,x/b(x)$,いわゆる独占度を意味する.以下,(4),(5) 式から

$$\frac{a'(q)}{a(q)\,(1-\varepsilon)}\left(1+\frac{B'(x)}{c(q)}\right) = \frac{c'(q)}{c(q)} \tag{6}$$

が得られる.(3) 式と (6) 式を比較すると,(3) 式の左辺が (6) 式のそれを上回っていることがわかる.このことは,独占下の PMF による財の品質が完全競争市場におけるそれを上回っていることを意味する.この結果は,規模に関して収穫一定を仮定した Mikami (1991) における結果と同一である.これにより,$B(\cdot)$ の導入は Mikami の結論を本質的に変えるものではないことが確認できる (図 10.2).そして Mikami と同様に,本章での PMF に対するモデルにおいても Swan の「独立性命題」は成立してはいない.

これに対して LMF の目的は以下の問題を解くことである.

$$\max_{q,x} y(q,x) = \frac{\pi(q,x)}{h(x)} + w$$

ここでの最大化のための1階の条件は

$$a'(q)b(x) = c'(q)$$
$$a(q)b(x)(1-\varepsilon) = c(q) + B'(x) + \frac{\pi h'(x)}{h(x)} \tag{7}$$

である.そこから次式 (8) が得られる.

$$\frac{a'(q)}{a(q)(1-\varepsilon)}\left(1 + \frac{B'(x)}{c(q)} + \frac{\pi h'(x)}{c(q)h(x)}\right) = \frac{c'(q)}{c(q)} \tag{8}$$

(3) 式と (8) 式の左辺に注目すると,PMF と比較して,若干,LMF にとっての問題が複雑になっているのがわかる.すなわち,ここでは財の品質水準が $\varepsilon$ だけではなく $\pi$ の値にも依存してくるため,完全競争と独占下における品質水準の高低を一意に結論付けることはできない.結局,そこでの大小関係はパラメータを考慮して,以下のように命題としてまとめることができる.

**命題 1:** LMF による独占下における財の品質水準は

$$\pi > (=, <) - \left[\varepsilon\left(1 + \frac{B(x_i)/x_i}{c(q)}\right) + \frac{B'(x) - B(x_i)/x_i}{c(q)}\right]\frac{c(q)h(x)}{h'(x)}$$

に応じて,完全競争市場における品質水準を上回る(と等しくなる,を下回る).

この結果は,LMF が独占企業のとき $\pi$ が非負であれば,その財の品質が完全競争下の品質を上回ることを保証する.つまり,メルクマールとなるべき $\pi = 0$ はもとより,仮にマイナスであっても,

$$-\left[\varepsilon\left(1 + \frac{B(x_i)/x_i}{c(q)}\right) + \frac{B'(x) - B(x_i)/x_i}{c(q)}\right]\frac{c(q)h(x)}{h'(x)}$$

を上回っている限り,独占企業のときの方が財の品質水準がより高いことを意味する[4]).

次に独占下における PMF と LMF の財の品質を吟味する.(6) 式と (8) 式の左辺を比較することによって,以下の命題を得る.

図 10.3

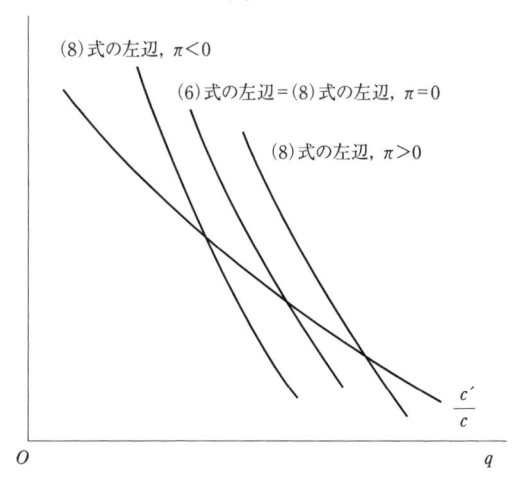

(8)式の左辺, $\pi<0$
(6)式の左辺 = (8)式の左辺, $\pi=0$
(8)式の左辺, $\pi>0$

$\dfrac{c'}{c}$

$O$　　　　　　　　　　　　　　　　　　　$q$

**命題 2**: もし利潤がプラス(ゼロ, マイナス)であれば, そのとき独占下における LMF の財の品質水準は PMF のそれを上回る(と等しい, を下回る).

この命題は図 10.3 でも確認できる. ここでは財の品質自体に対する需要の存在を想定しており, そのため $a'(\cdot)>0$ を仮定しているにもかかわらず, ここでの記号で言えば, $a'(\cdot)<0$ を仮定している Martin (1986) における Proposition (1) と同一の命題が成立している. これまで本書において幾度となく見てきた LMF の特徴を思い起こせば, 実はこの理由は至極もっともなものである. つまり独占下にある LMF で働いている労働者は, もし利潤がプラスであれば, その分配を受けるが, 1 人当たり所得最大化の観点からすれば, その分配を受ける対象者数は少ない方が望ましい. したがって当然その際, 労働者を削減しようとする力が作用し, $x$ が減少する. (7) 式の 1 階の条件式の内の前者において明らかなように, このことは 2 階の条件が満たされていれば $a'(q)$ の符号とは無関係に LMF に財の品質 $q$ を向上させるよう働く. もし利潤がマイナスで損失が生じているのであれば, ちょうど逆の推論を行うことにより, やはり $a'(\cdot)$ の符号とは無関係に品質を低下させることになる. 以上が品質の変化が財の価格に与える効果の想定の相違にもかかわらず, 本章のモデルと Martin のそれが同一の結果をもたらしている理由である．

## 3 最適品質水準

本節では品質規制の経済厚生に与える影響を分析するが，その前に厚生水準最大化という意味での最適品質水準を求めておかなければならない．まず，経済厚生を次のような社会的余剰として定義することにしよう．

$$S(q,x) = \int_0^x [a(q)b(v) - c(q) - B'(v)]dv \tag{9}$$

(9) 式を $q$ と $x$ に関して微分し，イコール・ゼロとおくことにより，(10)，(11) 式が得られる．

$$a'(q)\int_0^x b(v)\,dv = c'(q)x \tag{10}$$

$$a(q)b(x) = c(q) + B'(x) \tag{11}$$

(10) 式を (11) 式で除し整理することにより次式 (12) が成立する．

$$\frac{a'(q)}{a(q)b(x)x}\int_0^x b(v)\,dv\left(1 + \frac{B'(x)}{c(q)}\right) = \frac{c'(q)}{c(q)} \tag{12}$$

これにより最適品質水準 $q^*$ が求まる．そこで次にこの値を前節で得た完全競争，独占のケースにおける PMF，LMF それぞれの財の品質水準と比較してみよう．完全競争市場での PMF，LMF それぞれの財の品質は，ともに (3) 式によって決定し，そのため両者は同一であった．そこで (3) 式と (12) 式を比較すると

$$b(x)x\left(1 + \frac{B(x_i)/x_i}{c(q)}\right) < \int_0^x b(v)\,dv\left(1 + \frac{B'(x)}{c(q)}\right)$$

が得られ，これによりここでの仮定の下で，完全競争企業による財の品質は最適水準を下回ることがわかる．

次に同様にして (6) 式と (12) 式を比較すると，PMF が独占のとき

$$q_M > (=, <) q^* \quad \text{as} \quad b(x)x > (=, <)(1-\varepsilon)\int_0^x b(v)\,dv$$

である．したがって，独占度 $\varepsilon$ が大きければ PMF による財の品質は最適品質水準を上回りがちであることがわかる．なお，サブスクリプトの M は独占を意味している．

他方，LMF が独占のときは (8) 式と (12) 式を比較すればよい．それゆえ，

$$q_M > (=, <) q^* \quad \text{as} \quad b(x)x\left(1 + \frac{B'(x)}{c(q)} + \frac{\pi h'(x)}{c(q)h(x)}\right)$$
$$> (=, <)(1-\varepsilon)\int_0^x b(v)\,dv\left(1 + \frac{B'(x)}{c(q)}\right)$$

が成立する．これにより $\varepsilon$ あるいは $\pi$ が大きければ大きいほど，LMF による財の品質が最適品質水準を上回りがちであるということがわかる．以上の議論を命題3, 4 としてまとめよう．

**命題3**： 完全競争企業による財の品質は最適品質水準を下回る．

**命題4**： i ) 独占度が十分に大きければ，独占下における PMF の財の品質は最適品質水準を上回る．ii ) 独占度が十分に大きいか，又は利潤が十分に大きければ，独占下における LMF による財の品質は最適品質水準を上回る．

## 4 直接品質規制

この節では品質規制の問題を取り扱う．最初に，政府が企業による財の品質水準を直接的に規制しようとするとき，経済厚生にどのような影響を及ぼすのか，を検討する．第2節で見たように，産業均衡における PMF と LMF 間の規模と品質水準をそれぞれ均等化するためには，決定的に自由参入・退出の効果が重要である．したがって，ゼロ・プロフィット条件が考慮されれば PMF・LMF 間の区別は必要なくなり，財の品質水準と数量はそれぞれ同一のものとなる．したがって以降，完全競争を扱うときに，特に必要ない限り，PMF, LMF のどちらかであるかについて，一々言及しないことにする．

完全競争のケースから始めよう．今，(2) 式の解を $x_C^p(q)$ とする．スーパー

スクリプトの D とサブスクリプトの C はそれぞれ直接品質規制と完全競争を表している．このとき完全競争市場における厚生水準は

$$S_C^D(q) = S(q, x_C^D(q)) \tag{13}$$

である．(13) 式の $q$ に関する導関数は次のように示される．

$$\frac{dS_C^D(q)}{dq} = \int_0^{x_C^B(q)} [a'(q) b(v) - c'(q)] dv$$
$$+ [a(q) b(x_C^D(q)) - c(q) - B'(x_C^D(q))] x_C^{D'}(q)$$

この式を (3) 式で決定される品質水準で評価すると

$$\frac{dS_C^D(q_C)}{dq} = \int_0^{x_C^B(q_C)} [a'(q_C) b(v) - c'(q_C)] dv > 0 \quad \text{for} \quad v < x_C^D(q_C) \tag{14}$$

となる．(14) 式の第 2 項（数量効果）は，(1), (2) 式より $x_C^{D'}(q)=0$ となることからゼロであり，その結果，第 1 項（品質効果）のみが残っている．したがって，完全競争企業による財の品質に関する直接規制は厚生水準を引き上げる．$B(\cdot)$ の導入にもかかわらず，これは Mikami (1991) での結果と同一となっている．

次に独占下における PMF について検討する．完全競争市場に対して行ったのと同様にして，独占市場における厚生水準を

$$S_M^D(q) = S(q, x_M^D(q)) \tag{15}$$

と定義する．$x_M^D(q)$ は (5) 式の解であるが，そこでの M は前節で触れたように，独占を意味する．ここで (15) 式の導関数を求め，連立方程式 (4), (5) の解，すなわち (6) 式における $q=q_M$ で評価すると

$$\frac{dS_M^D(q_M)}{dq} = \int_0^{x_M^B(q_M)} [a'(q_M) b(v) - c'(q_M)] dv$$
$$+ \varepsilon a(q_M) b(x_M^D(q_M)) x_M^{D'}(q_M) \gtreqless 0 \tag{16}$$

であり，その符号は不確定である．先に見た完全競争のケース (14) 式とは異なり，第 2 項の数量効果は消えずに残ってしまい，しかも，

$$x_M^{D'}(q_M) = \frac{\varepsilon a'(q_M) b(x_M^D(q_M))}{a(q_M) b'(x_M^D(q_M))(1-\varepsilon) - B''(x_M^D(q_M))} < 0$$

により品質効果と数量効果は相反する作用を厚生水準に与えていることがわかる。Mikami でもこの直接規制が厚生水準に与える効果は不確定となっていた。

さて，LMF に対しても同様の操作を施せば，次式が得られる．

$$\frac{dS_M^D(q_M)}{dq} = \int_{(0)}^{x_M^D(q_M)} [a'(q_M)b(v) - c'(q_M)]dv$$
$$+ \left(\varepsilon a(q_M)b(x_M^D(q_M)) + \frac{\pi h'(q_M)}{h(x_M^D(q_M))}\right)x_M^{D'}(q_M) \gtreqless 0 \tag{17}$$

やはりこのケースでも，符号は不確定となる．しかし，ここでの結果は PMF に対するそれよりも，さらに複雑で扱いにくいものとなっている．なぜなら $\pi$ が (17) 式の第 2 項の括弧内，及び $x_M^{D'}(q_M)$，すなわち

$$x_M^{D'}(q_M)$$
$$= \frac{\varepsilon a'(q_M)b(x_M^D(q_M))}{a(q_M)b'(x_M^D(q_M))(1-\varepsilon) - B''(x_M^D(q_M)) - \frac{\pi h''(x_M^D(q_M))}{h(x_M^D(q_M))}} \gtreqless 0$$

の双方に入ってきているためである．PMF ではプラスの品質効果とマイナスの数量効果により厚生効果が不確定となっていたが，ここでは $\pi$ の存在により数量効果自体が不確定となっている．しかしながら，その代わりに少なくとも $\pi$ が

$$-\frac{\varepsilon a(q)b(x)h(x)}{h'(x)} > \pi > \frac{a(q)b'(x)(1-\varepsilon) - B''(x)}{h''(x)}h(x)$$

に留まっている限りは，第 2 項の数量効果はプラスであることが言える．よって，第 1 項の品質効果がプラスであることから，このケースにおいては，直接規制は厚生水準にプラスの効果を与えるであろうことがわかる．数量効果がプラスになるという，この可能性は PMF のケースにおいては起こりえなかったことである．以上の結果を，完全競争と独占下における LMF のケースについて，それぞれ命題 5, 6 としてまとめておこう．

**命題 5**： 完全競争市場における，直接品質規制による品質改善は厚生水準を引き上げる．

**命題 6**： 独占下の LMF に対する直接品質規制が厚生水準に及ぼす効果は，利潤 $\pi$ が

$$-\frac{\varepsilon a(q)\,b(x)\,h(x)}{h'(x)} > \pi > \frac{a(q)\,b'(x)\,(1-\varepsilon) - B''(x)}{h''(x)}h(x)$$

であれば必ずプラスとなり，厚生水準を改善する．

## 5 売上税を通した品質規制

本節では，売上税を通した品質規制が厚生水準に及ぼす影響を検討する．課税パラメータの効果を分析するため，目的関数を若干修正しなければならない．

### 5.1 基本モデルの修正

まず第 1 に，完全競争下における PMF，LMF，それぞれの直面する問題は次のようになる．

$$\max_{q,x_i} \tilde{\pi}_i(q, x_i) = a(q)\,b(\bar{x})\,x_i - (c(q)+t)\,x_i - B(x_i)$$

$$\max_{q,x_i} \tilde{y}_i(q, x_i) = \frac{\tilde{\pi}_i(q, x_i)}{h(x_i)} + w$$

ただし，$t$ は売上税率を表す．双方のケースにおいて，1 階の条件，ゼロ・プロフィット条件はともに

$$a'(q)\,b(x) = c'(q) \tag{18}$$

$$a(q)\,b(x)\,x_i = (c(q)+t)\,x_i + B(x_i) \tag{19}$$

である．したがって，(18)，(19) 式から完全競争市場における品質水準は次式で決定する．

$$\frac{a'(q)}{a(q)}\left(1 + \frac{t + B(x_i)/x_i}{c(q)}\right) = \frac{c'(q)}{c(q)} \tag{20}$$

(3) 式と (20) 式を比較すれば，完全競争市場における売上税の導入は財の品質水準を向上させるが，逆にマイナスの売上税の導入は品質を低下させる．

これに対して独占のケースはどうだろうか．まず PMF の解くべき問題は次のように変更される．

$$\max_{q,x} \tilde{\pi}(q,x) = a(q)b(x)x - (c(q)+t)x - B(x)$$

そこでの1階の条件は次のように与えられる．

$$a'(q)b(x) = c'(q) \tag{21}$$

$$a(q)b(x)(1-\varepsilon) = c(q) + t + B'(x) \tag{22}$$

以上 (21), (22) 式から次式が得られる．

$$\frac{a'(q)}{a(q)(1-\varepsilon)}\left(1 + \frac{t+B'(x)}{c(q)}\right) = \frac{c'(q)}{c(q)} \tag{23}$$

(6) 式と (23) 式を比較すれば，$t$ の存在が品質水準の向上に結び付いていることがわかる（図 10.4）．Mikami (1991) では完全競争下，独占下のどちらにおいても，PMF による財の品質は売上税の導入により引き上げられ，逆に，マイナスの売上税の導入により引き下げられる，という結論が得られていたが，本節でも同様の結論が得られた．ただし，ここでも第2節と同様，財の品質自体

図 10.4

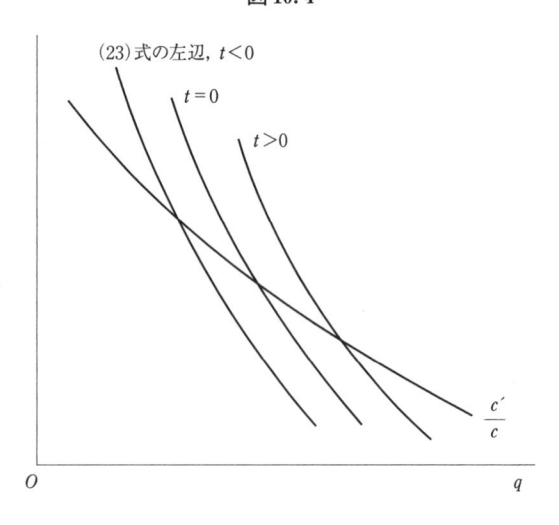

は $B(\cdot)$ を考慮していることにより，Mikami のそれよりも高い水準を実現している．

他方，独占下における LMF の解くべき問題は次のようである．

$$\max_{q,x} \bar{y}(q,x) = \frac{\bar{\pi}(q,x)}{h(x)} + w$$

1 階の条件は

$$a'(q)b(x) = c'(x) \tag{24}$$

$$a(q)b(x)(1-\varepsilon) = c(q) + t + B'(x) + \frac{\bar{\pi}h'(x)}{h(x)} \tag{25}$$

であり，そこから次式が得られる．

$$\begin{aligned}
&\frac{a'(q)}{a(q)(1-\varepsilon)}\left(1 + \frac{t+B'(x)}{c(q)} + \frac{\bar{\pi}h'(x)}{c(q)h(x)}\right) \\
&\equiv \frac{a'(q)}{a(q)(1-\varepsilon)}\left[1 + \frac{B'(x)}{c(q)} + \frac{\pi h'(x)}{c(q)h(q)} - \frac{tx}{c(q)h(x)}\left(h'(x) - \frac{h(x)}{x}\right)\right] \\
&= \frac{c'(q)}{c(q)} \tag{26}
\end{aligned}$$

このケースについて売上税の導入の効果を調べるためには，(8) 式と (26) 式を比較してみればよい．$h'(x) > h(x)/x$ により，LMF に対する売上税の導入は品質を引き下げ，逆にマイナスの売上税の導入が品質を引き上げている．以上をまとめる．

**命題 7**： 完全競争市場，及び独占下の PMF による財に対する売上税の導入はその品質を向上させ，マイナスの売上税の導入は品質を低下させる．これに対して，独占下の LMF による財に対する売上税の導入はその品質を低下させ，マイナスの売上税の導入は品質を向上させる．

このように，産業均衡下において売上税の導入を考慮することによって，LMF が完全競争市場にあるときと独占状態にあるときとでは，その生産する財の品質に及ぼす効果に著しいコントラストが見られる．このことがここでのモデルにおける興味深い特徴である．次に以前と同様にして厚生分析を行う．

## 5.2 厚生分析

最初に，完全競争企業を取り扱う．まず，(18),(19) 式の解を $q_C^T(t)$, $x_C^T(t)$ と表そう．ただしそこでのスーパースクリプト T は売上税を通した品質規制に関する記号であり，直接品質規制に関する D と区別される．そこで，完全競争市場における厚生水準は次のように定義される．

$$S(q_C^T(t), x_C^T(t))$$
$$= \int_0^{x_C^T(t)} [a(q_C^T(t))b(v) - t - c(q_C^T(t)) - B'(x_C^T(t))]dv + tx_C^T(t) \tag{27}$$

(27) 式を $t$ で微分し (19) 式を用いて次式を得る．

$$\frac{dS_C^T(t)}{dt} = \int_0^{x_C^T(q)} [a'(q_C^T(t))b(v) - c'(q_C^T(t))]dv \cdot q_C^{T\prime}(t)$$
$$- \left( B'(x_C^T(t)) - \frac{B(x_i)}{x_i} \right) x_C^{T\prime}(t) + tx_C^{T\prime}(t) \tag{28}$$

(28) 式における第1項，第2項はそれぞれ前節で見た品質効果，数量効果に対応しているが，ここでの第3項は Mikami (1991) に従い，ボリューム効果と呼ぶことにする．また，**数学注1**より，$q_C^{T\prime}(t) > 0$, $x_C^{T\prime}(t) < 0$ であることがわかっている．(28) 式を $t=0$ で評価すると，次式を得る．

$$\frac{dS_C^T(0)}{dt} = \int_0^{x_C^T(0)} [a'(q_C^T(0))b(v) - c'(q_C^T(0))]dv \cdot q_C^{T\prime}(0)$$
$$- \left( B'(x_C^T(0)) - \frac{B(x_i)}{x_i} \right) x_C^{T\prime}(0) > 0 \tag{29}$$

(29) 式において，$t=0$ の下で (28) 式の第3項はゼロになるが，残る第1項の品質効果，第2項の数量効果はともにプラスである．これにより，次の命題が成立する．

**命題 8**：課税がなされていない下での完全競争市場における売上税の導入は厚生水準を改善する．

独占のケースについてはどうか．まず PMF を取り上げ，財の品質と数量に与える売上税の効果を調べる．(21), (22) 式を解き，その解を $q_M^T(t)$, $x_M^T(t)$ と

する．導関数の符号については，**数学注2**により，それぞれ

$$q_M^{T\prime}(t) > 0, \quad x_M^{T\prime}(t) < 0$$

である．つまり，売上税の変化が財の品質，数量に与える効果は，PMF が完全競争的であっても，独占的であっても定性的性質は同一であることがわかる．
さて，以上を踏まえ，厚生水準の $t$ に関する導関数を求めると，

$$\frac{dS_M^T(t)}{dt} = \int_0^{x_M^T(t)} [a'(q_M^T(t))b(v) - c'(q_M^T(t))]dv \cdot q_M^{T\prime}(t)$$
$$+ \varepsilon a(q_M^T(t))b(x_M^T(t))x_M^{T\prime}(t) + tx_M^{T\prime}(t)$$

が得られる．ここでは第1項の品質効果はプラス，第2項の数量効果はマイナス，最後の第3項ボリューム効果はマイナスとなり，そのため PMF による独占市場の厚生に及ぼす総効果は不確定である．さらに，$t=0$ において評価すると

$$\frac{dS_M^T(0)}{dt} = \int_0^{x_M^T(0)} [a'(q_M^T(0))b(v) - c'(q_M^T(0))]dv \cdot q_M^{T\prime}(0)$$
$$+ \varepsilon a(q_M^T(0))b(x_M^T(0))x_M^{T\prime}(0) \tag{30}$$

が得られるが，完全競争のケースとは異なり，品質効果と数量効果が厚生水準に対してそれぞれ逆方向に働くため，依然として総効果は不確定である．

次に，LMF が独占のケースについて吟味しよう．ここでも (24)，(25) 式の解を $q_M^T(t)$, $x_M^T(t)$ とするが，それら導関数の符号はそれぞれ $q_M^{T\prime}(t) < 0$, $x_M^{T\prime}(t) > 0$ となる．詳細は**数学注3**に譲るが，LMF による独占のケースについて得られるこの結果は，完全競争市場のケースと PMF による独占のケースについてのそれをちょうど逆転させたものとなっていることに注意されたい．以上を念頭において，厚生水準を税率で微分すると

$$\frac{dS_M^T(t)}{dt} = \int_0^{x_M^T(t)} [a'(q_M^T(t))b(v) - c'(q_M^T(t))]dv \cdot q_M^{T\prime}(t)$$
$$+ \left(\varepsilon a(q_M^T(t))b(x_M^T(t)) + \frac{\pi h'(x_M^T(t))}{h(x_M^T(t))}\right)x_M^{T\prime}(t) + tx_M^{T\prime}(t) \tag{31}$$

が求まる．そこにおいて，品質効果はマイナス，数量効果のうち $x_M^{T\prime}$ はプラス，そしてボリューム効果もプラスとなっていることがわかる．もし (31) 式を $t=0$ で評価すれば，そのとき

$$\frac{dS_M^T(0)}{dt} = \int_0^{x_M^T(0)} [a'(q_M^T(0))b(v) - c'(q_M^T(0))]dv \cdot q_M^{T'}(0)$$
$$+ \left(\varepsilon a(q_M^T(0))b(x_M^T(0)) + \frac{\pi h'(x_M^T(0))}{h(x_M^T(0))}\right)x_M^{T'}(0) \gtreqless 0 \quad (32)$$

であり，第3項はゼロとなるが，依然，符号は不確定に留まる．しかしながら

$$\pi < -\frac{\varepsilon a(q_M^T(0))b(x_M^T(0))h(x_M^T(0))}{h'(x_M^T(0))}$$

のとき，(31)式第2項の括弧内の符号はマイナスとなり，数量効果はマイナスである．したがって売上税の導入によって厚生水準は悪化することがわかる．

これをまとめると

**命題9**： 課税がなされていない下での独占市場のLMFに対する売上税の導入は，利潤が

$$\pi < -\frac{\varepsilon a(q_M^T(0))b(x_M^T(0))h(x_M^T(0))}{h'(x_M^T(0))}$$

であれば必ず厚生水準を悪化させる．

が得られる．

最後に，ここでは3つの非対称性について確認しておきたい．すなわち，① (29)式と(32)式の各項間に見られるLMFの市場構造の差異に基づく非対称性，② (30)式と(32)式の各項間に見られる独占下におけるPMF・LMF間の非対称性，及び③ (17)式と(32)式の各項間に見られる独占下のLMFに対する品質規制間の非対称性，である．特に①と③の非対称性はMikami (1991)におけるPMFモデルでは決して見られなかった現象である．このことはLMFに特有の"perverse"な行動結果をもたらす関係，つまり

$$f'(l) < f(l)/l \quad \text{or} \quad h'(x) > h(x)/x$$

及び完全競争下におけるPMF・LMF間の均衡の同一性から得られたものである．

## 6 寡占のケース

これまで，PMF，LMF，それぞれに対して，完全競争と独占という極端な市場構造のケースを取り扱い，比較してきた．この両極端なケースのギャップを埋めるため，以下，付論として前のモデルを $n$ 企業からなる不完全競争モデルに一般化する．なお，われわれは財の品質に関心をもっているので，以下，品質水準に関する産業における企業数変化の効果に議論の焦点を当て，これまでの議論から十分に推論できるように，品質水準が企業数の減少関数であることを確かめてみることにする．

まず最初に，寡占市場における代表的 PMF が次の目的関数を最大にするよう，品質と数量を決定するとしよう．

$$\max_{q, x_i} \pi_i(q, x_i) = a(q) b(x) x_i - c(q) x_i - B(x_i)$$

最大化のための 1 階の条件は

$$a'(q) b(x) = c'(q) \tag{33}$$

$$a(q) b'(x) x_i + a(q) b(x) = c(q) + B'(x_i) \tag{34}$$

である．したがって (33)，(34) 式から，クールノー=ナッシュ均衡における企業数の品質に関する効果が次のように得られる．

$$\frac{\partial q}{\partial n} = -\frac{a'(q) b'(x) x_i{}^2 \{a(q) b'(x) - B''(x_i)\}}{\varDelta^{\mathrm{P}}} < 0$$

ただし $\varDelta^{\mathrm{P}}$ はここではプラスでなければならない．これにより Mikami (1991) の結論は，より一般的なフレームワークにおいても依然として成り立っていることがわかる．

次に，LMF についてであるが，そこにおける代表的 LMF の解くべき問題は

$$\max_{q, x_i} y(q, x_i) = \frac{\pi(q, x_i)}{h(x_i)} + w$$

である．PMF のときと同様の手順の後に次式が得られる．

$$\frac{\partial q}{\partial n} = -\frac{a(q)a'(q)b'(x)^2 x_i^3 h'(x_i)}{(h(x_i))^3 \Delta^L}$$

$$-\frac{a'(q)b'(x)x_i^2[\{a(q)b'(x)-B''(x_i)\}h(x_i)-\pi h''(x_i)]}{(h(x_i))^3 \Delta^L} < 0$$

$\Delta^L$ はプラスであり，かつ鍵括弧内は 2 階の条件よりマイナスであることから，LMF のケースにおいても，上で見た PMF と同様に，企業数の変化が品質水準に与える効果はマイナスであることが確かめられる．またこのことは，Martin (1986) の結論と同一であることをも意味している．つまり，企業の行動様式が異なっているにもかかわらず，また品質に関する想定が異なっているにもかかわらず，ともに財の品質水準は企業数の減少関数となっている．そして市場構造の，PMF，LMF に対する効果について得られた諸命題は，依然として一般的な寡占モデルにおいても妥当しているのである．

## 7 むすび

本章では，品質が高くなると価格が下落するという従来の想定ではなく，むしろ品質の向上により価格が上昇するという想定の下で，市場構造が労働者管理企業，利潤最大化企業，それぞれに対して及ぼす影響を比較した．さらに，品質規制が両タイプの企業による財の品質水準に与える影響，また，経済厚生に与える効果も併せて吟味した．

**数学注 1**

完全競争下では均衡点は (18)，(19) 式で決定されるので，その点における解の性質を検討するため，両式を全微分し，行列表示すると次式を得る．

$$\begin{bmatrix} \psi_{11}^1 & \psi_{12}^1 \\ 0 & \psi_2^1 \end{bmatrix} \begin{bmatrix} dq \\ dx \end{bmatrix} = \begin{bmatrix} 0 \\ x_i \end{bmatrix} dt$$

ここでは

$$\psi_{11}^1 = (a''b - c'')x_i < 0$$

$$\psi_{12}^1 = a'b'x_i < 0$$

$$\psi_2^1 = ab'x_i < 0$$

である．クラーメルの公式を用いて比較静学を行うと以下の結果を得る．

$$\frac{\partial q}{\partial t} = -\frac{x_i \psi_{12}^1}{\Delta^1} > 0$$

$$\frac{\partial x}{\partial t} = \frac{x_i \psi_{11}^1}{\Delta^1} < 0$$

where $\Delta^1 = \psi_{11}^1 \psi_2^1 > 0$

## 数学注 2

(21), (22) 式で決定する PMF による独占下の均衡点における解の性質を得るため，両式を全微分し行列表示することにより次式を得る．

$$\begin{bmatrix} \psi_{11}^2 & \psi_{12}^2 \\ \psi_{21}^2 & \psi_{22}^2 \end{bmatrix} \begin{bmatrix} dq \\ dx \end{bmatrix} = \begin{bmatrix} 0 \\ 1 \end{bmatrix} dt$$

ただし

$$\psi_{11}^2 = (a''b - c'')x < 0$$
$$\psi_{12}^2 = \psi_{21}^2 = -\varepsilon a'b < 0$$
$$\psi_{22}^2 = ab'(1-\varepsilon) - B'' < 0$$

である．そこで，比較静学を行うと次の結果を得る．

$$\frac{\partial q}{\partial t} = -\frac{\psi_{12}^2}{\Delta^2} > 0$$

$$\frac{\partial x}{\partial t} = \frac{\psi_{11}^2}{\Delta^2} < 0$$

where $\Delta^2 = \psi_{11}^2 \psi_{22}^2 - (\psi_{12}^2)^2 > 0$

## 数学注 3

LMF による独占下の均衡点 (24), (25) における解の性質は両式を全微分し，整理することにより，次式を得る．

$$\begin{bmatrix} \psi_{11}^3 & \psi_{12}^3 \\ \psi_{21}^3 & \psi_{22}^3 \end{bmatrix} \begin{bmatrix} dq \\ dx \end{bmatrix} = \begin{bmatrix} 0 \\ -\psi_{2t}^3 \end{bmatrix} dt$$

where $\psi_{11}^3 = \dfrac{(a''b - c'')x}{h} < 0$

$$\psi_{12}^3 = \psi_{21}^3 = -\frac{\varepsilon a'b}{h} < 0$$

$$\psi_{22}^3 = \frac{ab'(1-\varepsilon)-B''}{h} - \frac{\pi h''}{(h)^2} < 0$$

$$\psi_{2t}^3 = \frac{x}{(h)^2}\Big(h' - \frac{h}{x}\Big) > 0$$

よって

$$\frac{\partial q}{\partial t} = \frac{\psi_{12}^3 \psi_{2t}^3}{\varDelta^3} < 0$$

$$\frac{\partial x}{\partial t} = -\frac{\psi_{11}^3 \psi_{2t}^3}{\varDelta^3} > 0$$

where $\quad \varDelta^3 = \psi_{11}^3 \psi_{22}^3 - (\psi_{12}^3)^2 > 0$

の結果を得ることができる．

**注**

1) (2) 式において産業均衡の結果として成立しているのであって，変数 $x$ は個々の企業のコントロール変数ではない．
2) 以下展開される本章のモデルは2階の条件が満たされているものとする．
3) 曲線 $c'/c$ は，安定条件より (3) 式の左辺を右上から横切らなければならない．
4) $x > x_i$ 及び $B'(x) > B(x)/x$ は，$B'(x) > B(x_i)/x_i$ のための十分条件となっている．

# 第11章 企業規模に関する利潤最大化企業と労働者管理企業の比較分析

## 1 はじめに

　企業に限らず，大規模の組織をイメージするとき，多くの人は階層化された内部構造をもつそれを思い浮かべるに違いない．通常それらはピラミッド型に組織化され，指令，報告等，さまざまな種類の情報が階層間を流れている．この種の集権的，階層的組織は至る所に存在し，機能していると思われるが，そのことの最大の理由は，その構造自体が情報伝達に要する資源の節約につながると考えられているからである．

　例えば $n(>2)$ 人のメンバーからなる組織における情報交換のルート数は $n(n-1)/2$ になるが，これに代えて1人の管理者を選出し，彼にメンバー間の調整，監督を任せることとしよう．このとき中央の管理者を経由してメンバーが結び付き，そのため相互作用の数は $n-1$ に減少する．

　ところがメンバーの数があまりに多くなると，1人の管理者が情報交換の経由を一手に引き受けることのデメリットの方が大きくなり，システムの運営に支障を来すことは想像に難くない．つまり，この意味で管理者1人当たりの統制範囲にはおのずと限界がある．したがって大規模組織になると，調整に伴う負担の軽減と伝達経路の節約の観点から，管理者を内部に適切に配置し，階層的な伝達経路を確立することが不可避となる[1]．

　しかしこのような形で階層化のメリットだけを強調するのは不十分であろう．なぜなら階層数が多くなりすぎると，情報伝達の際，多くのノードを経ることになるが，このことは，例えば意思決定者たるトップの管理者からの指令に含まれる情報に歪み，欠落等を生じさせ，その結果，階層の下位者に誤認される，

といったような厄介な事態を招くことになるかもしれないからである．

このように階層的構造のメリット，デメリットを比較考量すれば，組織にとっての最適な階層数がどのような点に定まり，またその階層数がパラメータからどのような影響を受けているのかがわかる．本章では，Williamson (1967) によって提起された問題，すなわち企業が一定の統制範囲の下で，階層化のデメリットとしての control-loss に直面するとき，規模の制約が存在するのかどうか，換言すれば control-loss が規模に関して収穫逓減の原因となりうるのかどうか，という問題を再度取り上げる[2]．そのうえで，2つの異なったタイプの企業，すなわち利潤最大化企業（PMF）と労働者管理企業（LMF）を比較し，その特徴をそれぞれ吟味することを目的とする．

なお，本章の構成は以下の通りである．まず次節において，最も基本となるモデルの前提を明らかにし，続く第3節で PMF と LMF，それぞれのモデル分析を行い，比較静学の結果を対照させる．第4節では統制範囲と最低賃金に関して想定を変更し，モデルを拡張する．第5節でモデルの拡張前と拡張後の階層数を比較する．最後に第6節で本章で得られた結果を要約する．

## 2 諸前提

前節ですでに触れたように，本章では PMF と LMF，双方の最適階層数の比較を主たる目的とする．したがって，PMF と LMF に共通の枠組みをまず最初に設定しておかなければならない．以下は両モデルに共通する想定である．

(1) 企業の内部構造は，一定の統制範囲 $s$ でピラミッド型に階層化されている．

(2) 各階層の上位者とそのすぐ下の下位者間の賃金比は一定とし，組織全体で共通の賃金傾斜 $\beta$ が適用される．

(3) 統制の有効性は 100% 以下であり，一般的には 100% をかなり下回るものとする．つまり，上位者の有する情報量は 100% を下回る一定割合 $a$ しか下位者に伝達されえない．あるいはこれを，上位者の本来希望する労働時間を下回る時間しか下位者が働かないというように考えてもよい．

(4) 実際に生産，販売活動に従事するのは最下層の労働者のみで，他は管理

者としての職務に就くものとする．
(5) 固定技術係数の生産関数を想定する．よって，仮定(3)，(4)より

$$X = \theta a^H N_0$$

とされる．

(6) 企業は市場支配力をもたず，したがって財価格及び賃金水準は所与として扱われる（完全競争の仮定）．

notation

$s$：統制範囲，$\beta$：賃金傾斜，$a$：統制の有効性，$H$：階層数，$\theta$：労働生産性，$X$：生産量，$P$：財価格，$R$：固定費用，$N_h$：各階層の労働者数，$W_h$：各階層の賃金水準

## 3 基本モデル

本節では前節の諸前提に立脚した基本モデルを提示する．前節での想定より，各階層，メンバー数，及び賃金水準を関連付けると，企業の内部構造は表11.1のように表される．すなわち，一番下の階層に属する労働者は $s^H$ 人であり，彼らは $W_0$ の賃金を受け取る．そして階層が1つ上がるごとに労働者数は $1/s$ 減少し，賃金は $\beta$ 倍ずつ上昇していく．

表11.1

| 階層 $h$ | 成員数 $N_h$ | 賃金水準 $W_h$ |
|---|---|---|
| $H$ | 1 | |
| $H-1$ | $s$ | $W_0 \beta^{H-1}$ |
| ⋮ | ⋮ | |
| $h$ | $s^{H-h}$ | $W_0 \beta^h$ |
| ⋮ | ⋮ | ⋮ |
| 1 | $s^{H-1}$ | $W_0 \beta$ |
| 0 | $s^H$ | $W_0$ |

### 3.1 利潤最大化企業

当該企業は利潤最大化を目的として行動する．利潤は

$$PX - \sum_{h=0}^{H-1} W_h N_h - R \tag{1}$$

と定義されるが，上記の想定により次のように書き表すことができる．

$$P\theta(\alpha s)^H - W_0 s^H \sum_{h=0}^{H-1} \left(\frac{\beta}{s}\right)^h - R$$

$s > \beta$ を仮定するならば，以下の近似が正当化される．

$$\sum_{h=0}^{H-1} \left(\frac{\beta}{s}\right)^h \fallingdotseq \frac{s}{s-\beta}$$

したがって，PMF は

$$\Pi = P\theta(\alpha s)^H - \frac{W_0 s^{H+1}}{s-\beta} - R \tag{2}$$

を最大にするように，階層数 $H$ を決定することになる．

さて 1 階の条件は

$$\alpha^H = \frac{W_0 s \ln s}{P\theta(s-\beta)\ln(\alpha s)} \tag{3}$$

であるが，このとき 2 階の条件は $\alpha s > 1$ であれば満たされている[3]．(3) 式を $H$ について解くと，PMF の最適階層数

$$H_{P_1}^* = \frac{1}{\ln \alpha}\left[\ln\frac{W_0}{P\theta} + \ln\frac{s}{s-\beta} + \ln\frac{\ln s}{\ln(\alpha s)}\right] \tag{4}$$

が得られる．

最適階層数は当然，プラスの値をとると考えられるので，$1 > \alpha > 0$ を考慮すると，括弧内はマイナスでなければならない．しかし括弧内の第 2, 3 項はプラスであるから，第 1 項はマイナスであり，かつその値が十分に大きくなくてはならないことがわかる．以上により，この (4) 式において統制の有効性を限りなく高めると，そのとき PMF にとっての最適階層数は無限大に達することが確かめられる．

$$\lim_{\alpha \to 1} H_{P_1}^* = \infty$$

つまり，このとき階層的組織編成の観点からは，収穫逓減の現象は見られない．換言すれば，統制の有効性が不完全なときには，それが原因で規模に関して収

穫逓減が生じ，最適階層数は有限値をとるのである．

### 3.2 労働者管理企業

(1) 式が示すように，収入 $PX$ から費用 $\sum_{h=0}^{H-1} W_h N_h + R$ を差し引いた剰余が利潤であった．今，経営者に $W_0 \beta^H$ の所得を保証したうえで，残余所得である利潤を何らかのルールに基づいて，各階層の労働者間に分配されるとしよう．このとき当該企業はもはや PMF ではなく，むしろ労働者管理的な特徴を備えた LMF とみなせよう．このようにして企業利潤がすべて労働者間に分配されるとすると，収入から労働以外の要素費用，すなわちここでは $R$ を差し引いた分が，次式のように労働要素への報酬の対象となる．

$$\sum_{h=0}^{H-1} W_h N_h = PX - R$$

本章では企業組織の階層性に注目していることもあり，また賃金傾斜の程度も前提としてしまっていることもあり，このモデルにおける妥当な LMF の目的を探れば，おそらく最下層の作業労働者の賃金水準 $W_0$ の最大化になるであろう．なぜなら，これによって賃金傾斜の与えられた体系の下では，全階層の労働者にとって，少なくともなにがしかのメリットにつながるからである[4]．したがって，改めて $W_0 = W$ としたうえで，LMF がこの $W$ を最大にするように階層数を決定することとし，分析を以下進めよう．

ここでの当該企業，LMF の問題は

$$\max_H W = \left( P\theta \alpha^H - \frac{R}{s^H} \right) \frac{s-\beta}{s}$$

であるから，1 階の条件は次のようになる．

$$(\alpha s)^H = -\frac{R \ln s}{P\theta \ln \alpha} \qquad (5)$$

2 階の条件は PMF と同様に $\alpha s > 1$ である．これを $H$ について解くと，

$$H_{L_1}^* = \frac{1}{\ln(\alpha s)} \left[ \ln \frac{R}{P\theta} + \ln\left(-\frac{\ln s}{\ln \alpha}\right) \right] \qquad (6)$$

が求まるが，$\alpha s > 1$ より括弧内はプラスでなければならない．さて，以上のようであるとき，容易に確かめられるように，PMF と同様にここでも統制の有

効性が100％未満であれば階層数は有限値に留まるが，他方それが100％であれば階層数は無限大となるという結果が得られている．

### 3.3 比較静学分析

(4), (6)式より PMF, LMF 両企業についての比較静学を行い，その結果を示したものが表 11.2 である．

表 11.2

| 変数 \ パラメータ | $R$ | $P$ | $\theta$ | $W_0$ | $\alpha$ | $s$ | $\beta$ |
|---|---|---|---|---|---|---|---|
| $H^*_{P1}$ | 0 | + | + | − | + | + | − |
| $H^*_{L1}$ | + | − | − | 0 | ? | (−) | 0 |

PMF は階層数の決定に際して，固定費用の変化から独立である．このことは，固定費用自体が1階の条件式(3)に含まれていないことから明らかである．これに対し，LMF では，固定費用の増加分をメンバー間に広く負担させようとするため，階層数を高める形で調整される（逆は逆）．また，財価格と労働生産性の変化に対して，PMF・LMF 間で対照的な結果が得られている．以上3点に関する LMF の "perverse" な反応は，労働者1人当たり所得最大化のための雇用量決定という通常の枠組みにおいても特徴とされるところである．この点を以下幾何学的に説明しよう．

ここでの LMF の目的は $W$ の最大化であるが，これは $P\theta\alpha^{H-1}$ と $R/s^{1-H}$ との差を最大にすることであるから，図 11.1 において $P\theta\alpha^{H-1}$ を曲線 AB，$R/s^{1-H}$ を曲線 CD として描くと，両曲線の傾きが相等しい $OH_1$ で曲線 AB と曲線 CD の距離が最大となっていることがわかる．今，$P$ ないし $\theta$ が上昇して曲線 AB が曲線 A'B' にシフトしたとしよう．このとき階層数が $OH_1$ のままでは，曲線 A'B' の傾きが曲線 CD の傾きを絶対値で上回ってしまうことから，両者が再び均等化するためには階層数は $OH_2$ に減少する必要がある．また，$R$ が上昇したとすると，これは曲線 CD から曲線 C'D' へのシフトで示されるが，このとき $OH_1$ 上では曲線 C'D' の傾きが曲線 AB の傾きを絶対値で上回ってしまうので，今度は階層数が $OH_3$ に増加しなければならない．

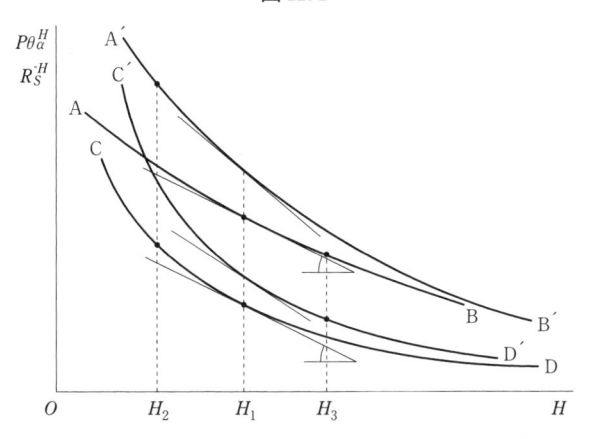

第 11 章　企業規模に関する利潤最大化企業と労働者管理企業の比較分析　　　223

図 11.1

次に，パラメータ $W_0$ のところで $H_{L_1}^*$ に対する効果がゼロとなっているのは，$W_2$ がここではパラメータではなく，最大化の対象そのものであるからである．また，$H_{L_1}^*$ に対する $\alpha$ の効果の符号が不確定で，他方，$s$ の効果の符号が括弧でくくられているのは，前者が

$$\frac{\partial H_{L_1}^*}{\partial \alpha} = -\frac{H_{L_1}^* + \frac{1}{\ln \alpha}}{\alpha \ln(\alpha s)} > (=, <) 0 \Leftrightarrow H_{L_1}^* < (=, >) -\frac{1}{\ln \alpha}$$ [5)]

後者が

$$\frac{\partial H_{L_1}^*}{\partial s} = -\frac{H_{L_1}^* - \frac{1}{\ln s}}{s \ln(\alpha s)} > (=, <) 0 \Leftrightarrow H_{L_1}^* < (=, >) \frac{1}{\ln s}$$

という結果が示すように，本来，符号が両者ともに不確定のところを，後者については常識的に

$$H_{L_1}^* > \frac{1}{\ln s}$$ [6)]

が成立する公算が高いと判断したことによる[7)]．

最後に，$\beta$ の $H_{L_1}^*$ に対する効果の符号がゼロとなっているのは，(5) 式において $\beta$ が存在していないことにより，容易に推察できよう．

## 4 モデルの拡張

前節の基本モデルで前提とされていた $s$ 及び $W_0$ に関する想定を本節では変更し,モデルの拡張を以下のように施すことにしよう.

### 4.1 作業労働者に対する統制範囲の拡大

表11.1でも示されているように,一番下の階層の労働者は $N_0=s^H$ で表される.これは,管理労働,作業労働の質的差異を問わず,組織全体に共通した統制範囲が適用されることを意味する.しかし管理ないし監督と作業との業務内容の違いを鑑みるに,両者に対する統制範囲もおのずと異なってくる,と考える方がより自然であるように思える.

Williamson (1967) で述べられているように,生産現場の作業労働は規則化 (routinize) されているのが普通であり,したがって階層1の管理者が管理可能な作業労働者数は,他の階層の管理者が管理可能な管理労働者数と比べると,より多くなると予想される.そこで $\sigma>s$ とし,$N_0=\sigma s^{H-1}$ のように $H$ 番目の階層の労働者数が決定されると考えることにしよう.そのとき,PMF の目的関数 $\Pi$ は (2) 式から以下のように変更される.

$$\Pi = P\theta a\sigma(as)^{H-1} - \frac{W_0 \beta s^H}{s-\beta} - W_0 \sigma s^{H-1} - R$$

このとき,最大化のための1階の条件は

$$a^H = \frac{W_0}{P\theta} \frac{\sigma + \dfrac{\beta s}{s-\beta}}{\sigma} \frac{\ln s}{\ln(as)} \tag{7}$$

となる[8].

他方,LMF のケースでは目的関数

$$W = \left(P\theta\sigma a^H - \frac{R}{s^{H-1}}\right) \frac{s-\beta}{\beta s + \sigma(s-\beta)}$$

の最大化により,以下の1階の条件式が得られる[9].

$$(\alpha s)^H = -\frac{Rs\ln s}{P\theta\sigma\ln\alpha} \tag{8}$$

ここで得られた (7), (8) 式から, PMF, LMF の最適階層数 $H_{P_2}^*$, $H_{L_2}^*$ がそれぞれ求まるので, 前節の基本モデルから求まった $H_{P_1}^*$, $H_{L_1}^*$ と, それぞれ比較することは有意義と思われる. しかしそれを行う前に, 本項 4.1 のモデルを次項 4.2 でさらに拡張する.

### 4.2 作業労働者の賃金に関する変更

2種類の労働, すなわち管理と生産を区別するために 4.1 で設けた想定をさらに推し進めていくと, 必然的に作業労働者の賃金を組織全体の賃金体系から分離させることが考えられる. つまり, 当該企業は彼らに, ある一定値 $\bar{W}$ の賃金を支払い, かつその上位者たる, いわば最下層の管理労働者に支払う賃金を新たに $W_0 > \bar{W}$ とする. 作業労働者は身分上では確かに階層構造自体から抜け出ていないが, その賃金は企業内部の報酬体系から分離され, 外部労働市場で決定されると想定する.

このようであるとき, PMF の利潤は

$$\Pi = P\theta\alpha\sigma(\alpha s)^{H-1} - \frac{W_0 s^H}{s-\beta} - \bar{W}\sigma s^{H-1} - R$$

と書き改められ, したがって 1 階の条件も

$$\alpha^H = \frac{1}{P\theta}\left(\frac{W_0 s}{(s-\beta)\sigma} + \bar{W}\right)\frac{\ln s}{\ln(\alpha s)} \tag{9}$$

となり, これまでの (3), (7) 式とは異なったものが導かれる.

LMF についても同様の手続きにより, 目的関数は

$$W = \left((P\theta\alpha^H - \bar{W})\sigma - \frac{R}{s^{H-1}}\right)\frac{s-\beta}{s}$$

に変更され, これにより 1 階の条件

$$(\alpha s)^H = -\frac{Rs\ln s}{P\theta\sigma\ln\alpha} \tag{10}$$

が得られる[10]. ここでは作業労働者は単なる賃金労働者として扱われ, 彼らを統制する最下部の管理労働者の賃金 $W_0$ を最大化していることに注意されたい.

(9), (10) 式より $H_{P_3}^*$, $H_{L_3}^*$ をそれぞれ求めることができる．節を改め，以上の諸モデルの階層数を比較してみよう．

## 5　階層数の比較

さて，これで，第3節の基本モデルから求められた $H_{P_1}^*$ と $H_{L_1}^*$，第4節4.1における拡張モデルからの $H_{P_2}^*$ と $H_{L_2}^*$，及び4.2における $H_{P_3}^*$ と $H_{L_3}^*$，をそれぞれ比較する準備が整ったことになる．(3), (7), (9) 式すべての左辺の底が1より小さく，(5), (8), (10) 式すべてのそれが1より大きいことに注意して，以上の諸式の右辺をそれぞれ比較すると，最適階層数の大小関係が以下述べるように決定する．

まず，PMFについては

$$H_{P_1}^* < H_{P_2}^* < H_{P_3}^* \tag{11}$$

が成立する．(11) 式における最初の不等式の成立は，作業労働者に対する統制範囲が $s$ から $\sigma$ に大きくなるにもかかわらず，PMF自体には何ら費用を被らないのだから，結局それは利潤増加，ひいては生産量の増加をもたらすことにより，理解されるであろう．次の不等式，すなわち右側の不等式の成立に関しても，$W_0 > \overline{W}$ であることに加え，全階層でそれぞれ $1/\beta$ だけ賃金が低くなり，結局PMFにとっては2つの費用削減の効果を受けることにより，その理由は明らかであろう．

他方において，LMFについては

$$H_{L_1}^* > H_{L_2}^* = H_{L_3}^* \tag{12}$$

の関係が成立する．(12) 式における最初の不等式の成立は，ちょうど $P$ ないし $\theta$ の変化に対するLMFの反応を思い起こせば，(8) 式における $s$ を上回る $\sigma$ の存在が階層数を減少させるよう作用することが了解されるであろう．次の等号の成立は，2階の条件式 (8), (10) 式に変化が見られず，同一のものであることから，理由は明らかである．これによって，作業労働者の賃金を組織全体の賃金体系から分離してもLMFの最適階層数の決定には影響を及ぼしえな

いことがわかる．

## 6 むすび

　本章の分析を通じて，階層数の決定の際，労働者管理企業（LMF）は利潤最大化企業（PMF）に比べて特異な性質を有することが明らかになった．この点で，雇用量を決定する際，LMFモデルに通常見られる比較静学の"perverse"な結果と類似したパターンが確認できた．しかし，統制の有効性が不完全なために階層数が有限値に留まる，という結果については両タイプの企業間の分析で見出された共通点の1つとして挙げられよう．

　また，両タイプの企業間の最適階層数の大小関係については，はっきりとした解答を提示することはできなかったが，本章ではそれぞれのタイプの企業についての諸モデル（3.1, 3.2, 4.1, 及び4.2）における階層数の比較を行った．そこでは作業労働者に対する統制範囲を拡大し，さらにはその賃金水準を組織の賃金体系から分離することにより，階層数の観点からPMFは拡大的，LMFは縮小的な傾向を示すことが明らかとなった．

**注**

1) 経済活動において組織が市場に取って代わる理由を，取引費用の概念を中心に据えて説明したものにWilliamson（1975）がある．
2) この議論のその後の展開について関心のある向きは，Mirrlees（1976），Beckmann（1977），Calvo and Wellisz（1978）を参照されたい．
3) $\left.\begin{array}{l}\text{仮定(3)}\\ \alpha s > 1\end{array}\right\} \Rightarrow P\theta(\alpha s)^H \ln\alpha \ln\alpha s < 0.$
4) このことは不平等主義的分配原則の適用を意味する．
5) $\alpha$ が0.8を下回っていれば $-1/\ln\alpha$ の値は4.5以下である．したがって $H_{L1}^* > -1/\ln\alpha$ が成立し，$\partial H_{L1}^*/\partial\alpha > 0$ が実現する．しかし $\alpha$ が1に近づくにつれて $H_{L1}^* < -1/\ln\alpha$ が成立するようになり，結果的に $\partial H_{L1}^*/\partial\alpha < 0$ が実現することになる．
6) $s$ の値として $10 > s > 5$ を想定すれば，$1/\ln s$ は1を大きく下回る．したがって，その際には $H > 1/\ln s$ が成立することになる．

7) これに対し，PMF のケースにおける $\alpha$ と $s$ の効果の符号は表 11.2 のように確定している．特に，$s$ の変化が $H^*$ に及ぼす効果がプラスとなっている理由は，統制範囲の拡大が control-loss を増大させないというモデルの想定によるものである．この点で，Williamson (1967) も指摘しているように，$\alpha$ を $s$ の減少関数として扱うべきかもしれない．

8) $\sigma = s$ のとき，(7) 式右辺の

$$\frac{\sigma + \frac{\beta s}{s - \beta}}{\sigma}$$

が

$$s/(s-\beta)$$

となり，第 3 節の基本モデルのそれと等しい結果が得られる．

9) $\sigma = s$ のとき $s/\sigma = 1$ より，この (8) 式は第 3 節の基本モデルの (5) 式と等しくなる．

10) ここでは，作業労働者は外部労働市場での賃金 $\bar{W}$ を受け取るだけで，利潤から分配は受けていないことに注意．

# 参考文献

Aoki, M. (1984) *The Co-operative Game Theory of the Firm*, New York: Oxford University Press. 邦訳『現代の企業——ゲームの理論からみた法と経済学』岩波書店，1984年.
—— (1988) *Information, Incentives, and Bargaining in the Japanese Economy*, New York: Cambridge University Press. 永易浩一訳『日本経済の制度分析——情報・インセンティブ・交渉ゲーム』筑摩書房，1992年.
—— (1990) "Toward an Economic Model of the Japanese Firm," *Journal of Economic Literature*, Vol. 28, pp. 1-27.
—— (1994) "The Contingent Governance of Teams: Analysis of Institutional Complementarity," *International Economic Review*, Vol. 35, pp. 657-676.
—— (1995) "Controlling the Insider Control: Issues of Corporate Governance in Transition Economies," in Aoki, M. and H-K. Kim, eds., *Corporate Governance in Transitional Economies: Insider Control and the Role of Banks*, EDI Developmental Studies, World Bank.
——, H. Patrick and P. Sheard (1994) "The Japanese Main Bank System: An Introductory Overview," in Aoki, M. and H. Patrick, eds., *The Japanese Main Bank System*, New York: Oxford University Press.
Appelbaum, E. and E. Katz (1986) "Measures of Risk Aversion and Comparative Statics of Industry Equilibrium," *American Economic Review*, Vol. 76, pp. 524-529.
—— and —— (1987) "Asymmetric Taxation and the Theory of the Competitive Firm under Uncertainty," *Canadian Journal of Economics*, Vol. 20, pp. 357-369.
Arrow, K. J. and R. Lind (1970) "Uncertainty and the Evaluation of Public Investment Decisions," *American Economic Review*, Vol. 60, pp. 364-378.
Askildsen, J. E. and N. J. Ireland (1993) "Human Capital, Property Rights, and Labour Managed Firms," *Oxford Economic Papers*, Vol. 45, pp. 229-242.
Atkinson, A. B. (1973) "Worker Management and the Modern Industrial Enterprise," *Quarterly Journal of Economics*, Vol. 87, pp. 375-392.

Bain, J. S. (1956) *Barriers to New Competition*, Cambridge: Harvard University Press.

Baron, D. P. (1970) "Price Uncertainty, Utility, and Industry Equilibrium in Pure Competition," *International Economic Review*, Vol. 11, pp. 463-480.

―― (1971) "Demand Uncertainty in Imperfect Competition," *International Economic Review*, Vol. 12, pp. 196-208.

Basu, K. (1993) *Lectures in Industrial Organization Theory*, Cambridge: Blackwell.

―― and N. Singh (1990) "Entry-Deterrence in Stackelberg Perfect Equilibria," *International Economic Review*, Vol. 31, pp. 61-71.

Beato, P. and A. Mas-Colell (1984) "The Marginal Cost Pricing Rule as a Regulation Mechanism in Mixed Markets," in Marchand, M., P. Pestieau and H. Tulkens, eds., *The Performance of Public Enterprises: Concepts and Measurement*, Amsterdam: North-Holland.

Becker, G. S. (1993) *Human Capital: A Theoretical and Empirical Analysis, with Special Reference to Education*, 3rd ed., Chicago: The University of Chicago Press. 佐野陽子訳『人的資本』東洋経済新報社, 1975年.

Beckmann, M. J. (1977) "Management Production Functions and the Theory of the Firm," *Journal of Economic Theory*, Vol. 14, pp. 1-18.

Ben-Ner, A. (1984) "On the Stability of the Cooperative Type of Organization," *Journal of Comparative Economics*, Vol. 8, pp. 247-260.

Bergin, J. and W. B. MacLeod (1993) "Efficiency and Renegotiation in Repeated Games," *Journal of Economic Theory*, Vol. 61, pp. 42-73.

Berglof, E. and G. Roland (1998) "Soft Budget Constraints and Banking in Transition Economies," *Journal of Comparative Economics*, Vol. 26, pp. 18-40.

Berman, M. D. (1977) "Short-Run Efficiency in the Labor-Managed Firm," *Journal of Comparative Economics*, Vol. 1, pp. 309-314.

Bernheim, B. D. (1984) "Strategic Deterrence of Sequential Entry into an Industry," *Rand Journal of Economics*, Vol. 15, pp. 1-11.

Bonanno, G. (1988) "Entry Deterrence with Uncertain Entry and Uncertain Observability of Commitment," *International Journal of Industrial Organization*, Vol. 6, pp. 351-362.

Bonin, J. P. (1980) "On the Theory of the Competitive Labor-Managed Firm under Price Uncertainty: A Correction," *Journal of Comparative Economics*, Vol. 4, pp. 331-337.

—— (1981) "The Theory of the Labor-Managed Firm from the Membership's Perspective with Implications for Marshallian Industry Supply," *Journal of Comparative Economics*, Vol. 5, pp. 337-351.

—— (1984) "Membership and Employment in an Egalitarian Cooperative," *Economica*, Vol. 51, pp. 295-305.

—— and W. Fukuda (1986) "The Multifactor Illyrian Firm Revisited," *Journal of Comparative Economics*, Vol. 10, pp. 171-180.

—— and L. Putterman (1987) *Economics of Cooperation and the Labor-Managed Economy*, London: Harwood.

Bos, D. (1986) *Public Enterprise Economics*, Amsterdam: North-Holland.

Brander, J. A. and P. R. Krugman (1983) "A 'Reciprocal Dumping' Model of International Trade," *Journal of International Economics*, Vol. 15, pp. 313-321.

—— and B. J. Spencer (1984) "Tariff Protection and Imperfect Competition," in H. Kierzkowski, ed., *Monopolistic Competition and International Trade*, Oxford: Oxford University Press, pp. 194-206.

—— and —— (1985) "Export Subsidies and International Market Share Rivalry," *Journal of International Economics*, Vol. 18, pp. 83-100.

Brewer, A. A. and M. J. Browning (1982) "On the 'Employment' Decision of a Labour-managed Firm," *Economica*, Vol. 49, pp. 141-146.

Bulow, J. I., J. D. Geanakoplos and P. D. Klemperer (1985a) "Holding Idle Capacity to Deter Entry," *Economic Journal*, Vol. 95, pp. 178-182.

——, —— and —— (1985b) "Multimarket Oligopoly: Strategic Substitutes and Complements," *Journal of Political Economy*, Vol. 93, pp. 488-511.

Calvo, G. A. and S. Wellisz (1978) "Supervision, Loss of Control, and the Optimum Size of the Firm," *Journal of Political Economy*, Vol. 86, pp. 943-952.

Cheng, L. (1985) "Comparing Bertrand and Cournot Equilibria: A Geometric Approach," *Rand Journal of Economics*, Vol. 16, pp. 146-152.

Coes, D. V. (1977) "Firm Output and Changes in Uncertainty," *American Economic Review*, Vol. 67, pp. 249-251.

Conte, M. A. and M-H. Ye (1995) "An Overlapping Generations Model of Investment in Labor-Managed Firms," in Jones, D. C. and J. Svejnar, eds., *Advances in the Economic Analysis of Participatory and Labor-Managed Firms*, Vol. 5, Greenwich, CT: JAI Press, pp. 159-174.

Cremer, H. and J. Cremer (1992) "Duopoly with Employee-Controlled and Profit-

Maximizing Firms: Bertrand vs Cournot Competition," *Journal of Comparative Economics*, Vol. 16, pp. 241-258.

―― and ―― (1994) "Employee Control and Oligopoly in a Free Market Economy," *Annales d'Economie et de Statistique*, Vol. 33, pp. 29-49.

――, M. Marchand and J.-F. Thisse (1989) "The Public Firm as an Instrument for Regulating an Oligopolistic Market," *Oxford Economic Papers*, Vol. 41, pp. 283-301.

Danziger, L. (1990) "Implicit Contracts, Seniority Rights, and Layoffs under Symmetric Information," *Journal of Comparative Economics*, Vol. 14, pp. 372-383.

De Fraja, G. and F. Delbono (1989) "Alternative Strategies of a Public Enterprise in Oligopoly," *Oxford Economic Papers*, Vol. 41, pp. 302-311.

Delbono, F. and G. Rossini (1992) "Competition Policy vs Horizontal Merger with Public, Entrepreneurial, and Labor-Managed Firms," *Journal of Comparative Economics*, Vol. 16, pp. 226-240.

de Meza, D. (1983) "A Growth Model for a Tenured-Labor-Managed Firm: Comment," *Quarterly Journal of Economics*, Vol. 98, pp. 539-542.

Dewatripont, M. and E. Maskin (1995) "Credit and Efficiency in Centralized and Decentralized Economies," *Review of Economic Strdies*, Vol. 62, pp. 541-555.

Dixit, A. (1980) "The Role of Investment in Entry-Deterrence," *Economic Journal*, Vol. 90, pp. 95-106.

―― (1984) "International Trade Policy for Oligopolistic Industries," *Economic Journal*, Vol. 94, Supplement, pp. 1-16.

Doeringer, P. B. and M. J. Piore (1971) *Internal Labor Markets and Manpower Analysis*, Lexington: D. C. Health and Company.

Domar, E. D. (1966) "The Soviet Collective Farm as a Producer Cooperative," *American Economic Review*, Vol. 56, pp. 734-757.

Dong, X. and G. K. Dow (1993) "Does Free Exit Reduces Shirking in Production Teams?," *Journal of Comparative Economics*, Vol. 17, pp. 472-484.

Dow, G. K. (1986) "Control Rights, Competitive Markets, and the Labor Management Debate," *Journal of Comparative Economics*, Vol. 10, pp. 48-61.

―― (1993) "Why Capital Hires Labor: A Bargaining Perspective," *American Economic Review*, Vol. 83, pp. 118-134.

Dreze, J. H. (1976) "Some Theory of Labor Management and Participation,"

*Econometrica*, Vol. 44, pp. 1125-1139.
Eaton, J. and G. M. Grossman (1986) "Optimal Trade and Industrial Policy under Oligopoly," *Quarterly Journal of Economics*, Vol. 101, pp. 383-406.
――, B. C. and R. G. Lipsey (1981) "Capital, Commitment, and Entry Equilibrium," *Bell Journal of Economics*, Vol. 12, pp. 593-604.
―― and R. Ware (1987) "A Theory of Market Structure with Sequential Entry," *Rand Journal of Economics*, Vol. 18, pp. 1-16.
Eeckhoudt, L. and P. Hansen (1980) "Minimum and Maximum Prices, Uncertainty, and the Theory of the Competitive Firm," *American Economic Review*, Vol. 70, pp. 1064-1068.
Fershtman, C. (1990) "The Interdependence between Ownership Status and Market Structure: The Case of Privatization," *Economica*, Vol. 57, pp. 319-328.
Fudenberg, D. and J. Tirole (1984) "The Fat Cat Effect, the Puppy Dog Ploy, and the Lean and Hungry Look," *American Economic Review*, Papers and Proceedings, Vol. 74, pp. 361-366.
Furubotn, E. G. (1976) "The Long-Run Analysis of the Labor-Managed Firm: An Alternative Interpretation," *American Economic Review*, Vol. 66, pp. 104-123.
Futagami, K. and M. Okamura (1996) "Strategic Investment: The Labor-Managed Firm and the Profit-Maximizing Firm," *Journal of Comparative Economics*, Vol. 23, pp. 73-91.
Gilbert, R. and X. Vives (1986) "Entry Deterrence and the Free Rider Problem," *Review of Economic Studies*, Vol. 53, pp. 71-83.
Guesnerie, R. and J.-J. Laffont (1984) "Indirect Public Control of Self-Managed Monopolies," *Journal of Comparative Economics*, Vol. 8, pp. 139-158.
Hagen, K. P. (1979) "Optimal Pricing in Public Firms in an Imperfect Market Economy," *Scandinavian Journal of Economics*, Vol. 81, pp. 475-493.
Hansmann, H. (1996) *The Ownership of Enterprise*, Cambridge : Harvard University Press.
Harris, R. G. and E. G. Wiens (1980) "Government Enterprise: An Instrument for the Internal Regulation of Industry," *Canadian Journal of Economics*, Vol. 13, pp. 125-132.
Haruna, S. (1988) "Industry Equilibrium with Uncertainty and Labor-Managed Firms," *Economics Letters*, Vol. 26, pp. 83-88.

―― (1996) "A Note on Holding Excess Capacity to Deter Entry in a Labour-Managed Industry," *Canadian Journal of Economics*, Vol. 29, pp. 493-499.

Hawawini, G. A. and P. A. Michel (1979) "Theory of the Risk Averse Producer Cooperative Firm Facing Uncertain Demand," *Annals of Public and Cooperative Economy*, Vol. 50, pp. 43-61.

―― and ―― (1983) "The Effect of Production Uncertainty on the Labor-Managed Firm," *Journal of Comparative Economics*, Vol. 7, pp. 25-42.

Hess, J. D. (1983) *The Economics of Organization*, Amsterdam: North-Holland.

Hey, J. D. (1981) "A Unified Theory of the Behaviour of Profit-Maximising, Labour-Managed and Joint-Stock Firms Operating under Uncertainty," *Economic Journal*, Vol. 91, pp. 364-374.

―― and J. Suckling (1980) "On the Theory of the Competitive Labor-Managed Firm under Price Uncertainty: Comment," *Journal of Comparative Economics*, Vol. 4, pp. 338-341.

Hiebert, L. D. (1992) "The Labor-Managed Firm under Production Uncertainty," *Journal of Comparative Economics*, Vol. 16, pp. 94-104.

Hill, M. and M. Waterson (1983) "Labor-Managed Cournot Oligopoly and Industry Output, *Journal of Comparative Economics*, Vol. 7, pp. 43-51.

Holmstrom, B. (1982) "Moral Hazard in Teams," *Bell Journal of Economics*, Vol. 13, pp. 324-340.

Horowitz, I. (1991) "On the Effects of Cournot Rivalry between Entrepreneurial and Cooperative Firms," *Journal of Comparative Economics*, Vol. 15, pp. 115-121.

Ireland, N. J. (1994) "Human Capital, Asymmetric Information and Labour-Management," *Annales d'Economie et de Statistique*, Vol. 33, pp. 13-28.

―― and P. J. Law (1981) "Efficiency, Incentives, and Individual Labor Supply in the Labor-Managed Firm," *Journal of Comparative Economics*, Vol. 5, pp. 1-23.

―― and ―― (1982) *The Economics of Labor-Managed Enterprises*, New York: St. Martin's Press.

Ishii, Y. (1977) "On the Theory of the Competitive Firm under Price Uncertainty: Note," *American Economic Review*, Vol. 67, pp. 768-769.

―― (1989) "Measures of Risk Aversion and Comparative Statics of Industry Equilibrium: Correction," *American Economic Review*, Vol. 79, pp. 285-286.

Jeffries, I. (1993) *Socialist Economies and the Transition to the Market: A Guide*, London: Routledge.
Jensen, M. C. and W. H. Meckling (1979) "Rights and Production Functions: An Application to Labor-managed Firms and Codetermination," *Journal of Business*, Vol. 52, pp. 469-506.
Jossa, B. and G. Cuomo (1997) *The Economic Theory of Socialism and the Labour-managed Firm*, Cheltenham: Edward Elgar.
Kahana, N. (1987) "The Multifactor Illyrian Firm Revisited: Comment," *Journal of Comparative Economics*, Vol. 11, pp. 611-612.
—— (1994) "Do Multiplant Labor-Managed Monopolies Exist?" *Journal of Comparative Economics*, Vol. 18, pp. 198-201.
Kornai, J. (1980) *Economics of Shortage*, Amsterdam: North-Holland.
Laffont, J.-J. and M. Moreaux (1985) "Large-Market Cournot Equilibria in Labour-Managed Economies," *Economica*, Vol. 52, pp. 153-165.
Landsberger, M. and A. Subotnik (1981) "Some Anomalies in the Production Strategy of a Labour-managed Firm," *Economica*, Vol. 48, pp. 195-197.
Law, P. J. and G. Stewart (1983) "Stackelberg Duopoly with an Illyrian and Profit-Maximising Firm," *Recherches Economiques de Louvain*, Vol. 49, pp. 207-212.
Leland, H. E. (1972) "Theory of the Firm Facing Uncertain Demand," *American Economic Review*, Vol. 62, pp. 278-291.
Levhari, D. and Y. Peles (1973) "Market Structure, Quality, and Durability," *Bell Journal of Economics*, Vol. 4, pp. 235-248.
—— and T. N. Srinivasan (1969) "Durability of Consumption Goods: Competition versus Monopoly," *American Economic Review*, Vol. 59, pp. 102-107.
Lin, J. Y. (1990) "Collectivization and China's Agricultural Crisis in 1959-1961," *Journal of Political Economy*, Vol. 98, pp. 1228-1252.
MacLeod, W. B. (1988) "Equity, Efficiency, and Incentives in Cooperative Teams," in Jones, D. C. and J. Svejnar, eds., *Advances in the Economic Analysis of Participatory and Labor-Managed Firms*, Vol. 3, Greenwich, CT: JAI Press, pp. 5-23.
—— (1993) "The Role of Exit Costs in the Theory of Cooperative Teams: A Theoretical Perspective," *Journal of Comparative Economics*, Vol. 17, pp. 521-529.

Mai, C. and H. Hwang (1989) "Export Subsidies and Oligopolistic Rivalry between Labor-Managed and Capitalist Economies," *Journal of Comparative Economics*, Vol. 13, pp. 473-480.

Martin, R. E. (1985) "Random Capital Service in Labor-Managed and Profit-Maximizing Firms," *Journal of Comparative Economics*, Vol. 9, pp. 296-313.

—— (1986) "Quality Choice under Labor-Management," *Journal of Comparative Economics*, Vol. 10, pp. 400-413.

McCain, R. A. (1985) "The Economics of a Labor-Managed Enterprise in the Short Run: An 'Implicit Contracts' Approach," in Jones, D. C. and J. Svejnar, eds., *Advances in the Economic Analysis of Participatory and Labor-Managed Firms*, Vol. 1, Greenwich, CT: JAI Press, pp. 41-53.

McLean, R. P. and M. H. Riordan (1989) "Industry Structure with Sequential Technology Choice," *Journal of Economic Theory*, Vol. 47, pp. 1-21.

Meade, J. E. (1972) "The Theory of Labour-Managed Firms and of Profit-Sharing," *Economic Journal*, Vol. 82, pp. 402-428.

—— (1974) "Labour-Managed Firms in Conditions of Imperfect Competition," *Economic Journal* Vol. 84, pp. 817-824.

—— (1986) *Alternative Systems of Business Organization and of Workers' Remuneration*, London: Allen and Unwin.

Merrill, W. C. and N. Schneider (1966) "Government Firms in Oligopoly Industries: A Short-Run Analysis," *Quarterly Journal of Economics*, Vol. 80, pp. 400-412.

Mikami, K. (1991) "Market Structure and Quality Regulation," *Economic Studies Quarterly*, Vol. 42, pp. 213-223.

Mirrlees, J. A. (1976) "The Optimal Structure of Incentives and Authority within an Organization," *Bell Journal of Economics*, Vol. 7, pp. 105-131.

Miyamoto, Y. (1980) "The Labor-Managed Firms and Oligopoly," *Osaka City University Economic Review*, Vol. 16, pp. 17-31.

Miyazaki, H. (1984) "On Success and Dissolution of the Labor-managed Firm in the Capitalist Economy," *Journal of Political Economy*, Vol. 92, pp. 909-931.

—— (1988) "Contract Curves and Slutsky Equations in a Theory of the Labor-Managed Firm" in Jones, D. C. and J. Svejnar, eds., *Advances in the Economic Analysis of Participatory and Labor-Managed Firms*, Vol. 3, Greenwich, CT: JAI Press, pp. 25-63.

―― (1993) "Employeeism, Corporate Governance, and the J-Firm," *Journal of Comparative Economics*, Vol. 17, pp. 443-469.

―― and H. M. Neary (1983) "The Illyrian Firm Revisited," *Bell Journal of Economics*, Vol. 14, pp. 259-270.

Muzondo, T. R. (1979) "On the Theory of the Competitive Labor-Managed Firm under Price Uncertainty," *Journal of Comparative Economics*, Vol. 3, pp. 127-144.

Naslund, B. (1988) "Dynamic Behavior of Labor-Managed Team," *Scandinavian Journal of Economics*, Vol. 90, pp. 575-584.

Neary, H. M. (1984) "Labor-Managed Cournot Oligopoly and Industry Output: A Comment," *Journal of Comparative Economics*, Vol. 8, pp. 322-327.

Nett, L. (1994) "The Role of Sunk Costs in Entry Deterrence in a Mixed Oligopolistic Market," *Annales d'Economie et de Statistique*, Vol. 33, pp. 113-131.

Neven, D. J. (1989) "Strategic Entry Deterrence: Recent Developments in the Economics of Industry," *Journal of Economic Surveys*, Vol. 3, pp. 213-233.

Okuguchi, K. (1986) "Labor-Managed Bertrand and Cournot Oligopolies," *Journal of Economics*, Vol. 46, pp. 115-122.

―― (1991) "Labor-Managed and Capitalistic Firms in International Duopoly: The Effects of Export Subsidy," *Journal of Comparative Economics*, Vol. 15, pp. 476-484.

Paroush, J. and N. Kahana (1980) "Price Uncertainty and the Cooperative Firm," *American Economic Review*, Vol. 70, pp. 212-216.

Perrakis, S. and G. Warskett (1983) "Capacity and Entry under Demand Uncertainty," *Review of Economic Studies*, Vol. 50, pp. 495-511.

―― and ―― (1986) "Uncertainty, Economies of Scale, and Barrier to Entry," *Oxford Economic Papers*, Supplement, Vol. 38, pp. 58-74.

Pfouts, R. W. and S. Rosefielde (1986) "The Firm in Illyria: Market Syndicalism Reconsidered," *Journal of Comparative Economics*, Vol. 10, pp. 160-170.

Putterman, L. and G. L. Skillman (1992) "The Role of Exit Costs in the Theory of Cooperative Teams," *Journal of Comparative Ecomomics*, Vol. 16, pp. 596-618.

Ramachandran, R., W. R. Russell and T. K. Seo (1979) "Risk-Bearing in a Yugoslavian Labor-Managed Firm," *Oxford Economic Papers*, Vol. 31, pp. 270-

282.
Ratti, R. A. and A. Ullah (1976) "Uncertainty in Production and the Competitive Firm," *Southern Economic Journal*, Vol. 42, pp. 703-710.
Rees, R. (1984) *Public Enterprise Economics*, 2nd ed., London: George Weidenfeld and Nicolson.
Rosen, S. (1985) "Implicit Contracts: A Survey," *Journal of Economic Literature*, Vol. 23, pp. 1144-1175.
Saloner, G. (1985) "Excess Capacity as a Policing Device," *Economics Letters*, Vol. 18, pp. 83-86.
Samuelson, P. A. (1957) "Wages and Interest: A Modern Dissection of Marxian Economic Models," *American Economic Review*, Vol. 47, pp. 884-912.
Sandmo, A. (1971) "On the Theory of the Competitive Firm under Price Uncertainty," *American Economic Review*, Vol. 61, pp. 65-73.
Sapir, A. (1980) "A Growth Model for a Tenured-Labor-Managed Firm," *Quarterly Journal of Economics*, Vol. 95, pp. 387-402.
Schmalensee, R. (1970) "Regulation and the Durability of Goods," *Bell Journal of Economics*, Vol. 1, pp. 54-64.
—— (1979) "Market Structure, Durability, and Quality: A Selective Survey," *Economic Inquiry*, Vol. 17, pp. 177-196.
—— (1981) "Economies of Scale and Barriers to Entry," *Journal of Political Economy*, Vol. 89, pp. 1228-1238.
Sertel, M. R. (1982) *Workers and Incentives*, Amsterdam: North-Holland.
Singh, N. and X. Vives (1984) "Price and Quantity Competition in a Differentiated Duopoly," *Rand Journal of Economics*, Vol. 15, pp. 546-554.
Smith, S. C. and M-H. Ye (1988) "Dynamic Allocation in a Labor-Managed Firm," *Journal of Comparative Economics*, Vol. 12, pp. 204-216.
Spence, A. M. (1977) "Entry, Capacity, Investment and Oligopolistic Pricing," *Bell Journal of Economics*, Vol. 8, pp. 534-544.
Spencer, B. J. and J. A. Brander (1983) "International R & D Rivalry and Industrial Strategy," *Review of Economic Studies*, Vol. 50, pp. 707-722.
Spulber, D. F. (1981) "Capacity, Output, and Sequential Entry," *American Economic Review*, Vol. 71, pp. 503-514.
Steinherr, A. and H. Peer (1975) "Worker Management and the Modern Industrial Enterprise: A Note," *Quarterly Journal of Economics*," Vol. 89, pp. 662-669.

—— and J.-F. Thisse (1979) "Are Labor-Managers Really Perverse?" *Economics Letters*, Vol. 2, pp. 137-142.

Stewart, G. (1991) "Strategic Entry Interactions Involving Profit-Maximising and Labour-Managed Firms," *Oxford Economic Papers*, Vol. 43, pp. 570-583.

Swan, P. L. (1970) "Durability of Consumption Goods," *American Economic Review*, Vol. 60, pp. 884-894.

—— (1971) "The Durability of Goods and Regulation of Monopoly," *Bell Journal of Economics*, Vol. 2, pp. 347-357.

Uzawa, H. (1969) "Time Preference and the Penrose Effect in a Two-Class Model of Economic Growth," *Journal of Political Economy*, Vol. 77, pp. 628-652.

Vanek, J. (1970) *The General Theory of Labor-Managed Market Economies*, Ithaca: Cornell University Press.

Vickers, J. and G. Yarrow (1991) "Economic Perspectives on Privatization," *Journal of Economic Perspectives*, Vol. 5, pp. 111-132.

Waldman, M. (1987) "Noncooperative Entry Deterrence, Uncertainty, and the Free Rider Problem," *Review of Economic Studies*, Vol. 54, pp. 301-310.

—— (1991) "The Role of Multiple Potential Entrants/Sequential Entry in Noncooperative Entry Deterrence," *Rand Journal of Economics*, Vol. 22, pp. 446-453.

Ward, B. (1958) "The Firm in Illyria: Market Syndicalism," *American Economic Review*, Vol. 48, pp. 566-589.

Ware, R. (1984) "Sunk Costs and Strategic Commitment: A Proposed Three-Stage Equilibrium," *Economic Journal*, Vol. 94, pp. 370-378.

—— (1985) "Inventory Holding as a Strategic Weapon to Deter Entry," *Economica*, Vol. 52, pp. 93-101.

—— (1986) "A Model of Public Enterprise with Entry," *Canadian Journal of Economics*," Vol. 19, pp. 642-655.

Williamson, O. E. (1967) "Hierarchical Control and Optimum Firm Size," *Journal of Political Economy*, Vol. 75, pp. 123-138.

—— (1975) *Markets and Hierarchies,* New York: Free Press. 浅沼萬里・岩崎晃訳『市場と企業組織』日本評論社, 1980年.

Ye, M-H., S. C. Smith and M. A. Conte (1992) "Optimal Internal Investment in a Labor-Managed Firm with Heterogeneous Membership: An Overlapping Generations Approach," *Journal of Comparative Economics*, Vol. 16, pp. 479-493.

Zhang, J. (1993) "Holding Excess Capacity to Deter Entry in a Labour-Managed Industry," *Canadian Journal of Economics*, Vol. 26, pp. 222-234.
青木昌彦 (1989)『日本企業の組織と情報』東洋経済新報社.
—— (1995)『経済システムの進化と多元性』東洋経済新報社.
伊藤元重・大山道広 (1985)『国際貿易』岩波書店.
——・清野一治・奥野正寛・鈴村興太郎 (1988)『産業政策の経済分析』東京大学出版会.
岩井克人 (1988)「従業員管理企業としての日本企業」岩田規久男・石川経夫編『日本経済研究』東京大学出版会, 295～310頁.
大橋勇雄 (1990)『労働市場の理論』東洋経済新報社.
岡村誠・二神孝一 (1993)「国際複占と貿易政策：資本主義企業と労働者管理企業」多和田眞・近藤仁編『現代経済理論とその応用』中央経済社, 125～135頁.
小池和男 (1999)『仕事の経済学』第2版, 東洋経済新報社.
——・猪木武徳編 (1987)『人材形成の国際比較』東洋経済新報社.
小林敏男 (1991)「年功制と企業成長」『岡山大学経済学会雑誌』第23巻第3号, 37～50頁.
小宮隆太郎 (1989)「日本企業の構造的・行動的特徴」『現代中国経済——日中の比較考察』東京大学出版会, 97～145頁.
佐藤光 (1977)「不完全競争企業の最適投資・価格政策——宇沢モデルを中心として——」『季刊理論経済学』第28巻, 97～108頁.
中谷巌 (1976)「労働者自主管理の経済理論序説」『経済研究』第27巻, 177～183頁.
—— (1977)「労働者参加の経済理論」青木昌彦編『経済体制論』第1巻, 東洋経済新報社, 163～198頁.
中村保 (1990)「賃金格差と企業成長」『六甲台論集』第37巻第3号, 58～68頁.
春名章二 (1995)「輸出補助金と労働者管理企業と利潤最大化企業の国際的複占」『岡山大学経済学会雑誌』第26巻第3・4号, 195～209頁.
福田亘 (1980)「不確実性の下における労働者管理企業の理論」『国民経済雑誌』第142巻第1号, 81～91頁.
—— (1989)「労働者管理企業の雇用決定と効率性——不平等主義的決定の場合——」『国民経済雑誌』第159巻第6号, 37～51頁.
松本直樹 (1997)「不確実性下における産業均衡時の資本主義企業・労働者管理企業間の比較——課税所得の取扱いに関する非対称性を考慮して——」『松山大学論集』第9巻第5号, 95～114頁.
吉田和男 (1985)「日本的雇用関係の考察（下）」『ESP』No. 159, pp. 81-86.
—— (1996)『解明日本型経営システム』東洋経済新報社.

## あ と が き

　なんとかこの本を締めくくるところまでこぎつけた．ここはもうあとがきなので，仮に本書に対して偏見をもたらしかねないことであってもあえて述べることにしよう．

　今にして思えば，筆者の労働者管理企業研究の端緒は大学院のゼミにおいてMeade (1986) を輪読したことであった．その中では labor cooperative についても何章かが割かれており，その内の1つを初めて読んだときに感じたことといえば，こういう企業を対象とする研究も世の中にはあるのだな，という程度のものであった．ただその際，特に印象に残っていることが1つある．それは，その文献について筆者の分担していた章の内容を発表中，指導教官の足立英之先生より，そこでの議論と関連して，財価格の変化に対する労働者管理企業の反応パターンを黒板で確認してみるよう命じられたことである．筆者は当時大学院に入ったばかりであり，その"perverse"な性質を面白いと感じるよりも，むしろ比較静学の結果をなんとか導出できたことで，ただただ胸をなでおろしていたM1の頃の自分が思い出される．それからよそ見や回り道もしたが，正味9年にわたってこのテーマにかかわってきたことになる．そして今，1つの成果としてようやく本書を書き終えることができた．意に満たないところも多く力量不足の感を否めない．それでもとりあえずはホッとした気持ちで一杯である．はしがきでも触れたように，労働者管理企業を純理論的に扱った邦文の研究書はまだないため，拙いものとは言えそれなりの意義があろうかと思う．

　さて本書は博士学位請求論文『労働者管理企業の理論——不確実性，動学およびゲーム——』がもとになっている．そもそもの執筆の動機を先に挙げたMeade (1986) に帰すこともできようが，それはけっして直接的なきっかけではなかった．その輪読終了後，労働者管理企業の研究に関する数年のブランクを置きながらも，結局，研究のウェイトをこの分野に移すことになった直接の契機は，おそらく次の2つであろう．1つは労働者管理企業の活動を基礎とす

る市場社会主義に対する関心の高まりである．90年前後の旧社会主義諸国の崩壊とその後の市場経済への移行のなかで，その原因をもっぱらソ連型集権的計画経済の欠陥によるとする人々の一部が，当時（そして今も）それに代えて市場社会主義を再評価するようになっていた．そのような見解がどの程度正当化できるのか，筆者なりに調べてみたいと思ったのである．もう1つは日本企業を労働者管理企業とみなせるとする主張の存在である．例えば

①株式主権というよりもどちらかといえば従業員主権の傾向を有すること
　　──経営者の位置付けが株主の代理人としてより従業員の代表者と解釈される
②直接金融よりも間接金融の比重が高いこと
　　──間接金融の形で外部資金の調達がなされる程度が高い
③売上高に比して従業員数が少ないこと
　　──これは下請制ともかかわるが外注の比率が高く内製率が低いことを意味する
④企業内賃金格差が小
⑤日本的経営の特徴としての三種の神器（終身雇用制，年功序列制，企業内組合）
⑥職場実地訓練（OJT）投資に積極的なこと
⑦円高の時期における輸出ドライブの傾向

など，少なくとも一時期の日本企業の特徴として指摘されていたことの多くが，実は労働者管理企業の制度的特徴と整合的であり，またそこからの理論的帰結として導出することもできるのである（もちろんこれらは単なる状況証拠にしかすぎないが）．

　以上の動機から発した労働者管理企業研究の目標がここで十分達成されたなどとはいうべくもない．むしろ逆に多少距離を置いて断片的に言及することはあっても，主要なテーマとして全面に掲げて取り扱うことはしなかったし，またできなかった．つまり本書では労働者管理企業をあくまで理論面において把握することを狙いとし，その下で従来の議論を整理し再度検討したというべきである．その意味で，市場社会主義や日本企業といった側面からのかかわらせ方については，本書において散見はされるかもしれないが不十分であり，必ずしも通奏低音とはなっていないのである．この種のテーマはより一般的に解釈すれば，労働者管理企業がどのような国，地域において支配的であるかどうか，

ということになろうが，このことはさらに，労働者管理企業がどのような産業，あるいは競争条件，市場環境の下において比較優位をもつのか，という問題にもつながってくる．こうした新しい見地からの問いかけに対して，十分に満足のいく回答を見つけ，体系的に論じていくことについては，紙幅と筆者の時間的，能力的制約により，残念ながら後日に譲らざるをえない．

　本書の成立過程において，いろいろな方にさまざまな形でお世話になった．さかのぼれば本書の基礎となった各研究論文執筆に際しても，種々，有益な助言やコメントを頂戴した．そうした人々のお名前や改善箇所等をここで個別具体的に挙げることはできないけれども，少なくとも以下の方々については特に記して謝辞に代えたいと思う．何よりも大学院指導教官であった足立英之先生からの多面にわたる御指導に対して，心からの感謝の言葉を申し上げたい．本書でその学恩にわずかなりとも報いることができれば幸いである．岸本哲也先生は大学院ゼミナールにおいて，当時成功していた日本企業の解釈とそれに見合った経済学確立の必要性を強調され，実際にそれらについて学ぶきっかけを与えて下さった．また本書の草稿段階において改善のためのコメントを寄せていただいた．福田亘先生は受講した講義を通して労働者管理企業のイロハを教えていただき，また本書の原稿にあったいくつもの誤りを指摘しても下さった．心からお礼申し上げたい．

　筆者のアメリカ滞在中には Wesleyan 大学 J. P. Bonin 氏が host として公私にひとかどならぬ便宜を図って下さった．また本書の一部について有益な情報・助言をいただいた．同じく Gil Skillman 氏は本書の基礎となる研究に対して議論の相手をしていただき，team production と missing markets の問題について教示しても下さった．感謝したい．

　大学時の指導教授であった池田一新先生（現新潟経営大学学長）には筆者が研究者として道を歩み出す契機をつくっていただいた．この場をお借りして感謝の意を表したい．

　最後に勁草書房の宮本詳三氏は今回，出版の労をとって下さり，このように手堅くもよくまとまった本に仕上げていただいた．感謝申し上げる．

1999 年 9 月　　　　　　　　　　　　　　　　　　　松　本　直　樹

初 出 一 覧


第1章 「労働者管理企業の理論:展望」『松山大学論集』第8巻第6号,1997年2月.
第2章 「不確実性下の産業均衡における資本主義的企業と労働者管理企業の比較分析」『松山大学論集』第3巻第6号,1992年2月.
第3章 「投資行動における資本主義的企業と労働者管理企業の比較分析」『六甲台論集』第38巻第1号,1991年4月.
第4章 「労働者管理企業の成長における技能形成及び年功賃金制の役割について」『松山大学七十周年記念論文集』1994年12月.
第5章 「年功制下における株主・従業員集団間の協力ゲームについて」『松山大学論集』第7巻第5号,1995年12月.
第6章 「労働者管理企業・利潤最大化企業間における参入ゲーム再考」『松山大学論集』第11巻第2号,1999年6月.
第7章 "Labor-Managed and Profit-Maximizing Firms in International Duopoly: Export and R&D Subsidies," General Research Institute of Matsuyama University Discussion Paper No. 0701, 1995年.
第8章 「労働者管理企業・資本主義企業間におけるクールノー型競争と価格差別化」『松山大学論集』第5巻第3号,1993年8月.
第9章 「移行経済下における混合寡占市場の比較分析(1),(2)——公企業 vs. 労働者管理企業 vs. 利潤最大化企業——」『松山大学論集』第10巻第3号,第4号,1998年8月,10月.
第10章 "The Effects of Market Structure and Quality Regulation on the Labor Managed Firm"『松山大学論集』第8巻第3号,1996年8月.
第11章 「企業規模に関する資本主義企業と労働者管理企業の比較分析」『松山大学論集』第4巻第3号,1992年8月.

# 人名索引

**A**
Aoki, M.　30, 34, 39, 98, 99, 102, 104-106
Arrow, K. J.　96
Appelbaum, E.　42, 56, 57
Askildsen, J. E.　23, 24
Atkinson, A. B.　22, 65, 78

**B**
Bain, J. S.　107, 108
Baron, D. P.　41
Basu, K.　109, 193
Beato, P.　162
Becker, G. S.　106
Beckmann, M. J.　227
Ben-Ner, A.　21, 22, 34, 37
Bergin, J.　39
Berglof, E.　30
Berman, M. D.　11
Bernheim, B. D.　109
Bonanno, G.　109
Bonin, J. P.　9, 10, 15, 16, 18, 36, 39, 42, 51, 54, 56, 60
Bos, D.　30, 161
Brander, J. A.　38, 131, 133, 137, 144, 148, 156, 159
Brewer, A. A.　37
Browning, M. J.　37
Bulow, J. I.　38, 109, 110, 117, 119, 129

**C**
Calvo, G. A.　227
Cheng, L.　38
Coes, D. V.　41, 47, 60
Conte, M. A.　23, 30

Cremer, H.　28, 30, 162, 163, 176, 178, 191, 193
Cremer, J.　28, 30, 163, 176, 178, 191, 193

**D**
Danziger, L.　37
De Fraja, G.　162, 164, 191
Delbono, F.　29, 162-164, 168, 191
de Meza, D.　22
Dewatripont, M.　30
Dixit, A.　38, 108-110, 113
Doeringer, P. B.　106
Domar, E. D.　4, 8, 9, 49, 73
Dong, X.　32
Dow, G. K.　20, 32, 37
Dreze, J. H.　25, 26, 38, 199

**E**
Eaton, J.　38, 131, 159
Eaton, B. C.　108, 109
Eeckhoudt, T.　60, 63

**F**
Fershtman, C.　129
Fudenberg, D.　126-128
Fukuda, W.　9, 36, 37, 42
Furubotn, E. G.　22, 25, 34, 36
Futagami, K.　35, 138, 146

**G**
Geanakoplos, J. D.　38, 109, 110, 117, 119, 129
Gilbert, R.　109
Grossman, G. M.　38, 131, 159
Guesnerie, R.　9

## H

Hagen, K. P.　161
Hansen, P.　60, 63
Hansmann, H.　37
Harris, R. G.　162
Haruna, S.　29, 33, 35, 38, 57, 109, 110, 113, 119, 122, 136
Hawawini, G. A.　10, 38
Hey, J. D.　10, 42
Hiebert, L. D.　38
Hill, M.　26, 27
Holmstrom, B.　31, 32
Horowitz, I.　148, 150, 151, 154, 158, 159
Hwang, H.　29, 35, 131, 132, 137, 138, 146, 147, 159

## I

猪木武徳　96
Ireland, N. J.　11, 15, 23, 24, 37, 38, 138, 199
Ishii, Y.　41, 42, 47, 56, 60
伊藤元重　159
岩井克人　22, 30, 79, 98

## J

Jeffries, I.　39
Jensen, M. C.　22, 25, 36

## K

Kahana, N.　9, 10, 42, 53, 54, 56, 60, 163, 191
Katz, E.　42, 56, 57
清野一治　159
Klemperer, P. J.　38, 109, 110, 117, 119, 129
小林敏男　106
小池和男　96
小宮隆太郎　30, 79, 105, 146
Kornai, J.　30
Krugman, P. R.　159

## L

Laffont, J.-J.　9, 82
Landsberger, M.　82
Law, P. J.　11, 15, 28, 38, 138, 146, 199
Leland, H. E.　42
Levhari, D.　195, 196
Lin, J. Y.　32
Lind, L.　96
Lipsey, R. G.　108

## M

MacLeod, B.　31-33, 39
Mai, C.　29, 35, 131, 132, 137, 138, 146, 147, 159
Marchand, M.　162
Martin, R. E.　38, 39, 195, 196, 202, 214
Mas-Colell, A.　162
Maskin, E.　30
松本直樹　59
McCain, R. A.　18, 20
McLean, R. P.　109
Meade, J. E.　4, 13, 14, 16, 19, 26, 27, 36, 49, 73, 125
Meckling, W. H.　22, 25, 36
Merrill, W. C.　30, 161
Michel, P. A.　10, 38
Mikami, K.　196, 200, 205, 206, 208-210, 212, 213
Mirrlees, J. A.　227
Miyamoto, Y.　109
Miyazaki, H.　16, 18, 21, 22, 32-34, 36, 37, 39
Moreaux, M.　82
Muzondo, T. R.　10, 42, 51, 58, 60

## N

中村保　96
Naslund, B.　96
中谷巌　65
Neary, H. M.　16, 18, 27, 37, 125
Nett, L.　129
Neven, D. J.　129

## O

Okamura, M.　35, 138, 146
Okuguchi, K.　28, 29, 132, 137, 138, 159

奥野正寛　159
大橋勇雄　106
大山道広　159

**P**

Paroush, J.　10, 42, 53, 54, 56, 60
Patrick, H.　39
Peer, H.　81
Peles, Y.　195
Perrakis, S.　109
Pfouts, R. W.　8, 9
Piore, J.　106
Putterman, L.　32, 39

**R**

Ramachandran, R.　10, 42
Rossini, G.　29, 163, 168, 191
Ratti, R. A.　38
Rees, R.　30, 161, 193
Riordan, H.　109
Roland, G.　30
Rosefielde, S.　8, 9
Rosen, S.　96
Russell, W. R.　10, 42

**S**

Saloner, G.　109
Samuelson, P. A.　37
Sandmo, A.　41, 46-48, 56, 57, 60
Sapir, A.　22
佐藤光　67
Schmalensee, R.　108, 195, 196
Schneider, N.　30, 161
Seo, T. K.　10, 42
Sertel, M. R.　20, 22
Sheard, P.　39
Singh, N.　38, 109
Skillman, G. L.　32
Smith, S. C.　12, 23, 30
Spence, A. M.　38, 108, 109
Spencer, B. J.　38, 131, 133, 137, 144, 148, 156

Spulber, D. F.　108
Srinivasan, T. N.　195, 196
Steinherr, A.　14-16, 20, 81, 82
Stewart, G.　28, 29, 34, 109, 110, 122-124, 138, 146
Subotnik, A.　82
Suckling, J.　42
鈴村興太郎　159
Swan, P. L.　195, 196, 200

**T**

Thisse, J.-F.　14-16, 20, 82, 162
Tirole, J.　126-128

**U**

Ullah, A.　38
Uzawa, H.　66, 72

**V**

Vanek, J.　4, 28, 49, 73, 125, 146, 199
Vickers, J.　39
Vives, X.　38, 109

**W**

Waldman, M.　109
Ward, B.　4, 42, 49, 73
Ware, R.　108, 109, 129
Warskett, G.　109
Waterson, M.　26, 27
Wellisz, S.　227
Wiens, E. G.　162
Williamson, O. E.　218, 224, 227, 228

**Y**

Yarrow, G.　39
Ye, M-Y.　12, 23, 30
吉田和男　96

**Z**

Zhang, J.　29, 35, 38, 109, 110, 113, 119, 122-125, 129

# 事項索引

## ア 行

安定条件（局所的）　44, 45, 50-52, 134, 216
安定性　26, 82, 129
鞍点解　96
暗黙契約理論　16, 37, 83, 96
移行経済　30
意思決定権（最終的）　4, 13
意思決定者　217
位相図　75, 77, 91
1次同次生産関数　67, 82, 110
1回限りのゲーム　33
1回限りの生産関係　31, 32
一般均衡　26
一般訓練　24, 25
イリリア企業　4
インサイダー・コントロール　30
引退　99
売上税　207-212
　　――率　207
　　――を通した品質規制　197, 207, 210
エージェンシー関係　164
エージェント　33, 97, 192
横断条件　68, 74, 80, 82

## カ 行

解雇　13, 75, 77,
　　――費用　80
外注率　97
外部資本　73
外部労働市場　4, 14, 20, 99-102, 196, 225, 228
価格競争　193　→ベルトラン競争
価格差別（化, 的）　148, 154
価格不確実性　10, 25, 33, 38, 41, 63
確実同値額　102

確率変数　10, 11, 44, 57, 58
確率密度関数　43, 57, 61
過小生産　8, 25, 26, 168
過剰設備　108, 109, 123　→遊休設備
過小投資　6, 7, 22, 34, 127, 128
寡占（市場）　129, 147, 197, 213, 214
　　――企業　28, 159, 196
　　――経済　27
過大投資　127
株価最大化　99
　　――企業　66, 93
株式市場　7
株式持ち合い　97
株主　7, 83, 84, 96-98, 100, 102-106
完全競争（市場, 的）　4, 26, 42, 45, 60, 66, 88, 125, 147, 162, 195, 197, 198, 200, 203-214, 219
　　――企業　41, 42, 45, 55, 203-205, 210
完全均衡　108, 109　→サブゲーム完全均衡
完全予見　71
管理労働者　224, 225
機会費用　23
企業規模　8, 26, 27, 36, 52, 182
企業形態　20, 35, 176, 191, 192
企業特殊（性）　23, 84
　　――訓練　23, 24
　　――熟練　84
　　――的技能　24, 84
企業内協力ゲーム　99, 105
技術係数　150
　　固定――　154, 219
技術的限界代替率　25
期待オペレータ　10
期待効用最大化　63
　　――企業　42, 56

事項索引　　　　　　　　　　　　249

──モデル　18, 21
　利潤の──　42, 56
期待効用弾力性　103
技能形成　34, 84, 95
　──過程　30, 98
　──率　94
技能の有用性　23
規模に関して収穫一定　195, 198, 200
規模に関して収穫逓減　218, 220
規模に関して収穫逓増　22, 78
規模の経済　32
逆需要関数　43, 110, 133, 146, 149, 164, 197
キャピタル・ゲイン　100
キャリア形成　84, 95
強制者　31, 32
競争形態　26
競争的で完全　20
協力解　99
均衡経路　31
均衡の精緻化　39
銀行預金　7
勤続年数　19, 34, 84, 99, 100
勤務期間　85
近隣窮乏化政策　35, 140
クールノー＝ナッシュ均衡　131, 134, 165, 169,
　170, 172, 173, 179, 181, 187, 213
クールノー競争　27, 28, 38, 131, 138, 147
クールノー均衡価格　28
クールノー複占　28, 146
クラーメルの公式　215
繰り返しゲーム　31, 33, 39
訓練費用　22, 23, 106
経営権　20
経営者　21, 97-99, 164, 192, 221
経営の自立性　97
経済厚生　35, 132, 136, 138, 139, 143, 144, 147,
　162-169, 173-175, 177, 179-185, 187-192, 203,
　204, 214
　──最大化　138
経済合理性　32, 85
経常利益　21

契約　23, 24
　──の不完備性　23
　不完備──　24
限界価値生産物（労働の）　4, 5, 8, 25, 36, 196
限界昇進利得率　104
限界成長効率　104
限界代替率　37
研究開発補助金　131
交易条件　147
公企業　29, 30, 35, 129, 161-169, 173-176, 178
　-182, 184, 185, 191-193
交渉力　24, 99, 103, 104
高年労働者　22, 23, 89
効率単位で測られた労働　88
国営企業　29
国際複占　131, 145
国有化　161, 162, 166, 168, 174, 185
固定費用効果　6, 9, 16-18, 113
後手プレイヤー　29
コミット（メント）　24, 29, 31, 34, 35, 108,
　109, 129, 131, 138, 139
混合寡占　30, 35, 162-165, 174, 178, 180, 183-
　187, 189-193
混合複占　28-30, 35, 38, 109, 113, 132, 137-
　139, 145, 154, 162, 163, 168-170, 173-176, 178,
　193
コンスタント・シェアリング・ルール　103

サ　行

債券市場　100
債権者　97
最高価格　60, 63
再交渉　39
在庫ストック　109
在職年数　7
最低価格　60, 61, 63
最低賃金　218
裁定取引　7, 100
最適経路　77, 83, 91
債務支払い　21
作業労働者　221, 224-228

サブゲーム完全均衡　31, 39
差別独占　152, 159
産業均衡　25-27, 33, 42, 44, 46, 48, 50-56, 58, 204, 209, 216
産業内貿易　159
産出資本比率　88
参入阻止問題　34, 38, 113, 120, 129
参入阻止（価格）理論　108, 128
参入費用　109
残余所得　4, 7, 19, 98, 221
　　――請求権　4, 7, 13
　　――についての持分権　19
市場構造　162, 164, 195, 196, 212-214
市場社会主義　3
市場の失敗　37
事前的に平等な同一所得　15
下請制　97
シニア従業員　100
資本拠出負担　5
資本係数　110
資本減耗　67
資本市場　7
　完全――　21, 81, 100
　不完全――　21, 81
資本と労働が補完的　13
資本の食い潰し　70, 71, 79, 90
資本労働比率　88
シャーキング　31
社会的余剰　159, 161, 165, 168, 178, 192, 203
　　――最大化企業　29
若年労働者　22, 23, 89
収穫一定　159
収穫（の）逓減　58, 98, 150, 154, 220
収穫逓増　22
終身雇用制　30, 79, 84, 98
熟年労働者　24, 25, 85
主体均衡　5, 34, 41, 42, 44, 48, 52-58, 60, 150, 152, 158
シュタッケルベルク解　114
シュタッケルベルク均衡（点）　28, 29, 114-116, 120, 122, 125, 128, 129, 138, 139, 146, 193

シュタッケルベルク不均衡　28, 138
ジュニア従業員　99-101, 103
需要の価格弾力性　152, 154, 200
純価格効果　6, 16-18, 37
純粋寡占　163-166, 178, 182-187, 188-191, 193
純粋複占　28, 30, 110, 123, 138, 163, 168, 170, 173, 175, 176, 178, 193
生涯所得　86, 87
使用権　81
状態依存的コーポレート・ガバナンス　33
状態変数　12, 90
消費者余剰　165, 168
情報伝達　217
剰余　88, 89, 98, 196, 221 →残余所得
所得移転（世代間の）　84, 85, 89, 99
所有権　37, 81
シロスの公準　107, 108
人的資本　23, 25, 38, 106
人民公社　32
水平的合併　193
数量競争　110, 193 →クールノー競争
数量効果　205, 206, 210-212
ステディー・ステート　13, 65, 75, 77, 91-93, 96
3ステージ・ゲーム　108, 133
スルツキー方程式　36
生産開始費用　109
生産者余剰　165, 168
生産に関する労働増大的効果　88
生産に対する貢献度　84-87
生産能力　29, 34, 79, 108-121, 124, 126, 129, 164
生産のパレート効率　25
生産不確実性　10, 25, 38
製品差別化　29, 132, 164, 193
政府介入　161
セカンド・ベスト・アプローチ　161
世代重複モデル　30, 98
絶対的リスク回避度減少の仮定　10, 34, 46-49, 53-61, 64

ゼロ・プロフィット条件　26, 43, 198, 199, 204, 207
先手プレイヤー　29, 132
先任権制　37
全部保険　17, 18
戦略効果　126-128, 158
戦略的代替・補完性の概念　109
戦略的代替関係（性）　28, 127
戦略的補完関係（性）　28, 119, 127, 128
総価格効果　16, 17
相対的リスク回避度　47
　──一定　101
双対性　37
ソフトな予算制約問題　30
ソ連型社会主義　3

**タ　行**

耐久財　195
耐久性　23, 195, 196
耐久年数　108
第3国（市場）　35, 132, 133, 135, 137, 140, 145, 146, 148-150, 152, 153, 155-159
退出権　32
退出費用　31, 32, 36, 39
代替効果　8
代替財　127, 196
　完全──　195
　差別化された──　159
　不完全──　140
大胆さ　103, 106
ただ乗り　31
端点解　115, 122, 124, 129
チーム生産　31, 39, 99
逐次手番ゲーム　29
長期雇用　83, 84, 90
　──慣行　32
調整費用　66, 79
　──関数　12, 67, 100
直接効果（利潤に関する生産能力の）　125-127
直接品質規制　197, 205-207, 210

賃金格差　99
賃金傾斜　92, 94, 95, 99, 218, 219, 221
賃金プロファイル　84, 88, 94, 95, 99, 106
賃金労働者　20-22, 37, 225
2ステージ・ゲーム　133
定期昇給　34
　──的要因　100, 105
　──的年功序列賃金制度　105
定常的期待　72
定年　21
伝達経路　217
等厚生曲線　138
同次生産関数　9, 82
同次生産技術　9
統制の有効性　218-221, 227
統制範囲　100, 217-219, 224, 226-228
等利潤曲線　38
独占（市場）　26, 36, 41, 42, 107, 114, 118, 119, 121, 125, 161, 163, 195, 197, 199-203, 205-210, 211-213, 215
　──解　110, 114, 115, 118, 122, 124, 129
　──企業（者）　30, 35, 107, 148, 152, 159, 161, 163, 201
　──的競争　26
　──度（力）　195, 196, 198, 200, 204
　──利潤　107, 119
　──レント　147
独立性命題　195, 200
トリガー戦略　31, 39
取引費用　227

**ナ　行**

内製率　97
内部解　22, 68, 134, 146, 170, 172, 173, 180, 188
内部構造　105, 217-219
内部資金投資　34
内部昇進　105
　──制　101, 105
内部留保　73
内部労働市場　106

ナッシュ均衡（点）　28, 31, 114, 115, 121, 138, 139, 141, 142
ナッシュ積　102
日本企業　30-33, 79, 97, 98, 132
ネズミ講　87
ネット・キャッシュ・フロー　66, 69, 73, 79, 80, 104
年功（賃金）制　30, 34, 79, 83-85, 87-89, 93, 95, 98, 99, 106

## ハ 行

配当　100
　――率　7, 81
ハミルトニアン　68, 73, 90, 96
パレート効率　25
パレート最適
　――解　31, 39
　――水準　31
パレート非効率　8, 42
反応関数　161, 162, 165, 169, 170, 172, 173, 178, 179, 181, 182, 187
反応曲線　27, 28, 38, 110 - 112, 114, 115, 117, 118, 120-122, 124, 128, 129, 138, 146
非可逆的手段　108
比較静学（分析）　13, 34, 45, 46, 48, 51, 54, 83, 92, 132, 135, 137, 142, 143, 150, 151, 153, 154, 157, 215, 218, 222, 227
被積分関数　69
非同次の生産技術　9
人質　84, 99
1人当たり所得（労働者の）　5, 6, 8, 13-16, 21, 26, 28, 43, 49, 51, 63, 65, 73, 75, 97, 112, 128, 134-136, 138, 140, 141, 149, 159, 169, 172-176, 179, 181-183, 185, 186, 192, 193
　――最大化　4, 5, 79, 198, 202, 222
1人当たり利潤　27, 149
平等（主義）　20, 24
　事後的――　18, 19, 21, 35, 196
　事前的――　14, 15, 19
費用逓減産業　162
品質効果　205, 206, 210, 211

フォロアー　28, 138, 161, 162
フォン・ノイマン＝モルゲンシュタイン型効用関数　43, 101, 102
不確実性下における完全競争の仮定　43, 46
賦課方式による年金制度　87
不完全競争　26, 125, 213
物的資本　23
不平等主義　19
　――的分配原則　227
フリー・ライダー　31
　――問題　35, 109, 196
プリンシパル　33
分割可能性　108
ヘシアン　152
ペナルティー　39
ベルトラン＝ナッシュ均衡　132
ベルトラン競争　28, 38, 131
ベルトラン均衡価格　28
ペンローズ関数（曲線）　66, 67, 75, 79, 88, 90
ペンローズ効果　34, 65, 67
貿易政策（戦略的）　131, 132, 138, 139
貿易摩擦（日米）　35, 132
貿易無差別曲線　147
放射平行的等量曲線　8
包絡線定理　126, 128
ポートフォリオ　83
ホールド・アップ問題　24
保険プレミアム　47
補償　15-18
補助金政策　35, 136
　輸出――　147
ボリューム効果　210, 211

## マ 行

マーケット・メカニズム　3
未払い賃金　99
民営化　29, 30, 162, 166, 168
民間企業　161, 162
メインバンク　32, 33
メカニズム・デザイン　35, 191
メンバーシップ　7, 13

## 事項索引

――証書（市場）　20, 22, 37
持分権　19
　――1単位当たり所得　19
モニタリング　33, 36
モラル・ハザード　30, 31, 33, 99
モンドラゴン（スペインの）　132

### ヤ　行

ヤコビアン　44, 50
遊休設備　108‐110, 119, 121‐123, 125, 128, 129
ユーゴスラビア（旧）　3, 4, 97, 132
輸出税　38, 131, 137‐139, 145
輸出補助金　29, 35, 38, 131‐133, 135‐137, 139, 142, 144‐148, 151, 156
輸入税　147
予算均衡制約　31

### ラ　行

リーダー　28, 29, 138, 139, 161, 162, 193
利潤最大化条件　20
利潤率　65, 71, 72, 77, 78
利子率　7, 13, 65, 68, 71, 72, 81, 89, 93, 94, 100
リスク愛好（的）　37
リスク回避（的，度）　10, 18, 21, 25, 38, 41‐43, 51, 57, 60, 61, 84
リスク回避関数（絶対的）　48, 51, 53
リスク態度　33, 83, 98
リスク中立（的）　18, 25, 37, 38, 41, 42, 84, 96
累積密度関数　61
レイオフ　17
レオンチェフ型生産関数　88, 110
レオンチェフ型生産技術　149
劣等要素　9, 36
レント・シェアリング企業　98
労働貴族　82

労働係数　149
労働時間　11, 12
労働資本比率　68
労働者自主管理原則　3
労働生産性　196, 219, 222
労働増大の効果　88
労働・余暇選好問題　11
ローン・シンジケート　33

### ワ　行

割引因子　24
割引率　13, 68, 73, 81, 86, 87, 89

### 欧　文

bankruptcy constraint　21
consistent conjectural variations 均衡　131, 159
control-loss　218, 228
credible threat　108, 119
equivalence　26
equivalent　25, 38, 199
first mover　29
horizon probrom　7, 25, 34
OJT　22, 34, 83, 84, 88, 95, 99
open-loop 均衡　126, 127
perverse　5, 9, 13, 17, 19, 25, 28, 33, 36, 37, 52, 93, 110, 135, 137, 148, 150, 158, 212, 222, 227
perversity　8, 20
puppy dog ploy　127, 128
R&D 投資　35, 133, 140-144
　――税　131, 144-146
R&D（投資）補助金　131-133, 140, 142-145
reservation utility　34, 43, 44, 49, 55, 56
share goods　20
time horizon　7
top dog　127, 128

**著者略歴**
1963 年　石川県金沢市生まれ
1986 年　明治大学政治経済学部卒業
1991 年　神戸大学大学院経済学研究科博士課程退学
1994～95 年　Wesleyan 大学客員研究員
1998～99 年　神戸大学研修員
現　　在　松山大学経済学部教授，博士（経済学）
専　　攻　理論経済学

---

### 労働者管理企業の経済分析

2000 年 1 月 20 日　第 1 版第 1 刷発行
2016 年 3 月 20 日　第 1 版第 10 刷発行

著　者　松　本　直　樹
発行者　井　村　寿　人

発行所　株式会社　勁　草　書　房
112-0005 東京都文京区水道 2-1-1　振替 00150-2-175253
（編集）電話 03-3815-5277／FAX 03-3814-6968
（営業）電話 03-3814-6861／FAX 03-3814-6854
精興社・牧製本

© MATSUMOTO Naoki　2000

ISBN 978-4-326-50175-5　　Printed in Japan

JCOPY ＜(社)出版者著作権管理機構 委託出版物＞
本書の無断複写は著作権法上での例外を除き禁じられています。
複写される場合は、そのつど事前に、(社)出版者著作権管理機構
（電話 03-3513-6969、FAX 03-3513-6979、e-mail: info@jcopy.or.jp)
の許諾を得てください。

＊落丁本・乱丁本はお取替いたします。
　　　　　http://www.keisoshobo.co.jp

今井晴雄・岡田章編著
**ゲーム理論の応用** A5判 3,200円
50268-4

今井晴雄・岡田章編著
**ゲーム理論の新展開** A5判 3,100円
50227-1

中山幹夫
**社会的ゲームの理論入門** A5判 2,800円
50267-7

鈴木光男
**社会を展望するゲーム理論** 四六判 3,400円
若き研究者へのメッセージ 55057-9

鈴木光男
**ゲーム理論の世界** †四六判 3,500円
98217-2

鈴木光男
**新ゲーム理論** A5判 4,800円
50082-6

I. ギルボア, D. シュマイドラー／浅野貴央・尾山大輔・松井彰彦訳
**決め方の科学** A5判 3,200円
事例ベース意思決定理論 50259-2

松本直樹
**企業行動と組織の経済分析** A5判 3,000円
ゲーム理論の基礎とその応用 50317-9

———————— 勁草書房刊

＊表示価格は2016年3月現在、消費税は含まれておりません。
†はオンデマンド版です。